常贊春先生國學文編評注

常贊春 著
常士晅 主編

山西出版傳媒集團
三晉出版社

圖書在版編目（CIP）數據

常贊春先生國學文編評注 / 常贊春著；常士暄主編 .
—太原：三晉出版社，2022.12
ISBN 978-7-5457-2688-6

Ⅰ . ①常… Ⅱ . ①常… ②常… Ⅲ . ①國學—文集
Ⅳ . ① Z126.27-53

中國國家版本館 CIP 數據核字（2023）第 018493 號

常贊春先生國學文編評注

著　　者：常贊春
主　　編：常士暄
責任編輯：張繼紅
責任印制：李佳音
裝幀設計：段宇杰

出 版 者：山西出版傳媒集團 · 三晉出版社
地　　址：太原市建設南路 21 號
電　　話：0351-4956036（總編室）
　　　　　0351-4922203（印制部）
網　　址：http://www.sjcbs.cn

經 銷 者：新華書店
承 印 者：山西萬佳印業有限公司

開　　本：720mm × 1020mm 1/16
印　　張：22.75
字　　數：340 千字
版　　次：2022 年 12 月 第 1 版
印　　次：2023 年 7 月 第 1 次印刷
書　　號：ISBN 978-7-5457-2688-6
定　　價：118.00 元

序

常公贊春，字子襄，號苾宧，别號柞閒吟庵、儠傻等，山西榆次人。終身從事教育文化事業，諄諄善導，著作等身，曾執教於山西各大學及著名中學，桃李滿天下，爲三晉著名教育家、國學家、文學家、書法家，被譽爲文化名人，誠不虚也。

一、先公學識淵博。經學兼漢、宋之長，深究考據校勘，精於許、鄭之學。對宋人義理，亦有精研。對楚辭漢賦，造詣極深。先公常云:"究學對義理、考據、辭章，不能偏廢。"先公亦爲小學名家，對文字語言，有深入之研究和精到之創作。先公對史籍、諸子、目録、金石等學，亦無不精研。先公爲文，私淑桐城方、姚，師法歐陽永叔，其文辭暢達，如行雲流水，春風被物;詩源於杜工部、李義山，亦得王漁洋詩精髓，或慷慨激昂，或清新雋永，信爲經學、文學之巨儒。

先公楷書法褚河南，隸書宗"張遷""禮器"，篆書法"石鼓文"及秦"嶧山碑"，雍容大度，超逸不群。對大、中學生求字，先公無不應允，不取分文。先公指畫，淳樸天然，疏朗有致，别具一格。先公並精於篆刻，精研漢泥封等印，古趣盎然。蓋先公於國學諸門，無所不長，無所不專也，世譽三晉書畫名家，僅爲其一而已。

二、先公著作甚豐，宏觀巨著有《山西獻徵》《榆次縣誌》《常氏家乘》三部，對山西省、榆次縣、常氏家族之人文、地理、民俗及歷史文獻等有詳確記載及闡述，作出重大貢獻。

三、先公高風亮節，獨立高行，不爲軍閥粉飾，力拒外侮，以國家積弱，備受列強欺凌爲憾事。一九三一年九月十八日，日寇侵略我東北，先公遂憤然於山西大學提筆大書“國耻思振，物耻務興”，以激勵學子（現由山西大學勒石校園内）。七七事變後，舉家返鄉，拒絶與日寇合作，甘於清貧。先公三子鳳錚，受乃父思想影響，參加抗日隊伍，爲國慷慨捐軀。先公晚年所作詩文，憂國憂民之心，躍然紙上，如“幾時眞見兵氛了，萬里長風淨寒雲”，“遺山别有鄉邦感，一集中州想見之”等。先公之崢嶸志節，令我等後世子孫崇敬並感佩。

四、此次擬印行之先公著作，名《常子襄先生國學文編》，分二卷。先行印行者爲卷一，有國學論述之九談，計爲：

柞閑吟庵舊學談

柞閑吟庵舊學再談

柞閑吟庵經學談

柞閑吟庵文學談

柞閑吟庵詩學談

柞閑吟庵金石談

柞閑吟庵字學談

柞閑吟庵字學再談

柞閑吟庵虚字輯談

（先公原著《舊學談》《舊學再談》，現依通稱，改爲《國學談》《國學再談》。《文學談》多燬於日寇兵燹，今只刋出山右部分，故易名《柞閑吟庵山右文學談》。）

卷二爲文學源流（上），先公删訂胡毓寰先生原著，並加闡述。（下半部燬於日寇兵燹。）

詩傳存省録

詩傳集例

毛詩雅故輯

五、先公著述尚存有：文集《慙好編甲集》《乙集》上、《乙集補》《丙集》上、《丙集》下、《丁集》《戊集》等。詩集《柞閑吟庵詩存》《丁丑後詩草》《葸宧雜詩草》

《鴛鴦藤室吟稿》等,均待整理。《慙好編乙集》下、《丙子詩抄》等詩文集,亦燬於日寇兵燹。

先公著作爲日寇所燬及散失無存的尚有:《苕宧語學》《苕宧語游》《苕宧語故》《苕宧眼録》《晉幣存徵》《曲阜謁孔初述》《曲阜謁孔再述》《曲阜謁孔三述》《曲阜謁孔四述》《文字達惜》《柞閉吟庵雜論篇》《柞閉吟庵雜韻文篇》《國文楷式》《尚書講義》《毛詩講義》《書學講義》《政文摭》《法文摭》等,亦希社會人士協助蒐集,能使完璧,則不勝感謝。

由於種種原因, 此次蒐集及整理先公《國學文編》實爲其卷一之前六談(《金石談》暫未録入);內容整理,一律採用繁體字,以新式標點斷句,原文人名、地名、書名等有錯漏之處,均於文中直接改定,不另説明;在此基礎上,對相關內容作了簡要評注,以便讀者閲覽。整理過程中,謹承山西省圖書館、唐山鋼鐵公司等有關單位及社會各方人士協助,在此敬致謝意!

常鳳鎬、常鳳鉉、常鳳眉、常士暄謹撰

二〇〇六年九月

常贊春先生傳

常公贊春，字子襄，號苾宧，晚號儠傁，同治十一年（一八七二）生於山西省榆次縣車輞村，爲著名學者。父立仁，慈圃其字，母範氏。其家故居太谷，有明中葉，遷榆次，遂家焉。子孫繁衍，稱望族。

公少席華膴，習舉子業。清光緒二十三年（一八九七）應府試，以第一名成拔貢。義和團之起，晉爲甚。以此光緒二十八年（一九〇二）山陝併科，高中第三，成經魁。有《西行詩草》一卷。自此在晉中聲名顯著。旋執教於平陽府學，後入山西令德書院、晉陽書院及山西大學堂東齋肄業。宣統元年（一九〇九）考入京師大學堂文科門。辛亥革命後，民國二年（一九一三）北京大學第一屆畢業，授文學士。初，公之在大學也，治毛詩學，尤深邃。曾受知於林琴南、孫師鄭、姚仲賓諸大師。師鄭經學巨擘，於公垂青備至，贈公有句云："與子相期矢弟昆"，可見師徒友誼之篤。公私淑桐城，從仲賓學古文。永樸爲姚鼐之嫡嗣，詳爲講論桐城派古文家不傳之秘。公爲文悉遵桐城義法又從而光大之。

清末外侮日亟，戊戌變法，康梁竄逐。孫中山領導之革命者，武昌一呼，卒使清帝退位。然入民國後，政局鼎沸，民生水火，遂無意仕進。民國六年（一九一七），山西省教育界以公爲三晉人望，推選爲國會第二屆衆議院議員。當是時，國事日非，公憤世嫉俗，常於報刊撰文，抨擊時弊，揭發議會賄選、官吏貪臟枉法諸弊端，是議員中之憂國憂民者也。每發表詩詞，諷刺當權顯貴，大呼國難時艱，民生疾苦，以詩補察時政，以歌泄導人情，不失六義之旨，屈子之心。樂天所謂"文章合爲時而著，歌詩合爲事而作"，公有之矣。

民國九年（一九二〇），議會解散，乃歸太原，矢志不復爲政，提倡讀書救國。趙戴文擬簡公長山西省教育廳,辭不赴命,乃應山西大學文法學院及教育學院教授之聘而往教焉。並在各大專院校、師範、中學兼課授業爲宿願也。公在省垣執教二十餘年,桃李盈門,成材者衆,有杏壇之盛,非虚譽也。

公平生治學謹嚴,惡宋明理學之空談心性,推崇漢學,深究許、鄭之學,有《魏榆方言考》一卷,考證精闢,邁太炎而逾寧人。肆力詩文,兼通騷賦,於經史、諸子、校勘、目録、考據、金石、文字諸學無不精,著述甚夥。在京時,與葉公綽、吕復、鄧實相友。葉氏謂公道德文章,可與鄉賢司馬溫公先後相媲美。在太原與郭象升、賈煜如、冀貢泉論學酬詩,極三晉文壇一時之盛也。

公善書畫,精篆刻,楷法褚河南,隸書摹張遷、禮器,篆臨石鼓、嶧山刻石,与柯定礎、赵铁山等爲晉省書法四大家,而公之篆稱神品。

指頭畫一派,以指代筆,清高其佩造詣高深,微嫌凡近。至公之指畫,則渾然脱俗,於其佩外,獨樹一幟。勾勒人物、山水、鳥獸、花木等,大若堂幅,小及箑面,特以梅花、壽星,譽滿中外。余曾見公晚年所作《松下問童子》一幅,栩栩如語,已臻極致。今視畫苑,無嗣響矣。

公藏書甚富,早年曾以家藏經史子集全書捐公,又購置大量書冊,分存於省圖書館、榆次縣教育會及本村小學校等處,以供學者閲覽。寄贈於省圖書館之四部叢書、方志等巨著,約二萬餘冊。嘗曰:“今日道喪文弊,使讀書種子不絶於人寰,亦云幸矣。”曾在本村創辦篤初學堂,設女子班,親爲講授格致等科學知識,開風氣之先,故車輞常氏,男與女均人才輩出焉。

民國二十六年(一九三七)七七事變,日本侵略我華北,國難方殷。公積極宣傳抗日,激勵民族氣節。其三子鳳錚參加國民革命軍第八路軍,在太谷南山屢次與日寇奮戰,壯烈犧牲,年僅十八歲。壯哉!

太原淪陷後,山大向晉南遷移,公遂歸故里。得痿症,下肢軟弱,不良於行。著書教子女輩,以度餘生。間與趙鐵山、武瑤卿、張貫三等戚友,書札來往,共砥晚節。著有“常談”八種:即《經學談》《文學談》《詩學談》《金石談》《字學談》《字學再談》《舊學談》《舊學再談》。其中最後兩談,曾親聆教誨,手自筆録。每憶師門諄諄教益，恍如昨日。今墓木已拱，不禁愴然淚下。余亦年逾花甲，髮蒼蒼，視茫茫，念公詩文崛起，一掃近代蕪穢之習，其文雄深雅健，百世自有定論，由夏之徒，曷足贅言。

民國三十年（一九四一），公病終故里。海內門生戚友等，聚集於村，隆重祭吊，挽以"陽曲高風""顧黄遺志"，以彰高風亮節焉。

遺著除主持編纂《山西獻徵》八卷傳世，《榆次縣誌》亦刋行。學術專著有《尚書講義》《毛詩講義》《詩傳集例》《毛詩雅故集》，文集有《慙好編》五卷。詩稿四卷。此外《晉幣存徵》，大學教材、報刋登載之論著極多，亟待整理。

筆者不文，何足以傳先生？然思公一生大節，惟其久而湮滅，故爲之傳，以俟異日國史之採訪也。

贊曰：

大哉常公，邦家之光。幼年志學，壯歲名揚。國會從政，舌劍脣槍；口誅筆伐，時弊一匡。并門設帳，桃李盈堂。文宗韓柳，志存顧黄。七七事變，風雨倉皇；歸隱田里，堅持紀綱。太行巍巍，河水湯湯。克念作聖，華國文章。泰山北斗，漪歟子襄。

常鳳鎬謹撰

總目録

柞閈吟庵国学谈

《柞閈吟庵國學談》序

何平叔[①]云:“善易者不言易。”袁子才[②]取以爲論曰:“自唐人義疏行而經學灕[③],宋人詩話作而詩教紊。”近人復云:“桐城[④]談文而文衰,安吳[⑤]説字而字壞。”宏達之士以爲智言。竊謂灕、紊、衰、壞,末流之失,不能必無,然爲中人之才,遐僻[⑥]之士,談學、談藝其益固自無方也。不佞[⑦]學鮮師承,務於雜覽;專修術業,深愧無由。曩[⑧]輯讀書瑣語,論文脞[⑨]語,以訓子弟,過眼雲煙,隨風變滅。晚近歐風大煽,國學淪胥[⑩],高語閎深,益滋河漢[⑪]。茶餘飯後,追憶舊聞,拉雜存録,大雅鄙笑,夫復奚辭。倘中人以下、呫嗶[⑫]之儒,借以消閑,資爲談助,抑亦可知所別擇於學、於藝,或少謬誤也乎?若賜糾彈,更寬疏陋,則不佞頂禮以祈者也。

①何平叔:即何晏(190—249),字平叔,三國時玄學家。

②袁子才,即袁枚(1716—1797),字子才,清浙江錢塘人。清代詩人、散文家、文學批評家。

③灕:薄。本作“醨”,指味道淡的酒,引申指淡薄,不醇厚。此句指古詩由於唐人的解釋,反而使經學背離了主旨,愈加不醇厚。

④桐城:即桐城派,又稱桐城古文派、桐城散文派。其代表人物方苞、劉大櫆、姚鼐均係安徽省桐城人,故名,是清代文壇最大散文流派。

⑤安吳:即包世臣(1775—1855),字愼伯,清代學者、文學家、書法家、書學理論家。安徽涇縣人。涇縣於東漢時曾分置安吳,包氏舊居接近其地,所以學者稱安吳先生、包安吳。所著《藝舟雙楫》爲中國書學理論代表性著作之一。

⑥遐僻：指遥遠偏僻。

⑦不佞：沒有才能。自謙之辭。

⑧曩：從前，以往。

⑨脞：小的，細碎的，如脞説、脞録、脞冗。

⑩淪胥：淪陷、淪喪。

⑪河漢：比喻浮夸而不可信的空話。

⑫呫嗶：泛指讀書吟誦。

評述：贊春先生以爲後人義疏、詩話、談文、説字，間或有失，倘若全盤否定，則學者求學、求藝苦無途徑，故有勝於無；西學東漸，國學日漸衰微，更須指引學人以窺門徑，正是本文創作主旨所在。

讀書須知目録，此是切當不易之論。班氏《藝文》[①]，溯源子政[②]，《隋書·經籍》[③]，藍本[④]《七録》[⑤]，雖其書今多不存，然源流所在，不可不晰也。前清官書如《四庫全書目録》，及諸私家書目，諸書取材閎富，乍讀未免迷惘，惟龍氏啓瑞《經籍舉要》[⑥]、張氏之洞《書目答問》[⑦]二書録要舉凡，最便學子，如能略加折中，稍加證釋，簡而能要，俾士手一編，國學之涯涘可循，或不至摧薪覆瓿[⑧]歟。

①班氏藝文：指漢代班固《漢書·藝文志》。

②子政：指漢代劉向（約前77—前6），原名更生，字子政，西漢經學家、目録學家、文學家。沛縣（今屬江蘇）人。班固《漢書·藝文志》來源於劉歆《七略》。

③隋書經籍：指《隋書·經籍志》。

④藍本：寫作或繪畫所依據的底本。

⑤七録：是繼漢劉歆《七略》、南朝齊王儉《七志》之後的一部圖書目録分類專著，南朝梁阮孝緒撰，在一定程度上總結了前代目録學的成就，在中國目録學史上佔有重要地位。

⑥龍氏啓瑞：即龍啓瑞(1814—1858)，字翰臣，一字輯五，廣西臨桂人。治古文辭宗桐城，工書能篆、籀，善畫山水，著有《經籍舉要》，爲國學書目舉要之先行者。

⑦張氏之洞，即張之洞(1837—1909)，字孝達，又字香濤，今河北省南皮縣人。他是清末洋務派重要人物之一。在學術方面，主張"中學爲體，西學爲用"。《書目答問》爲張之洞編撰的一本舉要性目録書，是學習經史詞章考據諸學指示門徑的導讀目録。

⑧摧薪覆瓿：形容沒有什么作用或價值，或指大材小用。摧薪，形容毀板不印，用作燒柴。覆瓿，形容著作沒有什么價值，只能用來蓋盛醬的瓦罐。

錢先生泰吉著《甘泉鄉人稿》①，文辭恬靜，足見學人吐囑②。其中於校勘目録諸學爲深，詞章金石書畫等説，尤足引人興味。至於精理名言，隨處流露，發人深省，絶無酸餡氣習③，講學者可以爲法。

①錢泰吉(1791—1863)：近代學者、詩人。字輔宜，號警石、深廬。浙江嘉興人。著有《甘泉鄉人稿》《海昌學職禾人考》《海昌備志》《曝書雜記》。

②吐囑：也作吐屬，指言論、文章。

③酸餡氣習：指市井氣息，此爲藝術格調低下之意。

評述：國學首談目録，使學人有高屋建瓴、綱舉目張之效。古籍浩如煙海，先學目録使其分部別居，經史子集邊界分明，學起來不致迷途懵懂。

洪洞王先生軒①，詩秉家學，蔚然大家。董氏文渙②，闡其意旨著《聲調四譜》。譚氏嗣同③謂："足矯北方字音誤讀之失。"愚謂南方何嘗無誤讀者，曾文正④云："讀古書以訓詁爲本，作詩文以聲調爲本。"又云："《文選》⑤中漢魏名作，皆訓詁精確，音韻鏗鏘，通人之論，固自可味也。"傅先生山⑥云："詩韻卻只求愜當，押得穩處，即出韻不妨其好；若被韻拘管，取一字硬押，但韻穩協，一字便累一章矣。”又云：“平處險押，險處平押，濃處淡押，淡處濃押，凡此皆選韻精要，古詩極宜若近體律絶，總宜謹嚴爲主。老杜之詩律細，前人有‘詩律矜嚴似寡情’句，爲學者言此等處須勿含混。”袁才子“忘韻詩之適也”云云，貽誤後學，不敢苟同。

①王先生軒：即王軒（1823—1887），山西洪洞人，字霞舉，號青田，又號顧齋，曾任兵部主事，編撰過清光緒版《山西通志》。主講晉陽書院，工書法，尤精篆書。

②董氏文渙：即董文渙（1833—1877），字堯章，號研樵，又號研秋。洪洞杜戍村人，詩人、詩律學家。咸丰丙辰（1856）進士，任编修，改庶吉士，授檢討，歷官甘肅甘涼道。有《峴嶕山房集》《聲調四譜圖説》。

③譚氏嗣同：即譚嗣同（1865-1898），字複生，號壯飛，湖南瀏陽人，中國近代著名政治家、思想家，維新派人士。他所著的《仁學》，是中國近代思想史中的重要著作。

④曾文正：即曾國藩（1811—1872），初名子城，字伯函，號滌生，謚文正，湖南湘鄉人。清咸丰、同治時重臣，湘軍的創立者和統帥。清朝軍事家、理學家、政治家、書法家、文學家，晚清散文“湘鄉派”創立人。

⑤文選：南朝梁蕭統（501—531）編選先秦至梁的各體文章，取名《文選》。分爲三十八類，共七百餘篇，爲我國現存最早的文章總集。

⑥傅先生山：即傅山（1607—1684），字青竹，後改字青主，號眞山、石道人、松僑老人等。陽曲（今屬山西省太原市）人。明末清初書法家、學者、醫學家。通經史；能畫山水，風格古拙奇特；善書法，工篆、隸、楷、行、草諸體，尤精草書，著有《霜紅龕集》。

評述：此處提詩、講韻，較爲突兀，與上下文似無繫聯，不知何故。但贊春先生主張格律謹嚴，不可含混當很明確。另古人讀書講究義理、考據、辭章不可或缺，形式謹嚴有助於內容表達。

石鼓文字[①]，古勁磅礴，戈戟森嚴，自是吾國石刻第一種最古文字。論者或稱周成王時物，或稱宣王時物。竊謂文中“嗣王公謂太子”等語，似以成王爲確，“車工馬同”則成語互用，屬詩通例，不必泥也。至謂宇文周[②]物，殊屬支離。即以篆法論，北碑[③]署額，能有此耶？即漢人碑額，嵩嶽三闕[④]，吴國山碑[⑤]，純作篆勢，亦無此醇古。秦琅琊臺刻石[⑥]原石精拓，篆法差有似處，三代法物，夫復奚疑。阮文達[⑦]杭州翻刻宋拓本，似嫌圓媚，揚州翻本，似嫌孱弱。惟今國子監後，韓文公[⑧]祠有翻宋本，形似獨多，可以臨仿，至熱河北京文廟之重排本，鼓形太似，字亦枯索無味，結構多非，由乾隆時彭氏元瑞[⑨]所爲，固知小道亦非個中人不能辨也。

①石鼓文字：先秦時期的刻石文字，因其刻石外形似鼓而得名，爲我國現存最古老的石刻文字。字體在古文與秦篆之間，一般稱爲“大篆”。

②宇文周：即南北朝時期的北周，因皇室姓宇文，故稱。

③北碑：我國南北朝時期北朝文字刻石的通稱，又稱爲魏碑。魏碑上承漢隸，下啓唐楷，是一種過渡性的書體。它與隸書相比則簡捷而得其沉雄，與唐楷相比則豐厚剛健。

④嵩嶽三闕：指啓母闕、少室闕和太室闕。啓母闕和少室闕建於東漢延光二年(123)，太室闕建於東漢元初五年(118)，此三闕被稱爲中國最古老的廟前神道闕。闕身用長方形石塊壘砌，壁上均刻有篆隸體題額和闕銘。

⑤吴國山碑：位於江蘇宜興善卷鎮的國山上。三國時，吴天璽元年(276)，因在離墨山中發現石洞，即善卷洞，皇帝孫皓派遣司徒董朝等前往封禪，改離墨山爲國山，刻國山碑，或稱禪國碑。碑圓鼓形，碑爲篆書，其内容寫立碑起緣、瑞應祥兆、歌功頌德。此碑是江蘇現存最古老的封禪碑之一，碑文書法亦具有重要價值。

⑥秦琅琊臺刻石：秦始皇二十八年（前 219）巡行時登琅琊臺所刻，原石殘存十三行八十七字，後十一行是秦二世時補刻，傳爲李斯所書。現存中國歷史博物館。

⑦阮文達：即阮元（1764—1849），字伯元，號藝臺，又號雷塘庵主，晚號怡性老人，揚州儀徵人，謚文達。是著作家、刋刻家、思想家，被尊爲一代文宗。對乾嘉之際金石學的興盛貢獻頗巨。

⑧韓文公：即韓愈（768—824），字退之，唐代文學家、哲學家。河陽（今河南省焦作孟州市）人。祖籍河北昌黎，世稱韓昌黎；晚年任吏部侍郎，又稱韓吏部；謚號“文”，又稱韓文公。

⑨彭氏元瑞：即彭元瑞（1731—1803），字掌仍，一字輯五，號蕓楣（一作雲楣），江西南昌人，謚文勤。清代學者，楹聯名家。

刋刻金石文字等書，前清乾隆、嘉慶間爲勝，同治末光緒初又盛，此亦吾國考古美術一異彩也。第一須鈎摹得人，第二刻者於此須富有經驗，一切選版、磨版、下刀、修補均不容苟。官書如《西清古鑒》[①]，遠過前此考古、博古等圖，私家刻本如阮文達刻《宋王復齋鐘鼎款識》精極矣，題跋印章無不各肖其神似。薛尚功[②]《鐘鼎款識》，則法帖原刻流轉失眞，摹者亦纖弱無古致。《積古齋鐘鼎彝器款識》蒐羅閎博，傳爲多據拓片付刻，頗爲精緻，原刻本價値過昂，鮑氏廷爵[③]翻刻本尚不失眞，湖北刻則古意減矣。京肆翻刻直成惡札，潘文勤[④]《攀古樓彝器款識》，摹器及銘爲吴氏大澂[⑤]，録題跋者爲張氏之洞、王氏懿榮[⑥]致爲精核，惜肆間購見不易。吴氏雲[⑦]《兩罍軒彝器款識》，摹刻亦精，至《筠清館金文》[⑧]《從古齋款識學》[⑨]，則刻手率略大遠其詣，反不若小品之張氏燕昌[⑩]《金石契》，陳氏經[⑪]《求古精舍經石文》，鮑氏昌熙[⑫]《金石屑》爲可寶重也。

①西清古鑒：清代宮廷所藏古代青銅器的大型譜録。乾隆年间梁詩正等奉敕纂修。收商周至唐代銅器 1529 件（包括銅鏡），而以商周彝器爲多。

②薛尚功：字用敏。浙江錢塘(今浙江杭州)人。生卒年不詳，宋代金石學家。

③鮑氏廷爵：即鮑廷爵，生卒年不詳，字叔衡，安徽省歙縣人，寄居常熟，浙江候補知縣。匯輯《後知不足齋叢書》。所收多係經學、小學、金石、目録書。

④潘文勤：即潘祖蔭(1830—1890)，字伯寅，號鄭盦，謚文勤。清代吳縣(今苏州市)人。歷任侍讀學士、工部尚書、軍機大臣等。好金石，圖書金石收藏甲於吳中，聞名南北。著有《滂喜齋叢書》《攀古樓彝器款識》等。

⑤吳氏大澂：即吳大澂(1835—1902)，字清卿，號恆軒。清都察院左副都御使、會辦北洋事宜大臣，晚清文字學家、書法家、實業家、教育家。

⑥王氏懿榮：即王懿榮(1845—1900)，字正儒，一字廉生，山東福山(今煙臺市福山區)古現村人。中國近代金石學家，甲骨文的發現者。

⑦吳氏雲：即吳雲(1811—1883)，字少甫，號平齋。安徽歙縣人。一作歸安(今浙江湖州)人。舉人，官蘇州知府。金石書畫，無不涉獵。性喜金石彝鼎，法書名畫，漢印晉磚，宋元書籍，一一羅致。

⑧筠清館金文：作者吳榮光(1773—1843)，原名燎光，字殿垣、伯榮，號荷屋，自號白雲山人，廣東南海人，精鑒金石。著有《歷代名人年譜》《筠清館金文》《白雲山人詩稿》《緑伽南館集》。

⑨從古斋款識學：作者徐同柏(1775—1854)，原名大椿，字籀莊，號籌臧，浙江嘉興貢生。精研六書篆籀，多識古文奇字。工篆刻，能詩，著有《從古斋款識學》《從古斋吟稿》。

⑩張氏燕昌：即張燕昌(1738—1814)，字芑堂，號文魚，又號金粟山人，清浙江海鹽人。善篆、隸、飛白、行楷，精金石篆刻，工畫蘭竹、花卉、山水、人物，亦精竹木雕刻。有《金石契》《飛白書録》《鴛鴦湖札歌》《石鼓文釋存》《芑堂印譜》。

⑪陳氏經：即陳經，清烏程人。阮元弟子。字包之，一作抱之，號辛彝，一號新餘。齋堂爲求古精舍。曾署嘉定主簿。喜刻印，家藏尊、彝、泉、印、磚、瓦甚富。

⑫鮑氏昌熙：即鮑昌熙，字少筠，浙江嘉興人，工治印。摹刻《金石屑》四卷。

石文縮刻者，以褚氏峻[①]之《金石圖》爲椎輪[②]。萬氏承紀[③]之《百漢硯碑》，出王子若[④]摹刻，剝蝕天然，神味吻合，擬古之技嘆觀止已，阮文達、張叔未[⑤]均有縮摹漢魏碑硯，遜斯神緻。錢氏泳[⑥]之《小漢碑》，則呆板無餘味矣。至依據碑字，雙鈎[⑦]入木，則黄氏易[⑧]《小蓬萊閣金石文字》間失臃腫；張氏德容[⑨]《金石聚》頗宏闊而失之草率；徐氏渭仁[⑩]《隨軒金石文字》，原版致佳，補者板刻；近楊氏守敬[⑪]之《望堂金石文字》《激素飛清閣金石文字》，蒐羅摹勒，索費苦心，刻手往往不應，究是憾事；劉氏心源[⑫]《奇觚室文字學》，亦同此失；馮氏雲鵬、雲鵷兄弟之《金石索》[⑬]，流傳頗廣，金索摹刻精工，文字纖靡，石索則臨寫失眞，畫像又多意造，惟磚瓦璽印爲佳耳。

①褚氏峻：即褚峻，字千峰，陕西合阳县人，生卒年不詳。擅長雕刻，以拓售碑帖爲業。乾隆六年（1741）摹成《金石圖》4 冊，爲學者所珍視。著有《金石經眼録》四卷，爲乾隆嘉慶時金石名著。

②椎輪：原始的無輻車輪，後來比喻事物的草創。

③萬氏承紀：即萬承紀，字廉山，南昌人。清金石家、書畫家。其篆法似李陽冰，繪畫則得北宋諸家之長。酷好金石，曾縮臨所藏漢魏碑，刋於端硯背面，有百種之多，稱爲《百漢碑硯》。

④王子若（1788—1841）：原名應綬，又名日申，字子若。擅長書畫、篆刻、醫術。曾爲萬承紀縮刻百漢碑硯，工藝精到，聞名當世。

⑤張叔未（1768—1848）：名廷济，字順安，號叔未。浙江嘉興人。工詩詞，精金石考據之學，收藏鼎彝、碑版及書畫甚多。著《清儀閣題跋》《清儀閣印譜及詩鈔》《眉壽堂集》《桂花馨堂集》。

⑥錢氏泳：即錢泳（1759—1844），原名鶴，字立群，號臺仙，一號梅溪，清代江蘇金匱（今屬無錫）人。工詩詞、篆、隸，精鎸碑版，善於書畫，有縮臨《小漢碑》，集各種小唐碑石刻行世。著有《履園叢話》《履園譚詩》《蘭林集》《梅溪詩

鈔》等。輯有《藝能考》。

⑦雙鈎:以法書摹刻石上,沿其筆墨痕迹,兩邊用細線勾出,使不失其眞。

⑧黄氏易:即黄易,字大易、大業,號小松、秋庵、秋影庵主、蓮宗弟子、散花灘人等,浙江杭州人。其篆刻師事丁敬,又有創新,有"蔣仁尚拙,黄易尚巧"之説。他的"小心落墨、大膽奏刀"方法,深得個中三昧。著有《小蓬萊閣金石文字》《秋影庵主印譜》。

⑨張氏德容:即張德容,字松坪,號少薇,咸丰三年(1854)進士。同治間官岳州知府。精於金石之學,著有《金石聚》。

⑩徐氏渭仁:即徐渭仁(?—1853),嘉慶道光、咸丰间人。字文臺,號紫珊,晚號隨軒,上海人。精鑒賞,收藏甚富。工於書,篆隸書、行楷悉有法。鈎摩尤精,年三十八始寫竹蘭,繼畫山水。輯有《隨軒金石文字》《春暉堂叢書》及《法帖》。

⑪楊氏守敬:即楊守敬(1839—1915),字惺吾,晚年自號鄰蘇老人,宜都市陸城鎮人。清末民初歷史地理學家、金石文字學家、版本目録學家、書法藝術家、藏書家。有83種著作傳世。

⑫劉氏心源:即劉心源(1848—1915),清末民初湖北著名金石學家、文字學家、書法家。畢生以金石爲基研究古代漢字,書法則謹嚴有創新,擅鐘鼎文、石鼓文,篆、隸、楷俱佳,刊行著作有《古文審》《樂石文述》《吉金文述》《凡誨書》《奇觚室樂石文述》等。

⑬金石索:清代馮雲鵬、馮雲鵷兄弟撰,共12卷,上部六卷爲"金索",收録商周到漢和宋元時的鐘鼎、兵器、量度、泉刀、璽印、鏡鑒,權量、雜器,又旁及外國古錢幣、日本古鏡、摹刻器物,附有考定文字以及歷代錢幣等;下部六卷爲"石索",收録商周至元代石刻,碑碣以及帶文字的磚和瓦當。

西國石印[①]之法行,前此珍編秘笈均可印行,神采無失,雖一版告竣,無復留影,然洵[②]屬佳妙,深嗜重弆[③],而大力者不能聽其澌滅。吴氏大澂之《古玉圖考》摹釋俱精。近端方氏《陶齋吉金録》[④],圖雖縮摹,款識悉影原拓,愈見佳妙。

若臨川李氏之《石墨玉寶》，有正、文明書局，又蒐羅多種碑帖概付石印，雖間有淩雜，果具精鑒，擇優購藏，未始非好古者一快也。更有玻版發明，凡原迹之墨色燥濕，紙紋皴折，印章重叠，無不畢現，得此何羨原拓，然價稍昂、紙稍昂，不便行篋取攜，此銷售不及石印歟？踵而爲之，有彪蒙、尚文、聚古等家，則第[5]供村塾童子、闤闠[6]學徒，大雅君子多不注視也。

①西國石印：應爲珂羅版印刷，不屬石刻。

②洵：的確、確實。

③弆：音舉，意爲收藏。

④陶齋吉金録：清端方撰。八卷，《續録》二卷。收録自三代、秦漢以下之彝器及六朝以來之造像，凡三百五十九條，皆描繪出諸器之形，並摹其文字。《續録》所載八十八器，爲前録所無。

⑤第：只不過。

⑥闤闠：市肆。古代市道即在垣與門之間，故稱市肆爲闤闠。闠，市之外門。

前清金石考訂，闢爲專家，證經校史，兼擅其勝。然宋時歐、趙[1]已開其先，要致力經史，以事輔之則可，若必執此以爲經史多誤，未免循流忘源也。夫經史子集輾轉傳鈔，雖校者、讀者，代有通人，詎敢謂一無舛誤[2]？平心而察之，闕疑以遇之可也。至金石刻辭半屬美術，推諸考訂，則好學深思，横通之益，若支離曼衍，炫惑人心，玩物不甘，附庸大雅，則文人狡獪[3]，豈學子所宜汲汲[4]哉！

①宋時歐、趙：指歐陽修、趙明誠。

②舛誤：錯誤；差錯。

③狡獪：此處指兒戲，遊戲。

④汲汲：急切的樣子，急於得到，沉溺其中。

評述：金石學有清一代蔚爲大觀，名家輩出。本爲證經校史，卻自成一家，別開生面。贊春先生以石鼓文字爲三代之物今已可證不確，但幾百字便論盡金石學源流更替，賢愚高下，非有極大功力、涉獵廣泛不能如此從容信手拈來。

治金石學必具小學根柢，《爾雅》《說文解字》古之小學，其訓釋五經，辨章同異，治國學者借徑於斯，旁及古文分隸，更足補其疏而通其變。《爾雅》訓詁，通假爲多，《說文》之敘篆文合古籀，傳刻既久，未免失眞，莊氏述祖[①]《說文古籀疏證》，冥心搜討，較諸《汗簡》[②]《金石韻府》[③]《鐘鼎字源》[④]《六書通》[⑤]諸書之雜糅固有進矣，然敘次離奇，徒爲炫眘，又摹篆者，小學未深，意爲取勢，是亦一憾。吳氏大澂之《說文古籀補》，則許書爲綱，下綴古籀，檢查既易，參考堪資，又字均手摹，益見謹愼，存疑前列，尤不經心。康氏有爲治《公羊》學，盛倡今文，古文一說，深致不滿。觀其《新學僞經考》，雖抵間摘瑕，間有創獲，然失之鑿[⑥]者，亦比比焉。至謂鐘鼎僞文劉歆所採，考古當辨，則辨之是也。曰僞文、曰劉歆所採則仍屬一偏，徒爲子駿[⑦]增重耳。汪氏中[⑧]一手詎掩天下目，豈徒爲董香光[⑨]誦之哉！

①莊氏述祖：即莊述祖(1750—1816)，字葆琛，江蘇武進(今屬常州市)人。著有《文鈔》《詩鈔》《漢鐃歌句解》《石鼓然疑》《五經小學述》。

②汗簡：北宋初年郭忠恕彙集的一部古文字書。書名取自古人"殺青簡以寫經書"，謂之"殺青"，亦謂"汗簡"，借以說明"古文"是源於古人竹簡上所寫經書。

③金石韻府：明無錫朱雲所撰。朱氏嘗寓澄江草堂，縱觀所藏古金石文，並遵唐韻，以字形按四聲排列，其搜覽、較博、取擇亦甚嚴，凡秦漢而下私家印璽概不採録，筆意結構一如吉金貞珸。

④鐘鼎字源：清朝康熙年間汪立名所編，專收鐘鼎文，其他碑篆均不收録，按韻編爲五卷，附録一卷。

⑤六書通:清代閔齊伋所撰,仿《金石韻府》體例,依《洪武正韻》部次編排,是研究漢字字體演變及書法篆刻的工具書。

⑥鑿:穿鑿附會。

⑦子駿:即劉歆(約前53—23),西漢末經學家、目録學家。字子駿,沛(今江蘇沛縣)人。曾與父劉向同校皇家藏書。又繼父業,集六藝群書,分類撰爲《七略》,爲中國第一部圖書目録著作。

⑧汪氏中:即汪中(1745—1794),字容甫。江蘇江都人。清代哲學家、文學家、史學家。能詩,工駢文,精於史學,著有《廣陵通典》《述學》内外篇、《容甫先生遺詩》等。

⑨董香光:即董其昌(1555—1636),字玄宰,號思白,又號香光居士,卒謚文敏。華亭(今上海松江)人。精於書畫鑒賞,在書畫理論方面論著頗多,其"南北宗"的畫論對晚明以後的畫壇影響深遠。著述有《畫禪室隨筆》《容臺集》《畫旨》等。

前清《説文》之學可稱精詣[①],許君[②]經學時號無雙,觀其《自叙》,曰博采通人,又曰稽撰其説,信而有證,知非率爾從事,但傳抄不免訛脱,故書又多散軼。即徐氏鉉、鍇[③],淵源家學,尚多異同,况經宋元之晦蒙[④],明人之羼亂,信之者謂是許君之舊,未可必也;詆之者借端肆其捃摭[⑤],殊無謂也。惟王氏筠之[⑥]《説文句讀》一書,凡有致疑,均加符號,下綴證釋,義有未盡,釋例别詳,學者以是爲南針得矣。至桂氏馥[⑦]之《義證》,博矣而失之蕪[⑧];段氏玉裁[⑨]之注,核矣而失之悍[⑩];錢氏坫[⑪]、鈕氏樹玉[⑫]則屬校勘家言;嚴氏可均[⑬]多蹈攻辯之習,取爲參考,均有專長。至朱氏駿聲[⑭]、王氏玉樹諸著,則《説文》之繼,别爲宗者耳。竊謂前人作室,我輩居之,張氏之洞謂治《説文》以熟記部首爲入手,而苗氏夔[⑮]先有《建首字讀》,使童子諷之,徐敬以王筠氏之《文字蒙求》,以辨其凡。錢氏大昕、陳氏壽祺、陳氏瑑、雷氏浚引經諸説,以達其用,寖而檢閱全書,不至浩無涯涘矣。途徑既得,旁涉諸家之説,以匯其通可也。横貫古籀諸文,以廣其義,亦無不可也。

第此類專家之爲，恐今之學者遂謝無暇，未免求通反窒耳。

①精詣：精到，謂學養精粹，成就非凡。

②許君：即許慎（約58—約147），字叔重，東漢汝南召陵（今河南省漯河市召陵區）人，漢代有名的經學家、文字學家、語言學家，中國文字學的開拓者。歷經21年著《説文解字》，是中國首部字典，歸納出了漢字540個部首。

③徐氏鉉、鍇：即徐鉉、徐鍇。徐氏鉉（916—991），即徐鉉，字鼎臣。廣陵（今江蘇揚州）人。早年仕於南唐，後隨李煜歸宋。五代宋初文學家、書法家。文章議論與韓熙載齊名，稱“韓徐”，又與弟徐鍇俱精通文字學，號“大小徐”。經其校訂增補的《説文解字》，世稱“大徐本”。徐氏鍇（920—974），即徐鍇，徐鉉之弟，世稱“小徐”，字楚金，精通文字學，平生著述甚多，今僅存《説文解字系傳》《説文解字韻譜》。

④晦蒙：比喻世道昏亂。

⑤捃摭：摘取、蒐集、採集。

⑥王氏筠：即王筠（1784—1854），字貫山，號箓友，山東省安丘市景芝鎮宋官疃人，語言學家，文字學家。一生著述宏富，影響巨大。自著書五十多種，勘訂他人書六十餘部。所著《説文釋例》《文字蒙求》《説文句讀》《説文韻譜校》《説文屬》等等，多有開拓性和突破性。

⑦桂氏馥：即桂馥（1736—1805），字冬卉，號未谷，山東曲阜人。著有《説文義證》《扎樸》等，精於“金石六書之學”，爲清代中葉著名文字學家、書法家。

⑧蕪：雜亂。此句指桂馥《説文義證》雖旁徵博引卻蕪雜紛亂。

⑨段氏玉裁：即段玉裁（1735—1815），字若膺，號茂堂。江蘇常州金壇人。湛深經史，尤精六書，著述有《説文解字注》《六書音韻表》《古文尚書撰異》《經韻樓集》《毛詩故訓傳定本》《詩經小學録》《戴東原年譜》等。

⑩核矣而失之悍：本句指段玉裁《説文解字注》雖翔實精確仍難免有武斷之處。核，翔實正確；悍，此處指武斷。

⑪錢氏坫:即錢坫(1744—1806),字獻之,號小蘭,浙江嘉定人,清乾隆、嘉慶年間篆刻家,著有《史記補注》《説文解字斠詮》《十六長樂堂古器款識考》等。

⑫鈕氏樹玉:即鈕樹玉(1760—1827),字藍田,自號匪石山人,江蘇吴縣人。精研文字聲音訓詁,著《説文解字校録》等。

⑬嚴氏可均:即嚴可均(1762—1843),字景文,號鐵橋。浙江烏程(今屬吴興)人。清文獻學家、藏書家。精考據學,著《説文長編》《説文翼説》《校文》《全上古三代秦漢三國六朝文》《四録堂類聚》《説文聲類》《説文校義》《鐵橋漫稿》等。

⑭朱氏駿聲:即朱駿聲(1788—1858),字豐芑,號允倩,晚年又號石隱,自署元和人,或作江蘇吴縣人。清代學者、文字學家。著有《説文通訓定聲》《傳經堂文集》《禮儀經注一隅》《夏小正補傳》《小爾雅約注》《春秋左傳識》《離騷補注》等。

⑮苗氏夔:即苗夔(1783—1857),字先麓,直隸肅寧人。清代語言學家。主要著作有《毛詩韻訂》《廣籀》《説文聲訂》《説文聲讀表》《建首字讀》一卷等。

評述:金石學須有小學根基,而小學爲清代學者最有成就之處。清人畏文字之禍,埋首于故紙堆,以漢儒爲宗,以説字解經爲要務,文字、音韻、訓詁均有巨大成就。但小學終究不是獨立學科,解經義、行王道才是正途。清代治小學,以《説文》《爾雅》爲源頭,大家輩出,術業各有專攻,贊春先生一一評點,對桂馥、段玉裁的評價似或一語中的。其他小學諸家擇其精要,爲後來學人指明門徑。小學熟知,經史子集便可一一涉獵,此爲治國學次序。

呂文節[①]謂:“各經注疏,以《毛詩》[②]《三禮》[③]爲最優。”張氏之洞述之,因舉“式古訓力威儀”[④]作證,説甚巧矣。雖今世治《詩》者多,而專家鮮覯[⑤],蓋諸經注疏,原一家言,有所辯證,匯歸亦易,《詩》則經傳爲主是矣。然序與傳有歧,箋與序、傳又有歧,孔疏[⑥]依違兩可[⑦],以傳、箋爲執中,律以家法,似嫌糅亂,惟陳氏奐[⑧]《毛氏傳疏》,援據毛氏,特見謹嚴,而猶有病其墨守者。竊以陳氏之失,在強經傳以從序耳。其大體修潔[⑨],遠在《毛詩稽古編》[⑩]《毛詩後箋》[⑪]之上,信是毛公宗子[12]也。唐成伯璵[13]取《詩序》首句説經，具徵卓識，讀《詩》者即此通經傳之郵，得矣。後序義足證明，無妨兼採；義有窒礙，無寧闕疑。至於朱子《集傳》，諷誦已久，其弊在盲從功令。若節取證經，抑何惡乎！若夫三家[14]久軼，採掇他書，假陳勝爲扶蘇，附王郎與成帝[15]，好奇者故爾津津。如魏氏源[16]《詩古微》等，雖多創獲，亦第參考所資，究非説《詩》之正軌也。

①呂文節：即呂賢基（1803—1853），字羲音，號鶴田，安徽旌德人。太平軍攻破桐城時，駐守舒城，城陷後投水自盡。清廷贈尚書銜，謚文節公，賜於舒城建祠祭祀。著有《呂文節公奏疏》《立誠軒詩》。

②毛詩：《毛詩故訓傳》，簡稱《毛傳》《毛詩》。其作者和傳授淵源一般定爲魯人毛亨所作，是現存最早的完整的《詩經》注本。全書以解釋字義爲主，其章句訓詁大抵取自先秦群籍，保存了許多古義。

③三禮：指《周禮》《儀禮》和《禮記》。"三禮"之學是中國古代禮樂文化的理論形態，對中國後世政治制度、社會思想、文化傳統、倫理觀念影響很大。

④式古訓力威儀：出自《詩經·大雅·烝民》："仲山甫之德，柔嘉維則，令儀令色，小心翼翼。古訓是式，威儀是力，天子是若，明命使賦。"

⑤鮮覯：罕見。

⑥孔疏：唐代孔穎達疏解《毛傳》《鄭箋》，作《毛詩正義》，簡稱《孔疏》。孔穎達，字仲達，冀州衡水（今屬河北）人。其時朝中組織撰《五經正義》，孔穎達受命主持其事，諸儒分治一經。《毛詩正義》出於王德韶、齊威等人之手，而孔穎達總其成。《毛詩正義》是對於《毛傳》及《鄭箋》的疏解，"傳""箋"被稱爲"注"，"正義"被稱爲"疏"，合稱《毛詩注疏》。

⑦依違兩可：指對問題態度猶豫，沒有確定的意見。

⑧陳氏奐：即陳奐（1786—1863），字碩甫，號師竹，晚自號南園老人，江蘇長州（今蘇州）人。清咸丰元年（1851），舉孝廉方正。先後師事江沅、段玉裁，又曾問學高郵王念孫、王引之，與聞經學家法。畢生殫精竭慮，專攻經學，於《毛

詩》用力最勤。著有《毛詩傳疏》《毛詩説》《毛詩九谷考》《毛詩傳義類》《鄭氏箋考徵》及《公羊逸禮考徵》，另有《三百堂文集》。

⑨修潔：整齊簡潔。

⑩毛詩稽古編：清代江蘇學者陳啓源著，共三十卷，附考一卷。堅持漢代人之説，不容一語有出入，引據賅賻，疏證詳明，俱爲有本之言，爲清初徵實之學的代表作。

⑪毛詩後箋：《詩經》注本。清代安徽學者胡承珙（1776—1832）撰。胡氏論《詩經》宗《毛傳》，兼採宋儒之説，而對《鄭箋》卻持批評態度。未能完成全書而逝，《魯頌·泮水》以下爲陳奐所補。

⑫宗子：本指嫡長子或皇族子弟，此處指後繼者。

⑬成伯璵：唐代學者，生平無考。撰《毛詩指説》，是唐代有影響的《詩經》研究專著之一。另撰有《毛詩斷章》《尚書斷章》等。

⑭三家：漢人傳《詩》本有四家，稱爲“四家詩”。後三家即《魯詩》（申培公所傳）、《齊詩》（轅固生所傳）、《韓詩》（韓嬰所傳）。此三家又被稱爲“三家詩”，皆採用今文，在東漢被立於學館，研究此一學的被稱爲今文經學。但是《毛詩》後起，逐漸取代三家地位，僅有《韓詩外傳》留傳至今。

⑮假陳勝爲扶蘇，附王郎與成帝：秦末大澤鄉陳勝起義，初自稱扶蘇太子，新莽末王朗邯鄲起事也假稱爲成帝之後，均爲借以增強號召力，實於史無稽。

⑯魏氏源：即魏源（1794—1857），名遠達，字默深。湖南邵陽人。中國近代啓蒙思想家，著名學者。學識淵博，著述很多，主要有《書古微》《詩古微》《默觚》《老子本義》《聖武記》《元史新編》和《海國圖志》等。

三禮：《儀禮》難治，然異説差少，家法不迷，尚未若《周官》《禮記》之棼①也。本吳氏廷華②之《儀禮章句》以讀經，張氏爾岐③之《儀禮鄭氏句讀》以考注，程氏瑤田④之《喪服足徵》，記張氏惠言⑤之《儀禮圖》以明制，大體既具，廣以賈疏⑥，及胡氏培翬⑦之《儀禮正義》，胡氏承珙⑧之《儀禮古今文疏義》，抑何至詫爲絶學⑨

哉！說《周官》者，程子之"必有睢麟精義，然後可行官禮良法"，説極正矣，然以新奔荆公[10]滋世詬病。今則五洲大同，東西政治之美，往往吻合，謂心理之同可也，即證周公之聖亦可也。近孫氏詒讓[11]輯《周禮正義》，又輯《周禮政要》，論者斥之。然《周官》原本政書，其要在措諸事實，治此者貴因時審宜，毋偏毋泥，即鄭注[12]以通經，合賈疏及孫氏詒讓之《周禮正義》，黄氏以周[13]之《禮書通故》，擇而治之，廣以秦氏蕙田[14]之《五禮通考》及歷代《通典》、《通考》諸政書，以擴其用，斯《周官》乃不空讀耳。非然者張皇於名物，辨析於訓故，雖云專家之業，尚非通經致用之本也。

①棼：紛亂。

②吴氏廷華：即吴廷華(1690—1764)，字中林，號東壁，清初浙江仁和人。生平於六經箋疏，無所不窺。撰《周禮疑義》《儀禮疑義》《禮記疑義》，惜以卷帙浩繁，無力刋行。今傳世者止《儀禮章句》。

③張氏爾岐：即張爾岐(1612—1678)，字稷若，明清之際經學家，號蒿庵，山東濟陽(今店子鄉張稷若村)人，熟讀經史，兼及諸子百家，旁及太乙、奇門之學。晚年精研"三禮"。撰有《儀禮鄭注句讀》《周易説略》《老子説略》《蒿庵閒話》等。

④程氏瑤田：即程瑤田(1725—1814)，字易田，一字易疇，號讓堂。清安徽歙縣人。清代徽派樸學代表人物之一。著有《禹貢三江考》《儀禮喪服文足徵記》《周髀用矩法》《數度小記》《宗法小記》《儀禮喪服足徵記》《考工創物小記》《磬折古義》《溝洫疆小記》《九谷考》《通藝録》等。

⑤張氏惠言：即張惠言(1761—1802)，原名一鳴，字皋文，清江蘇武進人。早年工辭賦駢文，後致力于古文，與惲敬開創陽湖派。尤以詞著稱，爲常州詞派創始人。

⑥賈疏：賈，即賈公彦，唐銘州永年(今河北邯鄲市東北)人。唐朝儒家學者，經學家，《三禮》學專家。撰《周禮義疏》《儀禮義疏》。

⑦胡氏培翚:即胡培翚(1782—1849),字載屏,號竹村,清安徽績溪人。著有《儀禮正義》《燕寢考》《研六室文鈔》。

⑧胡氏承珙:即胡承珙(1776—1832),字景孟,號墨莊,清安徽涇縣人。著有《永是堂詩文集》《毛詩後箋》《小爾雅義證》《儀禮古今文疏義》《爾雅古義》等。

⑨絶學:意此門學問至此中斷。

⑩荆公:對宋代王安石的尊稱。王安石曾被封爲荆國公。

⑪孫氏詒讓:即孫詒讓(1848—1908),字仲頌(一作冲容),别號籀廎,清浙江瑞安人,由於他的學術研究極爲樸實,故又稱樸學家,並譽爲"有清三百年樸學之殿"。一生著作達35種,對經學、史學、諸子學、文字學、考據學、校勘學等方面都有卓越的成就。主要著作《周禮正義》是解釋周禮最精審詳備之作,《墨子閒詁》爲訓詁名著,《契文舉例》是最早考釋殷墟文字的著作。

⑫鄭注:鄭玄作的注。鄭玄(127—200):字康成,北海高密(今山東高密西南)人。東漢儒家學者,是兩漢經學之集大成者。著过《易》《尚書》《毛詩》《周禮》《儀禮》《禮記》《論語》《孝經》《尚書大傳》等。

⑬黄氏以周:即黄以周(1828—1899),字元同,號儆季,又號哉生,清定海廳(今舟山)紫微鄉(今屬定海區)人。著有《禮書通故》《子思子輯解》《軍禮司馬法》《經訓比義》《儆季雜著》等。

⑭秦氏蕙田:即秦蕙田(1702—1764),字樹峰,號味經,江蘇金匱人。精三禮之學,按《周官》吉、兇、軍、賓、嘉之目,撰爲《五禮通考》。

《禮記》唐時離《儀禮》《周官》而别行其書,雜採子籍,不名一家,然古代文明,其政治、倫理、心理、哲理之精奥,斑斑可見,此自經説之統宗,學者亟宜從事也。鄭注孔疏而外,王氏夫之[①]之《章句》雖有割裂,而闡明經義,自勝陳氏澔[②]《集説》之空言,惜世以功令[③]錮習。《中庸》《大學》獨爲闕文[④],致不能具一家言,亦一憾也。學者循而習之,參以朱氏彬[⑤]之《禮記訓纂》,宋聶氏、元韓氏之《三禮圖説》[⑥],欲通經濟[⑦],兼習《周官》,欲究節文[⑧],更徵《儀禮》,則禮已立矣。況微言奥義,其益學人神智者,又非一端哉!

①王氏夫之:即王夫之(1619—1692),字而農,號姜齋,别號一壺道人,湖南衡陽人。明清之際杰出的哲學家、思想家,與顧炎武、黄宗羲同稱明末三大學者。晚年居衡陽之石船山,學者稱"船山先生"。學問淵博,對天文、曆法、數學、地理學等均有研究,尤精於經學、史學、文學。一生著述宏富,録入《四庫全書》的有《周易稗疏》《尚書稗疏》《詩稗疏》《春秋稗疏》《禮記章句》等。

②陳氏澔:即陳澔(1260—1341),字可大,號雲住,人稱經歸先生。南康路都昌縣(今江西都昌)人,宋末元初理學家、教育家。著有《禮記集説》,为明清科考取士的必讀之書。

③功令:古時國家考核和選用學官的法令。

④闕文:缺疑不書或遺漏之文。

⑤朱氏彬:即朱彬(1753—1834),字武曹,號郁甫,江蘇寶應人。清代揚州學者。主要著作有《經傳考證》《禮記訓纂》。

⑥三禮圖説:有關禮器圖式方面的專著,史籍稱其始自東漢鄭玄。清人馬國翰《玉函山房輯佚書》中,收入東漢鄭玄、阮諶合撰《三禮圖》,又有梁正《三禮圖》。唐代,張鎰撰《三禮圖》9卷。梁氏、張氏《三禮圖》均佚,現僅有《玉函山房輯佚書》輯佚本,圖均佚。宋代,洛陽人聶崇義撰《新定三禮圖》,元代有韓信同撰《三禮圖説》,明代有劉績撰《三禮圖》,清代有孫馮翼輯《三禮圖》。這些著述,"大抵約略傳注之文,揣摩形似,多不免於失眞"。(《四庫全書總目》)

⑦經濟:指經國濟民,經世濟用。

⑧節文:指節制修飾。

評述:經學是人生大道,不易常理,前人更是重視。歷代彙集而成《十三經》,分别爲《詩經》《尚書》《易經》《春秋》三傳、三禮、《論語》《孟子》《爾雅》《孝經》,因年代久遠,古今言語差異，故後世多有注疏，支流蔓延，蔚爲大觀。贊春先生論經學，先究《詩經》、三禮，大概源於孔子"不學《詩》，無以言；不學《禮》，無以立"之意，《詩》以通經，《禮》以致用，切勿偏執拘泥，故論《詩》力贊唐代成伯璵旁通兼採，而對孔穎達、陳奐、朱熹、魏源頗多微辭；論《禮》先明三禮，指出《儀禮》難讀但異説較少，《周禮》《禮記》需廣採衆家之長，明晰古代政治、倫理、心理、哲理之精奥，以通經致用爲要。

《春秋》[①]在今只存三傳，是彼非此經學家法，故習學者未可妄效也。前人謂《左氏》詳於事，《公羊》《穀梁》詳於義，即朱子《左氏》史學，《公》《穀》經學之説。明代取士，概用《胡傳》[②]，《左氏》以文章優美，幸而得存，《公》《穀》則讀者鮮矣。前清雖罷《胡》用《左》，學者務於舉業書藝，矮屋小冊，尙沿明陋，用《左》第作讀文耳。道光時某省闈藝[③]，以襲用《胡傳》，致犯磨勘[④]，可見除東南數省經學昌明外，餘尙紛紛作夢囈語，亦已憫已。光緒中葉，潘文勤倡導《公羊》，其學人大熾，遠接武進莊氏存與、劉氏逢祿[⑤]，近和以湘潭王氏闓運[⑥]，至康氏有爲益張其焰，甚至《論語》何休[⑦]有述則得存，古文諸經率斥爲僞，是亦不可以已乎？竊病其黨同伐異，情涉偏私，不敢曲爲附和也。

①春秋：又稱《麟經》《麟史》，是魯國的編年史，相傳經過孔子的修訂，記載了從魯隱公元年（前722）到魯哀公十四年（前481）的歷史，是中國現存最早的一部編年體史書，史料價值很高。文字簡練，事件記載簡略，因此後人不易理解，故詮釋之作相繼出現，稱之爲"傳"。其中左丘明《春秋左氏傳》，公羊高《春秋公羊傳》，穀梁喜《春秋穀梁傳》合稱《春秋三傳》，列入儒家經典。

②胡傳：胡安國著的《春秋傳》。北宋學者胡安國（1074—1138），字康侯，賜謚文定，湖湘學派的先驅和奠基者。建寧崇安（今福建武夷山）人。著有《春秋傳》，今存30卷。

③闈藝：舊時科考現場防範嚴密，稱爲鎖闈，後以備考稱闈藝。

④磨勘：此處指明清科舉考試，對鄉、會試卷，派人復核，檢查詞句書法是

否符合規定。

⑤莊氏存與：即莊存與（1719—1788），字方耕，號養恬，江蘇武進人，常州學派創始人。治學以《公羊春秋》爲本，著《春秋正辭》《尚書概見》《尚書説》《毛詩説》《周官説》《樂説》《四書説》《算法約言》等，後人輯爲《味經齋遺書》。劉氏逢禄，即莊存與外孫劉逢禄，治學亦以《公羊春秋》爲主，標榜東漢學者何休《解詁》，著有《公羊何氏釋例》《公羊何氏解詁箋》《箴膏肓論評》《發墨守評》《穀梁廢疾申何》《左氏春秋考證》《論語述何》等。

⑥王氏闓運：即王闓運（1833—1916），字壬秋、壬父，號湘綺。湖南湘潭人，晚清經學家、文學家。好治經學，並以致用爲目的，尤其擅長公羊學。著《湘綺樓詩集》《湘綺樓文集》《湘綺樓箋啓》《八代詩選》《唐七言詩選》《楚辭注》等，其經學著作和詩文，後人合刊為《湘綺樓全書》。

⑦何休，字邵公（129—182），任城樊（今山東滋陽）人。東漢時期杰出經學家。爲人質樸多智，精研六經。其著作大都散佚，只有《春秋公羊傳解詁》至今保存。該書是公羊學從西漢到東漢的總結和發揮，由於保存了公羊家的許多條例、義旨，被後世公羊學者奉爲經典。

《左傳》之治疏而外，佐以顧氏棟高[①]之《春秋大事表》，已得要領矣。汪氏中《左氏釋疑》一篇，文特精湛，今則全讀爲難，亦不宜妄用坊刻。惡濫不堪之《評林》《易讀》諸陋本，無聊之極。第讀其文，《左綉》[②]一書尚有可取，去其繁縟，略仿姚氏鼐《類纂文辭》[③]例，某合某體標諸上方，其地名則取江氏永之《春秋地理考實》[④]，及姚氏培謙[⑤]之《左傳杜注補輯》，亦頗簡當，再進以毛氏奇齡[⑥]《春秋屬辭比事記》，則於經學兼得其益矣。馬氏驌[⑦]《左傳事緯》，較高氏士奇[⑧]之《左傳記事本末》爲簡明，亦可參考。

①顧氏棟高：即顧棟高（1679—1759），字復初，一字震滄，又自號左畬，江蘇無錫人。窮其畢生精力著《春秋大事表》一書，凡列表四十，首時令，終列女，

合五十卷；表皆有序，後更附以輿圖一卷；辯論百三十一篇，條理詳明，考證典核。諸序論又皆引據賅洽，持議平允，每發前人所未發。另有《尚書質疑》《毛詩類釋》。

②左綉：即《春秋左綉》，清康熙間學者馮李驊、陸浩同編。卷首有朱軾寫於康熙五十九年(1720)的《左綉序》稱："左氏，文章也，非經傳也……大率定、哀以後，有絶世雄才不逞所志，藉題抒寫，以發其輪囷離奇之概云耳。"《春秋左綉》一書，正是從"文章"而不是從"經傳"的角度來論《左傳》之文及《左傳》之人物的。

③姚氏鼐：即姚鼐(1731—1815)，字姬傳，一字夢谷，室名惜抱軒，世稱惜抱先生、姚惜抱。清代桐城人。與方苞、劉大櫆並稱"桐城三祖"。治學以宋儒之學爲本，著有《九經説》《三傳補注》《老子章義》《莊子章義》《惜抱軒文集》《文後集》《詩集》《法帖題跋》《筆記》《書録》《尺牘》《古文辭類纂》《五七言今體詩鈔》。

④江氏永：即江永(1681—1763)，字慎修，又字慎齋，安徽婺源縣(今屬江西省)人。清代著名的經學家、音韻學家。主要著作有《近思録集注》《四書古人典林》《春秋地理考實》《古韻標準》《四聲切韻表》《音學辨微》《周禮疑義舉要》《禮記訓義釋言》等。

⑤姚氏培謙：即姚培謙(1693—1766)，字平山，上海華亭(今屬上海松江)人。一生勤於纂述，著《經史臆見》《松桂讀書堂集》入《四庫全書存目》《楚辭節注》《類腋》《春秋左傳杜注補輯》《朱子年譜》《李義山詩箋注》《樂善堂賦注》等，編有《唐宋八家詩鈔》《陶謝詩集》等，與人合編有《文心雕龍輯注》《通鑒攬要》《明史攬要》《宋詩百一鈔》。

⑥毛氏奇齡：即毛奇齡(1623—1716)，字大可，又字于一，號西河，又號河右、初晴、晚晴等，浙江蕭山人。清代的大學者，學識淵博，能治經、史和音韻學，擅長散文、詩詞，精通音律，並從事詩詞的理論批評。阮元嘗稱他對乾嘉學術有開山之功。所著的文章編輯成集，分爲《經集》和《文集》二部。

⑦馬氏驌：即馬驌（1621—1673），字宛斯，一字驄御。山東鄒平人。清初經史學家。先後撰有《左傳事緯》《繹史》《十三代瑰書》等著述。

⑧高氏士奇：即高士奇（1645—1704），字澹人，號江村、全祖，謚文恪，錢塘（今浙江省杭州市）人。清朝大臣、史學家。能詩，善書法，且精鑒賞，所藏書畫頗多。著有《春秋地名考略》《左傳記事本末》《清吟堂集》《江村消夏録》《天録識餘》《扈從目録》等。

《公羊傳》何氏解詁而外，有孔氏廣森[①]之《通義》，陳氏立[②]之《義疏》，均勝舊疏。莊氏存與有《春秋正辭》，劉氏逢祿有《公羊何氏釋例》，則經傳例均詳矣。《穀梁傳注疏》治者寥寥，近廖氏平[③]有《古義疏》，具見詳審。柳氏興宗《大義述》[④]及《穀梁釋例》[⑤]，均宜考也。

①孔氏廣森：即孔廣森（1752—1786），字衆仲，一字撝約，號顨軒，山東曲阜人。清經學家、音韻學家。著有《春秋公羊通義》《大戴禮記注》《經學卮言》《詩聲類》《儀鄭堂駢儷文》《少廣正負術》内外篇等。

②陳氏立：即陳立（1809—1869），字卓人，江蘇句容人。雖於今文學之義理方面無甚發明，但在資料的蒐集、整理上，頗具成績，著有《公羊義疏》。

③廖氏平：即廖平（1852—1932），字季平，晚號六譯，四川井研人。近代經學家。撰《今古學考》《古學考》《知聖篇》《闢劉篇》《四益館經學叢書》，後又增益爲《六譯館叢書》。

④穀梁大義述：清柳興恩（1795—1880）撰。興恩原名興宗，字賓叔，江蘇丹徒人。清道光舉人，治《毛詩》，尤精《穀梁》。撰《春秋穀梁大義述》。

⑤穀梁釋例：又稱《春秋穀梁傳時月日書法釋例》，清許桂林（1778—1821）撰。桂林字月南，一字同叔，江蘇海州（今江蘇連雲港）人，清嘉慶舉人。諸經皆有發明，尤邃於《易》。著述主要有《許氏説音》《宣西通》《味無味齋集》等。

評述:《春秋》三傳,朱熹雖以《左傳》史學、《公羊傳》《穀梁傳》經學别之,贊春先生更喜《左傳》,詳述其讀書路徑,反對清代學者疑古之風。

《尚書》一經,前清古今文爭如聚訟[1],竊謂莊氏存與經筵進論,今文盡有至理名言,最爲通識,龔氏自珍文集所由本以爲説也。今欲考義,則孫氏星衍[2]有《尚書今古文注疏》,盛氏百二[3]《釋天》,胡氏渭[4]釋《禹貢》,均專家之業,非學童所驟及,惟就文讀之,略參訓詁,古光古韻,庶可寶存,究吾國古史者,兼可從事也。

①聚訟:指許多人在一起對某一問題議論紛紛,不能決定哪種意見是正確的。

②孫氏星衍:即孫星衍(1753—1818),字淵和,號伯淵,陽湖(今江蘇武進)人。清代藏書家、目録學家。著述宏富,有《尚書今古文注疏》《寰宇訪碑録》《周易集解》《考注春秋别典》《爾雅廣雅訓詁韻編》等。

③盛氏百二:即盛百二(1720—?),字秦川,又字相舒,號柚堂,清秀水(今浙江嘉興)人。著有《尚書釋天》《問水漫録》。

④胡氏渭:即胡渭(1633—1714),初名渭生,字朏明,一字東樵,清浙江德清人。著《禹貢錐指》《易圖明辨》《洪範正論》《大學翼真》七卷。

《易》之傳也,率以卜筮,自王氏弼[1]趨重哲理,宋程子、朱子大昌其旨,明代以宋注爲定,監本流傳,則冒以程序,叙次亦本程子,承訛襲謬,垂五百餘年,雖金陵局本,各選本來,亦莫挽流俗之陋也。究其學者,前清多主漢説,以惠棟[2]爲大宗,張氏惠言、焦氏循[3]益恢其緒,欲求簡易,仍以王注、程傳爲主,參合朱義,近可資哲理之研究,遠亦不背寡過之微旨也。

①王氏弼:即王弼(226—249),字輔嗣,山陽高平(今山東鄒城、金鄉一帶)

人。魏晉玄學理論的奠基人。著有《周易注》《周易略例》《老子注》《老子指略》《論語釋疑》等。其“玄學”,是借《老子注》《周易注》與《論語釋疑》建立起來的,是魏晉南北朝玄學哲學的代表。

②惠棟(1697—1758):字定宇,號松厓,江蘇元和(今吳縣)人。清代漢學家。一生治經以漢儒爲宗,尤精於漢代《易》學。所著《易漢學》《易例》《周易述》等,駁詰宋人《河圖》《洛書》、先天、太極之説,爲清代吳派經學奠基。又撰《古文尚書考》《後漢書補注》《九經古義》《明堂大道録》《松厓文鈔》等。

③焦氏循:即焦循(1763—1820),清代學者。字理堂(或作里堂),晚號里堂老人,清甘泉(今江蘇江都)人。尤擅易學、算學,亦精醫理。經學方面著有《易章句》《易圖略》《易通釋》。

《論語》《孟子》《孝經》《論語》布帛菽粟[1],幼而學之,終身可用,儒家安身立命,捨此奚由?今則功令悍然廢黜,不及數稔[2],其率人道爲禽獸乎?嗚呼!買櫝還珠,世所譏笑,乃未獲人長,先喪固有,謀國者別其肺腸,隨風者甘爲盲吠,反不若耶、回諸教,尚知存其新、舊約與可蘭也。有志儒學勿爲求奇,群經各有專説,此但即通行讀本求之足矣。

①布帛菽粟:爲日常生活所必需品,故用以比喻雖屬平常但不可缺少的東西。

②數稔:數年。

《爾雅》[1]傳流自古,斷爛[2]亦多,今存郭氏璞[3]注本,核以唐人引據,往往違異[4],知亦未必原本也。學僮讀本以《蒙求》[5]爲最便,稍明文義,則取郝氏懿行[6]《義疏》中釋詁、言、訓三篇,略説文字通假之用,釋親一篇,略説家族親疏之差足矣。若宮器與樂,淩亂不完,天地山水第明古説,草、木、蟲、魚、鳥、獸等就今有者,略加指説,引動博物觀念,苟斤斤於某也爲某,某也似某,無論未必得眞,致遠恐泥[7],卜子[8]夙已有説矣。

①爾雅:儒家經典之一,約成書在秦漢之時,是中國訓詁學的開山之作,第一部按義類編排的綜合性辭書。

②斷爛:殘缺不全。

③郭氏璞:即郭璞(276—324),字景純,河東聞喜縣人(今山西省聞喜縣)。東晉學者、文學家和訓詁學家,精研道學術數學問,游仙詩的祖師。郭璞曾注釋《周易》《山海經》《穆天子傳》《方言》和《楚辭》等古籍。又注解《爾雅》,以當時通行的方言名稱,解釋了古老的動、植物名稱,並爲其注音、作圖,使《爾雅》成爲歷代研究本草的重要參考書。

④違異:不一致;違背。

⑤蒙求:四言韵文。唐朝李翰編著的以介紹掌故和各科知識爲主要內容的兒童識字課本。

⑥郝氏懿行:即郝懿行(1758—1825),字恂九,號蘭皋,山東栖霞人。清代經學家。著作有《文集》《筆録》《證俗文》《爾雅義疏》等二十餘種。

⑦致遠恐泥:只關注於瑣碎內容,恐怕妨礙實現遠大目標。致,到達;泥,拘泥。

⑧卜子:即子夏(前507—?),姓卜,名商,字子夏,後亦稱“卜子夏”“卜先生”,春秋末晉國溫(今河南溫縣)人,“孔門十哲”之一。

《大戴禮記》唐宋以來習者如缺,僅《夏小正》[1]一篇尚有傳讀。清乾隆間討究算理,阮文達特注《曾子》別考孔子事實,洪氏頤煊[2]注《孔子三廟記》,今行世止有周盧辯[3]注本,《學海堂經解》[4]輯有孔氏廣森、汪氏中補注及校誤。又王氏聘珍[5]有《大戴禮解詁》尤精確,然久不通習,考禮者作爲參證,亦古説之可爲據依者也。

①夏小正：是中國現存最早的星象物候曆。自漢代收録於《大戴禮記》之中，《隋書·藝文志》别出《夏小正》一卷，始出現單行本。今本《夏小正》全文12章，共四百多字，每章標題的月份從正月到十二月，共有118條簡明扼要的"條文"。

②洪氏頤煊（1765—1837）：即洪頤煊，字旌賢，號筠軒，晚號倦舫老人，浙江臨海人。清代中期學者。著有《筠軒詩文鈔》《臺州札記》《倦舫書目》《經典集林》《讀書叢録》等。

③盧辯：字景宣（生卒年待考），範陽涿郡人（今河北涿州）。南北朝時北周大臣。少好學，博通經籍，舉秀才，爲太學博士。以《大戴禮》未有解詁，乃注之。

④學海堂經解：即《清經解》，又名《皇清經解》，阮元主編。共收73家、183種著作，凡1400卷。此書是彙集儒家經學經解之大成，後由夏修恕、阮福等編輯、校勘、監刻。

⑤王氏聘珍：即王聘珍，字貞吾，號實齋，江西南城人。博訪通儒，融會鄭氏説經諸書，分節注之，成《大戴禮解詁》，《目録》1卷。

《禮》綜三禮，《春秋》三傳，宋以來合《易》《書》《詩》並刻之。明始有匯《論語》《孝經》《爾雅》《孟子》爲十三經單注。有金氏蟠刻本醇駁互見[①]，如《孝經》本唐注，而題鄭氏，尤爲大謬。稽古樓小本，則漢宋注雜糅，病在淩亂。往歲王捍鄭先生管學部圖書局事，兼充大學教習，不佞曾請縮印岳氏《相臺五經單注》[②]爲小帙，合十三經單注，附摘《經典釋文叙録》摹寫，一律平價頒行，較之縮印通行五經讀本，表章[③]經學，爲功尤大。蓋五經讀本各省官局坊間均有刻本，早經流布，此舉不幾重臺[④]乎？先生嘉許。未幾辭教習事，事遂未果。今思之，猶耿耿也。

①醇駁互見：精純與駁雜之處均有。

②相臺五經單注：即《御定仿宋相臺岳氏本五經》，96卷，附考證，宋代岳氏編。岳氏刻本《相臺九經》考證精密、審慎，版刻精良，受到歷代學者的重視和推

崇。

③表章：顯揚，章也作彰。

④重臺：也作重儓，比喻同類事物中最低下者。

評述：《尚書》爲專家學業，爲上古事實；《易經》需究哲理，修身寡過才是正途；《論語》《孟子》《孝經》不必求奇，也不可廢棄；《爾雅》明文字通假之用，引動博物觀念即可；《大戴禮記》作考禮者參證即可。這些觀念在經學家看來，恐爲驚世駭俗，也可見贊春先生不拘泥、無偏執之觀念。

《十三經注疏》合刻，世皆推重阮文達刻本，不佞未敢隨附[①]。阮刻精旨全在校勘，學者果不憚煩[②]，即《學海堂經解》，核其全帙可耳。若注疏則既云悉依宋本，而行式[③]改從一律；既云改從一律，而《易經》釋文附出，自爲歧異，且訛舛脱漏[④]等處，反存審慎，識以旁圍，徒令讀者死煞句下，《毛詩》傳箋籠統，猶其次也。既云各附校勘，亦意爲去取訂正者無幾，滅裂者不鮮。世顧震於阮名，翻印石刻，均以爲鵠[⑤]，殆所謂貴耳賤目者與？讀者之眞識罕逢亦足慨已，雖刋誤識語均附於末，誰復措意[⑥]耶？

①隨附：隨聲附和。

②不憚煩：不怕麻煩。

③行式：行文格式。

④訛舛脱漏：錯誤，誤謬；漏掉，遺漏。

⑤鵠：即鵠的，箭靶子的中心；練習射擊的目標、目的。

⑥措意：留意，用心。

前此常熟汲古閣毛氏晉刻本[①]，有錢氏謙益[②]序者當是原本，注疏釐然，謬誤較少，惟《禮記》校本不精，加以後人翻刻混淆，業誚毛氏。阮本盛行，視此如刍狗[3]矣。憶張氏度説曰:"毛本盡有是處,阮本盡有不是處,擬綜二本之勝,勒爲一編。"今未見其本,惟嘉慶時木櫝周氏孝垓[4]刻《毛詩》合《鄭箋》謬誤悉正,可以爲法,惜其僅詩一經也。至《武英殿十三經注疏》,刻於乾隆初,率依毛本,特見精緻,惜校讎諸臣,意在求好君主,故留罅漏[5],以待指摘,讀者弗貴,大體要自修潔可尚也。

①汲古閣:明代私人藏書樓和印書工場。位於江蘇常熟隱湖之南七里橋,明末毛晉(1599—1659)創辦。毛晉,字子晉,别號潛在。江蘇常熟人。汲古閣刻印的書籍有十三經、十七史及唐宋元人别集、道藏詞曲等。所刻書籍校勘詳明,雕印精良,稱毛刻本,行銷全國各地。所刻書目存於《汲古閣校刻書目》等書。

②錢氏謙益,即錢謙益(1582—1664):,字受之,號牧齋,晚號蒙叟,東澗老人。清初詩壇的盟主之一,常熟人,著有《初學集》《有學集》等。

③刍狗:古代結草爲狗,供祭祀之用,祭後棄去。後因以比喻輕賤無用之物或言論。

④周氏孝垓:即周孝垓,清代學者、醫家,字平叔,吴縣(今屬江蘇)人。嘗編《内經病機纂要》。另著《金匱要略集解》。所刻《毛詩》是歷代毛詩版本中校勘較嚴謹的一種。

⑤罅漏:疏漏,遺漏。

前清御纂諸經,漢學盛行,已成告朔餼羊[1],今經學廢止,誰復齒及[2]。平心論之,其要亦可略及也。康熙時,特重朱子,多尚宋説,《周易折中》[3]次序,一洗明代之陋,復還朱子本來,且説經多本,李文貞語最醇實,雖《周易述義》[4]繼出,未見勝於前也。《書》《詩》二經,體殊淩雜,《春秋》三傳全輯,意爲割裂,不知三傳家法各殊,經字已多違異,強合爲一,徒爲予莫之執中,烏怪治經者群焉呰病[5]哉。乾隆時鴻碩輩出,《三禮義疏》[6]方氏苞爲總裁,採摭[7]雖不免專悍[8],究多精當,《詩義折中》,本興縣孫文定[9]所輯,雖以御纂之故,輕改古説,然訓釋原本故書，析義時有創獲，文筆雅飭[10]，均可取者也。日講諸經，則别爲體段，兹不贅説。

①告朔餼羊：原指魯國自文公起不親到祖廟告祭，只殺一只羊應付一下。後比喻照例應付，敷衍了事。

②齒及：談到，提到。

③周易折中：作者李光地（1642—1718），字晉卿，號厚庵，福建安溪人。謚文貞。清初理學名臣。著述甚富，有《周易通論》《周易觀象》《周易折中》《尚書解義》《洪範説》《詩所》《孝經全傳》《古樂經》《大學古本説》《中庸章段論》等43種。

④周易述義：清傅恆等奉敕撰，10卷。傅恆號春和，滿州鑲黄旗人，富察氏。奉敕領銜撰修此書，意在推闡康熙敕修《周易折中》之蘊，故賜名《述義》。

⑤訾病：指摘。

⑥三禮義疏：自乾隆元年（1736）開館，至乾隆十三年（1748）最後成書，十三年間，由方苞領纂的《周官義疏》48卷、周學健領纂的《儀禮義疏》48卷、李紱領纂的《禮記義疏》82卷，次第完成，是清興以來三禮學之集大成之作。

⑦採摭：選取，掇拾。

⑧專悍：本指專横兇暴，此處爲主觀武斷之意。

⑨孫文定：即孫嘉淦（1683—1753），字錫公，號懿齋，别號静軒，賜謚文定，山西興縣人，是康乾之際著名的敢言直諫、剛直不阿的名臣，也是一位政見卓越的學者、思想家。著有《春秋義》《南華通》《詩義折中》《周易述義》《司成課程》《近思録輯要》《成均講義》《詩刪》《孫文定公文録二卷》《孫文定公奏議》等。

⑩雅飭：典雅整飭。

匯刻群經，熹平石經[1]爲最古，世傳有若《詩》《書》《儀禮》《春秋公羊傳》《論語》諸殘字，南昌、紹興，均有翻刻。阮文達藏有宋拓，江氏藩[2]識語，汪氏喜孫[3]亦藏一本，今均石印。孫氏星衍藏本《尚書》，有"兇德綏績"四字，石印阮本正同。至黄氏易原本《尚書》《論語》,爲南昌祖刻,今歸湖北萬氏,字勢遒峻類劉熊、史晨等碑[4],豐整類張壽、校官等碑[5],特[6]物罕見珍,遂詡爲瓌寶耳。孫氏星衍藏魏三體石經[7],今有摹本,索然無味。唐石經[8]則既經磨礱,世不甚珍,然字勢本歐、虞[9]之遺,唐人正軌,康氏有爲謂肄書兩益,鄙意正同。蜀石經[10]則世有藏本,不易購求。宋嘉祐石經[11],則江叔海[12]師貽以拓本,云石藏陳留某氏,僅存《周禮》數片,字亦未見殊特。惟宋景德刻本《左傳》,經文字形黑光圓腴,類近世殿卷體,紙、墨亦極古雅,裝法單紙向外,前後堅紙作夾,如今西式,向藏清内閣,移藏北京圖書館,癸丑曾獲縱觀。至乾隆石經,在國子監,爲金壇蔣氏衡[13]所書,字尚雍容,而乏骨采,且有謬誤。阮文達勘正《儀禮》,詘於彭文勤之勢,未伸其意,書遂别行。光緒初宗室盛昱[14]、王氏先謙爲祭酒,遂有磨改處,亦可見原刻冒爲從事,與重排石鼓文同病矣。

①熹平石經:最早刻於石碑上的官定儒家經本,亦稱"漢石經"。其字體爲一字隸書,故又稱"一字石經"。漢靈帝熹平四年(175),議郎蔡邕等奏求正定六經文字,參校諸體文字的經書,由蔡邕等書於石上,鎸刻46碑,立在洛陽城南的開陽門外太學講堂(遺址在今河南偃師朱家圪垱村)前。碑高一丈許,廣四尺。所刻經書有《周易》《尚書》《魯詩》《儀禮》《春秋》和《公羊傳》《論語》。

②江氏藩:即江藩(1761—1831),字子屏,號鄭堂,晚號節甫,江蘇甘泉(今屬揚州)人。清代學者。著《隸經文》《炳燭室雜文》《江湖載酒詞》《漢學師承記》《宋學淵源記》等。

③汪氏喜孫:即汪喜孫(1786—1847),一名喜荀,字孟慈,江都(今江蘇揚州)人。汪中之子,清藏書家。博覽群書,於文學、音訓多所研究,著有《且住庵詩文稿》等。

④劉熊、史晨等碑:指用隸書書寫的漢代碑刻。

⑤張壽、校官等碑:指用小篆書寫的秦漢碑刻。

⑥特:只不過。

⑦三體石經：魏廢帝齊王芳正始二年(241)，按古文、篆文、隸書三種字體刊刻儒家經典，故稱爲“三體石經”或“三字石經”。其中完整刋立的有《尚書》《春秋》，未刋全的有《左傳》。魏三體石經自晉永嘉之亂後，屢經損毀，到唐初已殘缺不堪，但當時還有完整的拓本。魏三體石經的殘石，自清光緒年間始見出土，以後不斷有所發現，在古文字學和校勘學上都有很大價值。

⑧唐石經：石刻儒家經典，自漢以來，共有七種，保存最古而且比較完整的是唐石經。唐石經始刻於唐文宗大和七年(833)，於開成二年(887)刻成，當時立於長安國子監太學，今存西安碑林。因歷年既久，剝蝕已多。

⑨歐、虞：唐初大書法家歐陽詢與虞世南的並稱。

⑩蜀石經：始刻於後蜀孟昶廣政元年(938)，故稱“廣政石經”或“蜀石經”“後蜀石經”，因地點在成都，故又稱“成都石經”“益都石經”。其經始刻時，只有《孝經》《論語》《爾雅》《周易》《毛詩》《尚書》《儀禮》《札禮》《周禮》《春秋左氏傳》(只刻 17 卷)等。其後宋人田况補刻《公羊傳》《穀梁傳》及《左傳》之 18 至 30 卷；席貢補刻《孟子》；晁公武補刻《古文尚書》，同時並校諸經異同，著《石經考異》，一併刋刻於石。

⑪嘉祐石經：始刻於北宋仁宗慶曆元年(1041)，畢工於嘉祐元年(1061)，故稱“嘉祐石經”或“北宋石經”。經文用篆、眞二體書寫，故又稱“二體石經”。經成置開封太學，故又稱“開封府石經”“國子監石經”“汴學石經”。所刻經數，各説不一。後經亡佚，現僅存殘石而已。

⑫江叔海(1857—1935)：即江瀚，字叔海，號石翁，福建長汀人。近現代著名學者、教育家和詩人。官至河南陳許道。民國初，任教北京大學、山西大學。工詩古文，著有《慎立齋稿》《北游》《東游》等傳世。

⑬蔣氏衡(1672—1742)：即蔣衡，原名振生，字湘帆，一字拙存，號江南拙叟、拙老人、函潭老布衣，江蘇金壇人，僑居無錫。以楷書寫《十三經》，乾隆時奉旨刻石列太學，有《拙存堂臨帖》28 卷，著有《拙存堂詩文集》《易卦私箋》《拙存堂題跋》《書法論》等。

⑭盛昱：滿洲鑲白旗人，清宗室。歷官編修、侍講、侍讀、國子監祭酒，滿族學者。詩文、金石均負時名，有《成均課士録》《移林官金石文字》等。

外如合刻經注者，唐明皇石臺《孝經》[①]，御書御注，允[②]爲後蜀石經先河。其書法則遠宗漢魯峻、華山碑[③]之豐偉，兼有魏曹真、王基碑[④]之峻拔，惜趯捺間習氣太重，結構亦無復醇古之致。李陽冰之謙卦[⑤]，則師心自用[⑥]，字少神采，宋司馬温公[⑦]之分書[⑧]《易家人》卦、《禮》《中庸》《樂記》等，摩崖巨刻，端勁樸質，一洗唐人積習[⑨]，又有易艮、損、益三卦，《左氏春秋》晏子語一段，拓本尚少，均爲分書別派。宋理宗謂逼近漢人，殊不確也。若朱子書《易》有太極諸摩崖，張南軒[⑩]書《論語》問政章，均字以人重，非必考經。宋高宗御書諸經，則幾暇肄書，無關經術。惟近吳氏大澂有《孝經》《論語》用古文書，付之石印，字多有徵，不爲臆造，肄書考經，較前爲優矣。

①石臺孝經：此碑刻於唐玄宗天寶四年(745)，唐玄宗李隆基親自作序、注解並書寫。李亨篆額。書法工整，字迹清新，秀美多姿。此碑由四塊黑色細石合成，方額、蓋石、頂上等作了藝術化的處理，碑下有三層石臺階，故稱《石臺孝經》。

②允：信，誠，的確。

③魯峻、華山碑：指用隸書書寫的漢代碑刻。

④曹真、王基碑：指用隸書書寫的三國時期碑刻。

⑤李陽冰：字少温、仲温，趙郡(今河北趙縣)人，唐代著名書法家。以篆學名世，精工小篆，被譽稱“唐三百年，以篆稱者，唯公獨步”。其謙卦碑爲篆書，氣勢犀利，筆法雄健，古意盎然，多爲後人稱道。

⑥師心自用：師心，即以心爲師，這里指只相信自己；自用，即按自己的主觀意圖行事。形容自以爲是，不肯接受別人的正確意見。

⑦司馬温公：即司馬光(1019—1086)：字君實，號迂叟，世稱涑水先生。贈

太師，封溫國公、謚文正。北宋陝州夏縣涑水鄉（今山西夏縣安邑鎮東北）人，政治家、史學家、散文家。著述頗多。除了《資治通鑒》，還有《通鑒舉要歷》《稽古録》《本朝百官公卿表》等。

⑧分書：即八分書，漢字書體名。字體似隸而體勢多波磔。相傳爲秦時上谷人王次仲所造。關於八分的命名，歷來説法不一，或以爲二分似隸，八分似篆，故稱八分；或以爲漢隸的波折，向左右分開，"漸若八字分散"，故名八分。

⑨積習：指積久難除之習慣。

⑩張南軒：即張栻（1133—1180），字敬夫，又字樂齋，號南軒，南宋漢州綿竹（今屬四川）人。與朱熹、吕祖謙齊名，史稱"東南三賢"，卒謚宣公。著有《南軒易説》《孟子説》《論語解》《南軒文集》等。

唐張參之《五經文字》[①]，唐玄度之《九經字樣》[②]，足爲校勘唐石經之需，世多刻本。惟馬氏玲瓏山館本[③]《五經文字》，據依原刻，於校經肆書均便。此外如元趙松雪[④]之《尚書無逸》，明董香光之《孝經》，則僅爲小品。元人又刻有《六經圖》，《易》本朱子，餘經名物，率依宋聶氏《三禮圖》，且巨幀又取攜不便，反不若清戴氏震之《考工記圖》、張氏惠言《儀禮圖》、程氏瑤田《考工創物小記》、阮文達《車製圖》、吴氏大澂《古玉圖考》，尚可得古物之眞也。

①五經文字：一種辨正經傳文字形體的書。唐代宗大曆十一年（776）國子司業張參撰。此書收經傳文字 3235 字，依據偏旁部首排列，凡 160 部，分爲 3 卷，對漢字的規範起了極大的作用。

②九經字樣：一種辨正經傳文字形體的書。唐文宗開成二年（837）玄度奉敕核定石經字體，根據大曆十一年（776）張參所作《五經文字》，補其未備，撰集爲《新加九經字樣》一卷，與《五經文字》一同刻於石經之末。全書有 76 部，有的字在偏旁上不好歸部的統歸雜辨部，共收 421 字。

③馬氏：清代著名藏書家。清揚州人。兄曰琯（1688—1755），字秋玉，號嶰

谷；弟曰璐（1701—1761），字佩兮，號半槎，一作半查。兄弟並稱清才，時稱“揚州二馬”。家有小玲瓏山館，藏書、刻書，飲譽一時。

④趙松雪：即趙孟頫（1254—1322），字子昂，號松雪道人，又號水精宫道人、鷗波，中年曾名孟俯，吴興（今浙江湖州）人士，故畫史又稱“趙吴興”。元代著名書畫家。

自顧寧人炎武綜考石經後，作者頗多，今蜀中輯有《石經匯函》，取清一代著作，均爲精核，欲考石經，其必由是哉？

漢人治經家法最重，歷觀某碑某碣，學業均著由來。朱氏彝尊[①]之《經義考》，繁徵博引，存佚兼臚[②]，足稱大觀矣。然事體過巨，謬誤時形，翁氏方綱[③]有補正之作，正者足稱朱氏功臣，補者多録漢碑，所述如是足矣。若畢氏沅[④]、洪氏亮吉[⑤]之《傳經表》，體制雖爲整潔，第學者參考師承源流可耳，於經旨尚無甚闡發也。

①朱氏彝尊：即朱彝尊（1629—1709），字錫鬯，號竹垞，晚號小長蘆釣魚師，又號金風亭長，清浙江秀水（今嘉興市）人。清代詩詞人、學者。著有《曝書亭集》《日下舊聞》《經義考》，選《明詩綜》《詞綜》（汪森增補）。

②臚：羅列，傳佈。

③翁氏方綱：即翁方綱（1733—1818），字正三，一字忠叙，號覃溪，晚號蘇齋。直隸大興（今屬北京興區）人。清代詩人、書法家。精於考據、金石、書法，又是清代“肌理説”詩論的倡始人。著作有《復初齋文集》《復初齋詩集》等。

④畢氏沅：即畢沅（1730—1797），字纕蘅，號秋帆，因從沈德潛學於靈岩山，自號靈岩山人。清經史學家，文學家。精通經史，旁及語文學、金石學、地理學，並善詩文，著作頗豐。經學方面著有《傳經表》《通經表》等，並撰《墨子集注》；史學方面，撰修《續資治通鑒》。主編《經訓堂叢書》，並撰《靈巖山人詩集》《靈巖山人文集》《中州金石志》《河間書畫録》《晉書地理志校注》《山海經新校

注》等。

⑤洪氏亮吉:即洪亮吉(1746—1809),字君直,一字稚存,號北江,晚號更生居士,陽湖(今江蘇常州)人。清代文學家。著《卷施閣詩文集》《更生齋詩文集》《北江詩話》及《春秋左傳詁》等。

評述:以上是論十三經形成源流,並概述石刻群經。石經爲清代學者考訂經學之重要參考,故須明晰,其中兼有書法議論,中肯得當。

小學爲經學入門最要,《爾雅》之外,《説文解字》[①]蔚爲大宗,《玉篇》[②]《廣韻》[③]亦宗子也。惜《説文》一誤於羼亂,再歧於傳刻。長安碑林有宋僧夢英[④]之篆書偏旁,似屬注重小學,然次第與《説文》據形系聯者稍舛,字勢亦枯索無意。鄧氏石如[⑤]之作,未識如何。近曾惠敏[⑥]楷、胡氏澍[⑦]篆書合刻本《説文部目》,尚有可觀,摹書亦便。若楊氏沂孫[⑧]之《説文叙及部目》則雜用古籀,殊欠謹嚴,篆法雖佳,求之小學,究嫌駑亂。吳氏大澂亦沿其失,而篆法較佳,安得篆書平正、小學精深者,專書勒石,以爲後學南針乎?

①説文解字:簡稱《説文》。作者是東漢的經學家、文字學家許慎。《説文解字》成書於漢和帝永元十二年(100)到安帝建光元年(121),我國第一部按部首編排的字典。

②玉篇:古代按漢字形體分部編排的字書。南朝梁大同九年(543)黄門侍郎兼太學博士顧野王撰。

③廣韻:全稱《大宋重修廣韻》,是北宋時代官修的一部韻書。宋真宗大中祥符元年(1008),由陳彭年、丘雍等奉旨在前代韻書的基礎上編修而成,是我國歷史上保存完整並廣爲流傳的最重要的一部韻書,也是宋以前的韻書集大成者。

④夢英:宋代僧人、書法家。號宣義,衡州(今湖南衡陽)人。

⑤鄧氏石如：即鄧石如（1743—1805），清代書法家、篆刻家、金石學家、文壇泰斗、經學宿儒，鄧派的創始人。懷寧（今屬安徽）人，原名琰，因避嘉慶諱，以字行，號頑伯、完白山人、笈游道人、古浣子。時人對鄧石如的書藝評價極高，稱之“四體皆精，國朝第一”。

⑥曾惠敏：即曾紀澤（1839—1890），清末外交官。湖南湘鄉（今雙峰）人，字劼剛，曾國藩長子，謚號惠敏。有《曾惠敏公全集》。

⑦胡氏澍：即胡澍（1826—1872），安徽績溪人，字荄甫，一字甘伯，號石生。清代著名書法家、畫家、篆刻家。

⑧楊氏沂孫：即楊沂孫（1812—1881），字子輿，一作子與，號泳春，晚號濠叟，江蘇常熟人。清代書法家。

謝氏啓崑[①]輯《小學考》，俞氏樾[②]議“並《經義考》通行”，洵知言哉！其大例原屬相類也，參證所需均可購置。若求其簡而又簡，則王文簡[③]之《經義述聞》多抉小學之精，俞氏樾《古書疑義舉例》，益擴讀書之法，文簡又有《經傳釋詞》，專究虛字之用，近有《馬氏文通》[④]《國文典》[⑤]諸作，心醉外籍，顛倒繁蕪，擇不精，語不詳，時賢詡之“率爲講義之甄採[⑥]”，累牘不休，恐徒亂學子腦性耳。

①謝氏啓崑：即謝啓崑（1737—1802），字良壁，號蘊山，又號蘇潭。著名學者、方志學家。著有《樹經堂集》《雜文》《樹經堂咏史詩》《西魏書》《小學考》《山谷外集·別集補》《史籍考》《廣西金石録》《聖朝殉節諸臣録》《北樓記法帖》等。

②俞氏樾：即俞樾（1821—1907），字蔭甫，號曲園，浙江德清人。晚清著名文學家、教育家、書法家，國學大師。所著凡五百餘卷，統曰《春在堂全書》。除《群經平議》《諸子平議》《茶香室經説》《古書疑義舉例》外，其《第一樓叢書》《曲園俞樓雜纂》，亦頗資考證。

③王文間：即王引之（1766—1834），字伯申，號曼卿，謚號文簡，江蘇高郵人。清代學者。以文字訓詁最爲專精，與其父王念孫齊名，並稱“高郵二王”。所

撰《經義述聞》《經傳釋詞》。其書札短篇,後人輯爲《王文簡公文集》。

④馬氏文通:是我國第一部用現代語言學理論研究中國語法的著作,在我國語言學史上具有劃時代的意義。寫於1898年。作者馬建忠,字眉叔,江蘇丹徒(今鎮江)人。

⑤國文典:作者戴克敦,中華書局創始人之一。其書分詞性和修辭兩篇。詞性篇介紹名詞、代名詞、形容詞、動詞等9種詞類,修辭篇則介紹句讀、篇章、章法和篇法。

⑥甄採:鑒别採用,選擇採用。

顧氏藹吉輯《隸辨》①,自附解經,其書採摭大都因襲宋人隸韻,及漢隸字源之舊,其中方勁古厚之字,無甚可取,惟清妙淡逸諸字致佳,末卷列舉偏旁,原本《説文》次第,可考篆分嬗遞②之故,餘則資肄書者十居九,説字義者十僅一二耳。翟氏雲升有《隸篇》③之輯,字體率據原碑,頗見矜慎,然小字毫無精采,可見摹刻者其人爲難也。與楊氏守敬之《楷法溯源》④,均資士夫遣興一覽,尚非説經要需,《隸韻》⑤則江都秦氏有覆刻本,字亦未見殊異,惟翁氏方綱亟稱之,且輯軼碑諸字,若示珍異,殆不脱文人嗜奇結習與?

①隸辨:隸書彙編。清代顧藹吉著,八卷。藹吉字畹先,號天山、南原,江蘇吴縣人。此書成於康熙五十七年(1718),鈎摹漢碑隸書文字,以宋禮部韻編次,每字下分注碑名,並引碑語。其中偏旁一卷頗精核,碑考二卷亦較詳細。

②嬗遞:演化、變化之意。

③隸篇:隸字形義字典,十五卷、續十五卷、再續增本十五卷,清人翟雲升編撰。

④楷法溯源:清代書法理論著作,14卷,又古碑、集帖目録1卷。所集之字自漢磚文至五代楊凝式《韭花帖》,涉碑帖計700多種,有名字碑大抵具在。潘存輯、楊守敬編。潘存,字孺初,廣東文昌人。楊守敬,字惺吾,號鄰蘇,湖北宜都

人,著有《學書邇言》等。

⑤隸韻:漢隸字典,十卷,是研究語言、歷史、金石譜録、書法篆刻的重要參考書。宋代劉球所編。

評述:文字、音韻、訓詁爲小學分支,小學爲經學門徑,不能忽視。

文信國[①]稱一部十七史從何處説起。爾時説史,已苦其難,今則二十四部駢羅[②],談何容易乎? 前清錢氏大昕《廿二史考異》[③],王氏鳴盛《十七史商榷》[④],均關考訂一派,趙氏翼《廿二史札記》[⑤],雖非純粹學人之作,然範圍較寬,閲者最便。章氏學誠《文史通義》[⑥],説較閎通,文亦淹雅[⑦],隱踵[⑧]唐劉知幾《史通》[⑨]之武,均讀史者不可不備之書乎! 今兹先談正史,次及編年,古史别史間爲一及,至於諸家,則學者自程[⑩],無暇備及也。

①文信國:即文天祥(1236—1283),原名雲孫,字宋瑞,又字履善,自號文山、浮休道人,吉州廬陵(江西吉安)人。曾官封少保、信國公。南宋杰出民族英雄和愛國詩人。與陸秀夫、張世杰被稱爲“宋末三杰”。著作有《文山全集》《文山樂府》等。

②駢羅:駢比羅列。

③錢氏大昕:即錢大昕(1728—1804),清代史學家、漢學家。字曉徵,一字及之,號辛楣,又號竹汀,晚號潛研老人。江蘇嘉定(今上海嘉定)人。與紀昀並稱“南錢北紀”。著有《廿二史考異》《宋遼金元四史朔閏考》《宋學士年表》《元史氏族表》《元史藝文志》《元詩記事》《三史拾遺》《諸史拾遺》及《潛研堂金石文跋尾》《十駕齋養新録》等。

④王氏鳴盛:即王鳴盛(1722—1797),清史學家、經學家、考據學家。字鳳喈,一字禮堂,别字西莊,晚號西江。江蘇嘉定(屬今上海市)人。撰《十七史商榷》《耕養齋詩文集》《西沚居士集》等。

⑤趙氏翼：即趙翼(1727—1814)，清代詩人、史學家、學者。字雲崧，一字耘崧，號甌北，陽湖(今江蘇常州)人。與袁枚、蔣士銓齊名，合稱"乾隆三大家"。史學著作有《廿二史札記》《陔餘叢考》《檐曝雜記》《皇朝武功紀盛》等。

⑥章氏學誠：即章學誠(1738—1801)，清代史學家、思想家、方志學家。字實齋，會稽(今浙江紹興)人。致力於講學、著述和編修方志。所著《文史通義》，與唐劉知幾的《史通》並稱史學理論名著。代表作品爲《文史通義》《校讎通義》，學術價值甚高。另有《方志略例》《實齋文集》等，後人輯爲《章氏遺書》刊行。

⑦淹雅：高雅淵博。

⑧踵：追隨、繼承。

⑨史通：古代第一部系統性的史論專著。對我國古代史學作出了全面總結，提出了較爲系統的史學理論，爲唐代我國史論的集大成者。作者劉知幾(661—721)，字子玄，彭城(今江蘇徐州)人。

⑩自程：自我衡量、估計。

評述：四庫史部分爲正史類、編年類、紀事本末類、別史類、雜史類、詔令奏議類、傳記類、史鈔類、載記類、時令類、地理類、職官類、政書類、目録類、史評類、彙編類。在今看來主要體系大致三種，一是紀傳類，承襲《史記》體制，如《漢書》《明史》者；一是紀年類，承襲《春秋》體制，如《資治通鑒》者；還有紀事類，承襲《通鑒紀事本末》，如《宋史紀事本末》等。史學本爲經學附庸，歷代學者重經輕史，乾嘉時期，章學誠等人力倡"六經皆史"，開創了新的治學格局。

《史記》爲正史[①]大宗，《漢書》實斷代鼻祖，已成公論。然史公自叙，遠托春秋，蘭臺[②]繼興，追踪司馬，後此諸史大率宗班，惟三國誌、南史、北史、五代史類志[③]列朝，猶近史公遺意。

①正史：正史之名，始見於《隋書·經籍志》："世有著述，皆擬班、馬，以爲正

史。”清代乾隆皇帝欽定“二十四史”,“正史”一稱即專指“二十四史”。按《四庫全書》的規定,正史類“凡未經宸斷者,則悉不濫登。蓋正史體尊,義與經配,非懸諸令典,莫敢私增”,即未經皇帝批准,不得列入正史。

②蘭臺:本爲漢代宫廷藏書處,設御史中丞掌管,後置蘭臺令史,掌書奏。班固曾任蘭臺令史,奉敕撰《光武本紀》及諸傳記,故後世稱史官爲蘭臺。此處指班固。

③志:記載。

《史記》文章,雄視千古,雖班氏出之以閎深雅健①,未能抗衡也。範蔚宗②《後漢書》,嘗自詡體大思精,猶病少事外遠致③,得失心知,自是確見。陳承祚④《三國誌》,乃專趨密栗⑤,爲馬班後勁⑥,史家不可多得也。林畏廬⑦先生云:“《三國誌》叙事,最爲謹嚴,同此一事,合併鈎稽⑧,不爽累黍⑨。馬班自是文豪,精密尚遜,《五代史》雖稱竊比史公,一少精神,且多拘墟⑩,未甚殊特也。”傅青主先生亦誚歐陽、小宋⑪手忙足亂,雖然,此猶是專家之業也。至設局官修諸史一出,如塗塗附⑫。近世有一姓譜録、政書諸稱,其價值亦可想見已。

①閎深雅健:廣博深遠、典雅剛健。

②範蔚宗(398—445):南朝劉宋範曄,字蔚宗,順陽(今南陽淅川縣)人,著名史學家和文學家。所撰《後漢書》是一部記載東漢歷史的紀傳體史書,“二十四史”之一。是繼《史記》《漢書》之後又一部私人撰寫的重要史籍。與《史記》《漢書》《三國誌》並稱爲“前四史”。

③事外遠致:範曄嘗自叙其書,以爲“但多公家之言,而少事外遠致,吾所恨”。所謂事外遠致,指除“公家之言”以外的純文學文字,即有神韻情趣的文字。致,意態,情趣。

④陳承祚:即陳壽(233—297),字承祚,西晋巴西安漢(今四川南充)人。所撰《三國誌》是一部記載魏、蜀、吴三國鼎立時期的紀傳體國別史。

⑤密栗:本指縝密,堅硬,引申爲確鑿,無可辯駁。

⑥後勁:古時指行軍時殿後的精兵,這裏引申爲後繼者。

⑦林畏廬:即林紓(1852—1924),中國近代文學家,翻譯家。原名群玉、秉輝,字琴南,號畏廬、畏廬居士,别署冷紅生。晚稱蠡叟、踐卓翁、六橋補柳翁、春覺齋主人。福建閩縣(今福州)人,以意譯外國名家小説見稱於時。文有《畏廬文集》《續集》《三集》,詩有《畏廬詩存》《閩中新樂府》,自著小説有《京華碧血録》《巾幗陽秋》《冤海靈光》《金陵秋》等,筆記有《畏廬漫録》《畏廬筆記》《畏廬瑣記》《技擊餘聞》等,傳奇有《蜀鵑啼》《合浦珠》《天妃廟》等。還有古文研究著作《韓柳文研究法》《春覺齋論文》以及《左孟莊騷精華録》《左傳擷華》等。

⑧鈎稽:查考審核。

⑨不爽累黍:此處謂數量、差距微小之至。不爽,不差,没有差錯。累黍,本指累列或累積黍粒。古代計量方法之一種。

⑩拘墟:亦作"拘虚"。比喻孤處一隅,見聞狹隘。

⑪小宋:指宋祁(998—1062),宋代史學家、文學家。字子京,安陸(今湖北安陸)人,卒謚景文。修《新唐書》,爲列傳150卷。另有《宋景文公集》。

⑫如塗塗附:出自《詩經·小雅·角弓》,原文有:"毋教猱升木,如塗塗附。"指猿猴不用教也會上樹,就像泥巴塗在泥上自然粘牢。以此來比喻小人本性無德,善於攀附。此處指設局官修史書常出於私利,相互比附,不顧及修史乃專家之業。

史公叙事特工,法外用意,阿堵[①]傳神,惟妙惟肖。班史雖求峻潔[②],然於瑣事亦不輕忽,其得神處,往往而見。範史文稍傷縟[③],然如光武紀、劉伯升、東平王諸世家,耿弇、馮異、馬援、鄭康成、郭林宗及黨錮宦者,酷吏諸傳,無不神采奕奕,未可以文人抹煞也。至南朝各史詞采華敷[④],北朝諸史,語多穢鄙[⑤],朱子謂似小説,其信然哉!

①阿堵：是六朝和唐時的常用語，这，这个，相當於現代漢語的“關鍵處”。

②峻潔：指詩文剛勁凝練。

③縟：繁多，繁重，繁瑣。

④華敷：鋪陳華麗。

⑤穢鄙：蕪雜鄙陋。

評述：前四史爲史學源頭，各有所長，不可不明。《史記》更是雄視千古，“絶唱”“離騷”之譽不爲過，治史者當奉爲圭臬。

唐書歐、宋重修，嘗詡事增文省，然於文人特詳，以較舊書，五十步笑百步之比耳。《新五代》歐公叙梁太祖，夾入朱全昱一段，極見精神。唐武皇莊宗諸作，均爲不苟。唐家人傳，且存三晉方言，伶官傳極遊戲之致，唐六臣傳寄憤懣之情，至慨五季[①]人道廢墜，深斥馮道，顧特重王彦章，取其死節，竊謂如周德威將材，五季罕覯，品概亦佳，彦章猶是粗材耳。

①五季：指五代（梁、唐、晉、漢、周）時期。

《宋史》世病其繁蕪，王氏士禄[①]有删訂之本，僅見《池北偶談》[②]所稱，殆書未成歟？《遼》《金》《元史》出自異族，惟《金》據元遺山[③]纂輯原編，特見完備。《遼》則厲氏鶚[④]有《拾遺》。元則近柯氏劭忞[⑤]特著專史。又洪氏鈞[⑥]有譯文附證，並張石舟年丈穆[⑦]校正《元秘史》，李氏文田[⑧]《元秘史注》，均旁證之要資乎！

①王氏士禄：即王士禄（1626—1673），字子底，號西樵，山東新城人。與弟王士祜、王士禛齊名，稱爲“三王”。著有《讀史蒙拾》《然脂集》《表餘堂詩存》及《十笏山房》《辛甲》《上浮》諸集。

②池北偶談：又名《石帆亭紀談》，共二十六卷，清代筆記小説集，部分內容

由作者兒輩記録整理而成。作者王士禛(1634—1711),字子眞,號阮亭,自號漁洋山人,山東新城(今桓臺縣)人。歿後,因避雍正帝諱,被改名士正;乾隆時賜名士禎。

③元遺山:即元好問(1190—1257),字裕之,號遺山,世稱遺山先生。山西秀容(今山西忻府区)人。我國金末元初最有成就的作家和歷史學家,文壇盟主,是宋金對峙時期北方文學的主要代表,又是金元之際在文學上承前啓後的橋樑,被尊爲"北方文雄""一代文宗"。元好問學問深邃,著述宏富,著有《杜詩學》《東坡詩雅》《錦畿》《詩文自警》《壬辰雜編》《遺山先生文集》《續夷堅志》《遺山先生新樂府》等,傳世有《遺山先生文集》,編有《中州集》,現有清光緒讀書山房重刊本《元遺山先生全集》。

④厲氏鶚:即厲鶚(1692—1752),字太鴻,號樊榭,浙江杭州人。清代文學家、史學家。雍正乾隆時期"宋詩派"的代表作家,浙派詞領袖,著有《樊榭山房集》《宋詩紀事》《南宋院畫録》《遼史拾遺》等。

⑤柯氏劭忞:即柯劭忞(1848—1933),字鳳蓀、鳳笙,號蓼園,山東省膠州市大同村人。近現代著名學者,尤擅長治史學。獨立編著《新元史》,負責總成《清史稿》。

⑥洪氏鈞:即洪鈞(1839—1893),清末外交家。字陶士,號文卿,清江蘇吳縣(今蘇州)人。1889年至1892年任清廷駐俄、德、奧、荷蘭四國大臣。撰有《元史譯文證補》,對元憲宗以前歷史的證補較爲詳實,開創了中國史學界利用外國資料研究元史的先例。

⑦張石舟年丈穆:即張穆(1808—1849),初名瀛暹,字石舟,亦字石州,山西平定人。近代的愛國思想家、地理學家、詩人和書法家。著有《蒙古遊牧記》《㶕丘年譜》《張佩芳年譜》《張石州事輯》《會稽莫公事略》《顧亭林閻若璩年譜》《歷代沿革地圖》《唐兩京城坊考》等。年丈,猶年伯。

⑧李氏文田:即李文田(1834—1895),字畬光、仲約,號若農、芍農,謚文誠,廣東順德均安上村人。清代著名的蒙古史研究專家、碑學名家和書法名家。

著有《元秘史注》《元史地名考》《西游録注》《塞北路程考》《和林金石録》《雙溪醉隱集箋》等。

《明史》最稱謹嚴，然經官修，冗略[①]諸端均不能免。惟李西涯、王陽明傳，湯文正[②]自信精當，不謬於是非之正，定本所存，故仍湯舊，惜全書於事外遠致尙闕如[③]也。

①冗略：繁冗和簡略。

②湯文正：即湯斌(1627—1687)，字孔伯，別號荆峴，晚號潛庵，謚文正。河南商丘市睢縣人。清代初年理學名臣。著有《湯子遺書》(一作《湯文正公全集》)。

③闕如：空缺、欠缺。

評述：新舊《唐書》《宋史》《金史》《遼史》《元史》各有所短，須借用後人補正以校讀。

讀史之法，蘇文忠[①]稱八面受敵，即分類詳求，張氏之洞最稱之。光緒壬辰癸巳間[②]，家紱章兄麟書[③]，示同學讀史先讀帝紀，關於制度核表志，關於人事核世家、列傳，執簡御繁，卒業較易。不佞案司馬溫公作《通鑒》，即先舉列朝帝系系屬人事，若網在綱之法，即原本溫公者耶？

①蘇文忠：即蘇軾(1037—1101)，字子瞻，又字和仲，號東坡居士，謚號文忠。四川眉山人。宋代文學家。

②光緒壬辰癸巳間：1892年至1893年之間。

③家紱章兄麟書：作者堂兄，名麟書，字紱章，光緒進士，曾在國子監坐科多年。清末民初晉省知名學者，著有《左腴類聚》《中字字源録》《禮記易解録》《藝林譚屑》等。

司馬溫公作《通鑒》，薈萃各史已成大觀，在編年史中可稱特絶。爾時止有王勝之[①]讀得一過，黄魯直[②]玩其稿本，大悟文訣，亦可見讀史未易矣。胡梅磵[③]作注並考異，均爲精當。其書刻本胡氏克家[④]之仿宋本，世多重之。光緒初閻文介[⑤]主講解梁，重刻一本，尤爲清爽悦目，又合《通鑒目録》《稽古録》成溫公一家言，兼劉道原《通鑒前編》[⑥]並目録，尤爲完備足尚也。

①王勝之：即王益柔（1015—1086），字勝之，河南（今河南洛陽）人。宋代詩人。司馬光嘗語人曰："自吾爲《資治通鑒》，人多欲求觀讀，未終一紙，已欠伸思睡。能閲之終篇者，惟王勝之耳。"由此可見，《通鑒》由於篇幅太大，使人閲讀困難。

②黄魯直：即黄庭堅（1045—1105），字魯直，自號山谷道人，晚號涪翁，又稱黄豫章，洪州分寧（今江西修水）人。北宋詩人、詞人、書法家，爲江西詩派開山之祖。擅文章、詩詞，尤工書法。早年受知於蘇軾，與張耒、晁補之、秦觀並稱"蘇門四學士"。詩與蘇軾並稱"蘇黄"，詞與秦觀齊名。

③胡梅磵：即胡三省（1230—1302），原名滿孫，舊字景參，以家居磵旁而多古梅，因以"梅磵"爲號。江浙寧海人。宋元之際史學家。所撰《資治通鑒音注》對《通鑒》記載考證精詳，訂謬殊多。古代對於《通鑒》的注釋，歷來以此書聲價最高，是目前研究《通鑒學》最完整的參考書。

④胡氏克家：即胡克家（1757—1817），字佔蒙，號果亭，清代江西鄱陽人。他倡導並主持刊刻的《昭明文選》和《資治通鑒》，在學術界有着巨大的影響。

⑤閻文介：即閻敬銘（1817—1892），字丹初，清代朝邑縣（今屬陝西大荔縣）人，清光緒皇帝時東閣大學士，謚文介。爲官清廉耿介，有"救時宰相"之稱。

⑥通鑒前編：疑爲劉恕的《通鑒外紀》。劉恕（1032 年—1078），字道原，一作道源，筠州高安（今江西高安）人。著有《通鑒外紀》《十國紀年》。

明末嚴氏衍[①]爲《通鑒補注》，重遺逸、俠烈、方外、婦女，彼其身丁陽九[②]，有感而然，遺民之言，意別有在也。其徒談允厚[③]，遂詆溫公以七病：曰漏、曰復、曰冗、曰雜、曰誤、曰執、曰誣，蓋凡大著作，精神少有不周，病固難免，至病溫公之誣，第執皮日休從叛，而溫公實本《唐書》，華子魚黨逆，而溫公實據《後漢紀》。若嚴光、周黨、黄憲、郭泰、申屠蟠等，並極尊重。豫讓首且補述，緹縈、謝道韞、王凝妻亦極表揚，明人率爾持論，妄爲是非，豈僅一史部然哉！明王洙[④]、薛應旂[⑤]作《續通鑒》，傳刻尚少，不佞家有其書，無甚殊特也。乾隆時畢氏沅輯《續通鑒》，編摭者率文章鉅子，世多稱之，顧於文人特爲寬論，雖王氏鳴盛等考異，附書以行，要自不掩其失。近夏伯定師著有《續通鑒勘誤》，援據精確，當合原書並行，惟目録特闕，究屬遺憾。俞曲園[⑥]有爲某君作《續通鑒目録序》一首，其書未見。曩歲肄業[⑦]并垣令德書院[⑧]，嘗擬補作，取齊氏召南[⑨]、李氏兆洛[⑩]年表爲經，緯以畢書，其辨異，則略參宋元《紀事本末》[⑪]《通鑒輯覽》[⑫]等，頗爲屠梅君師所嘉許，屬草，甫至宋仁宗明道元年遽輟。前年夏師以注本見授，益著參稽，人事匆迫，未識此志何日方償也。

①嚴氏衍：即嚴衍（1575—1645），字永思，號午亭，别號拙道人，上海桃浦人。精於史學，作《資治通鑒補》，及《溪亭問答》《修綆齋易説》《修綆齋四書説略》《拙道人詩文集》等。

②丁陽九：丁，當也，也就是遭受，陽九爲厄運之意，道家謂三千三百年爲小陽九，小百六；九千九百年爲大陽九，大百六。天厄謂之陽九，地虧謂之百六。

③談允厚：明代江蘇嘉定（今上海）人。受業於嚴衍，後爲嚴衍的妹婿。嚴衍撰《資治通鑒補》，允厚參與其中。

④王洙：字一江，明代浙江臨海人，正德辛巳進士，其仕履未詳。著有《宋史質》，其書以明朝直接繼承宋朝大統，而將少數民族建立的遼、金、元三朝置之外國，與西夏、高麗同列。

⑤薛應旂：明代文學家、史學家，字仲常，號方山，武進（今屬江蘇）人。家富

圖籍。著有《宋元資治通鑒》《考亭淵源録》《四書人物考》《方山文録》《甲子會記》《憲章録》《高士傳》《薛方山紀述》等。

⑥俞曲園(1821—1907):名樾,字蔭甫,號曲園,浙江德清人。清末著名學者,官翰林院編修、河南學政。曾主講杭州詁經精舍三十餘年,博通經學、易學、文學,著述頗豐,有經學大師之譽。著有《春在堂全書》490卷。

⑦肄業:修習課業。古人書所學之文字於方版謂之業,師授生曰授業,生受之於師曰受業,習之曰肄業。

⑧令德書院:又稱令德堂,在山西太原。清光緒九年(1883)山西巡撫張之洞仿阮元學海堂、詁經精舍例創建,後併入山西大學堂,爲山西大學的前身。

⑨齊氏召南:即齊召南(1703—1768),字次風,浙江天臺人,清代地理學家。一生著述甚豐,歷經30年著成《水道提綱》,爲"域中萬川,綱目畢列"的河流巨著。此外有《歷代帝王年表》《後漢公卿表》《寶綸堂集》等。

⑩李氏兆洛:即李兆洛(1769—1841),字申耆,晚號養一老人,陽湖(今屬江蘇常州市)人。清代沿革地理學家、學者、文學家。編著有《養一齋集》《歷代地理志韻編今釋》《歷代地理沿革圖》《歷代紀元編》《皇朝輿地韻編》《皇朝一統輿地全圖》《江陰縣誌》等。

⑪宋元紀事本末:作者陳邦瞻(1557—1628),字德遠,號匡左,江西高安荷嶺上寨村人。明史學家。代表作品有《宋史紀事本末》《元史紀事本末》和《蓮華房集》。

⑫通鑒輯覽:乾隆三十三年(1768)敕撰,共116卷,編年記事,上起黄帝,下訖明代,清高宗親作御批,又稱《御批通鑒輯覽》。事賅詞簡,條理井然,便於瀏覽,在清代爲一般讀書人所常讀之書。

嘉慶、道光間,陳氏鶴有《明紀》①之作,同治初刻於蘇局,附畢書以行,石印縮本亦循之,其書未若夏氏之《明通鑒》②爲足尚也,夏氏自叙多據明實録殘帙,靖難之師尤見精意,其《與朱蓮洋書》,辨析頗詳,並當時曲筆追改諸端,癥結畢顯,且自爲考異,不假他人,附存目録,信乎其謹守溫公之學也。惜原印流行未廣,賴掃葉山房石印本出,始爲傳佈,乃獨闕目録,豈北方尚見,而海上未見歟?或以其乾燥無味置之歟?抑不脱書賈射利[③]之習歟?若是,則《槐廬經學叢書》、《槐廬金石叢書》[④],何以連刻巨帙歟?是乃莫名其故耳。朱子《通鑒綱目》,即溫公之書而稍加裁正,與通鑒並行不背可也,作爲旁參亦無不可也。乃元明以來朱學大昌,學者至擬之孔子春秋,《通鑒》乃幾于束閣,抑亦過矣。夫歐宋《唐書》詎勝劉煦[⑤],徒以事增文省,不恤[⑥]晦塞滅裂[⑦]之遺譏。朱子《綱目》,未免斯蔽,謂書法爲重歟?溫公書人與事,未嘗漫無義例也。謂眉目朗然歟,溫公于某事之起,未嘗無挈綱者也。况復政治兵事,不測溫公精旨,而一以簡括爲尚,世徒震于朱子,而莫敢或非,余如發明、書法、質實、集覽諸作,治絲益棼[⑧],明代匯刋世帙,重臺滋甚,不佞竊病其與《詩經集傳》同尊朱子,適爲朱子增垢耳。

①陳氏鶴:即陳鶴,清代詩人、史學家。字鶴齡,號稽亭,清元和(今江苏蘇州)人。博學,通史,尤熟於明事,輯《明紀》60卷,完成52卷而卒。由其孫陳克家續成。

②明通鑒:繼宋司馬光《資治通鑒》和清畢沅《續資治通鑒》之後的明代編年史。清代夏燮(1800—1875)撰,字嗛甫,又字季理,别號江上蹇叟、謝山居士,安徽當塗人。

③射利:謀取財利。

④槐廬經學叢書和槐廬金石叢書:均爲書商朱記榮所刻。朱記榮(約生活于清嘉慶、道光年間),字懋之,號槐廬。原籍吴縣(今江蘇蘇州),以刻書、賣書爲業。

⑤劉煦:字耀遠(887—946),五代時涿州歸義(今屬河北雄縣)人,史學家,後晉政治家。在後唐、後晉均受命監修國史,負責編纂的《舊唐書》200卷,是現存最早的唐代史籍。

⑥不恤:不顧及、不憂慮、不顧惜。

⑦晦塞滅裂：晦塞，晦澀不暢；滅裂，粗疏草率。指《新唐書》只求事增文省，不免有晦澀不暢、粗疏草率的缺點。

⑧治絲益棼：理絲不找頭緒，結果越理越亂。比喻解決問題的方法不對頭，反而使問題更加複雜。治，整理；益，越發；棼，紛亂。

明商輅[①]等《綱目續編》，會合宋、元，亦成巨帙。惟爾時道學風盛，宋理宗、元武宗兩朝事迹，幾於褒貶失據。清修《明鑒綱目》三編，亦第見疏略，雖云完成朱子一家學説，然出官修，亦第存而不論可也。

①商輅（1414—1486）：字弘載，號素庵。杭州淳安人。歷任兵部尚書、戶部尚書兼文淵閣大學士、吏部尚書、太子少保、謹身殿大學士。爲人剛正不阿，寬厚有容，時人稱"我朝賢佐，商公第一"。卒謚文毅。著有《商文毅疏稿略》《商文毅公集》《蔗山筆塵》，纂有《宋元通鑒綱目》等。

乾隆中敕撰《通鑒輯覽》，其義例稱兼用《通鑒》及《綱目》，然當時如楊氏椿[①]屢書辨論糾正，今國步已改，其書等諸刍狗，而在編年史中，要不失爲佳本也。中如奏議之存夾注，地理之核今名，均不淆讀者眼光，兼可晰歷代疆宇，雖全書出於分纂，詳略時形，而大體無甚訾議。至紀宋元諸帝明末三藩尤爲斟酌恰當，不以正統已淪，絶其年紀，惟御批之涉於偏愎[②]者，由讀者分別去取，要無害全書之美耳。

①楊氏椿：即楊椿（1676—1753），字農先，江蘇武進人。著有《孟鄰堂集》《周易尚書定本》《詩經釋辨》《春秋類考》《周禮訂疑》《稽古録》《水經注廣釋》《古今類纂》《毗陵科第譜牒》等。

②偏愎：偏激執拗。

《通鑒輯覽》,依明李東陽[①]等之《通鑒纂要》。婦翁[②]祁縣喬氏藏有其書,尚系明裝原槧足本,曩一涉獵,大致矜慎,惟未取《通鑒輯覽》詳核其優劣,未敢臆説也。宋範氏祖禹[③]熟精唐事,著爲《唐鑒》,義主[④]即事納言,時稱唐鑒公。其書特史鈔一種,非讀史鑒者必用也。若嘉慶時敕修《明鑒》,雖云仿其大例,然論説率援御定,言莫予違,則洵官樣文章而已。

①李東陽(1447—1516):字賓之,號西涯,祖籍湖廣茶陵(今屬湖南),明朝長沙府茶陵州人。明代後期茶陵詩派的核心人物,詩人、書法家、政治家。有《懷麓堂集》傳世。先後主持或參與編撰《通鑒纂要》《大明會典》《孝宗實録》等。

②婦翁:岳父。

③範氏祖禹:即範祖禹(1041—1098),字淳甫,一字蘿得,成都華陽人。範祖禹除參預編撰《資治通鑒》外,還獨自撰有《唐鑒》《帝學》《仁皇政典》。有詩文集被稱爲《範太史集》。

④義主:漢時立碑,出財刻石的人稱爲義主。

明人讀鑒、評鑒諸書,刋布坊間,始創綱鑒名目,叠床架屋[①],益滋人厭,其稍佳數種,率文社擬題之需,於《通鑒》、《綱目》之學無當也。張氏之洞頗取《綱鑒正史約》[②]爲説。竊謂其書去取不若《綱鑒易知録》[③],尚爲屬事詳審;惟《易知録》狃[④]於時習,混稱綱鑒之陋,通人頗不欲觀,顧慑於張氏重名,於《綱鑒正史約》,反無甚拒斥。然則著書定名士大夫,烏不可慎哉!

①叠床架屋:床上叠床,屋上架屋,比喻重複纍贅。

②綱鑒正史約:明末清初比較通行的綱鑒書目,上起唐堯,下迄元代。作者顧錫疇,字九疇,號瑞屛,崑山(今江蘇省崑山縣)人。

③綱鑒易知録:清代學者吴乘權藉前人成果編輯的簡明中國通史讀本,初刻於康熙五十年(1711)。

④狃：因襲，拘泥。

溫公《通鑒》書成，袁機仲[①]略仿蘇氏讀史八面受敵，遠宗韓文公記事提要，纂言鉤玄諸法，輯爲《紀事本末》。自是以後，作者踵興，其書遂列史家之一部，尊之者且引《尚書》爲溯源，實則讀書精求耳。明陳氏邦瞻《宋》《元》之續，詞稍傷繁，頗見精審。今世傳本，均附張氏溥[②]論説以行。至康熙時，谷氏應泰[③]輯《明史紀事本末》，多取張氏岱[④]作爲己有，每篇綴論，語特華贍，殆襲晉、宋諸書之故歟？原書大體不離袁氏也。至高氏士奇有《左傳紀事本末》，據宋章冲之舊[⑤]，而取事爲經，楊氏陸榮[⑥]有《三藩紀事本末》，張氏鑒[⑦]有《西夏紀事本末》，均首尾詳備。近李氏有棠[⑧]輯遼、金《紀事本末》，則益爲詳密，考異附注，均不稍忽，合前諸作，並爲巨制。海上石印以行，可謂法良意美也。

①袁機仲：即袁樞（1131—1205），南宋史學家。字機仲，建州建安（今福建建甌）人。喜讀《資治通鑒》，苦其浩博，乃著《通鑒紀事本末》42卷，爲中國第一部紀事本末體史學著作。創造紀事本末這一新的寫史體例，兼有紀傳、編年二者優點，使“數千年事迹經緯明晰”，對後世影響極大，明清兩代多有仿作。

②張氏溥：即張溥（1602—1641），字天如，號西銘，江蘇太倉人。一生著作宏豐，編述三千餘卷，涉及文、史、經學各個學科，精通詩詞，尤擅散文、時論。主要著作有《七録齋集》。輯有《漢魏六朝百三家集》。其他著作有《春秋三書》《歷代史論二編》《詩經注疏大全合纂》。此外，張溥又爲《宋史紀事本末》及《元史紀事本末》補撰論正。

③谷氏應泰：即谷應泰（1620—1690），字賡虞，别號霖蒼，直隸豐潤（今河北豐潤縣）人。主要著作有《築益堂集》《明史紀事本末》《博物要覽》。

④張氏岱：即張岱（1597—1679），又名維城，明末清初文學家，字宗子，又字石公，號陶庵、天孫，别號蝶庵居士，晚號六休居士，山陰（今浙江紹興）人。著有《瑯嬛文集》《陶庵夢憶》《西湖夢尋》《三不朽圖贊》《夜航船》等。

⑤宋章冲之舊：宋代章冲撰《春秋左氏傳事類始末》五卷。章冲，字茂深，福建浦城人。

⑥楊氏陸榮：即楊陸榮，字採南，江蘇青浦人，於康熙五十六年（1718）寫成《三藩紀事本末》。此書把南明弘光、隆武、永曆等三個王朝看作是割據作亂的藩王，因此，該書名爲《三藩紀事本末》。

⑦張氏鑒：即張鑒（1768—1850），字春冶，號秋水，浙江烏程（一作歸安）人。博學多通，工爲文，著述豐富，有《冬青館甲集》《乙集》《畫塍詩》《秋水詞》《賞雨茅屋詞》《古宫詞》《詹詹集》《秋水文叢》《文叢再編》《三編》《四編》《蠅鬚館詩話》等。

⑧李氏有棠：即李有棠（1837—1905），字芾生，今江西省萍鄉市上栗縣人。清代歷史學家，於光緒十年（1884），仿袁樞、陳邦瞻的體例，寫成《遼史紀事本末》《金史紀事本末》。

康熙時馬氏驌爲《左傳》事緯，緒分類合，繼成《繹史》，上溯三代，而綜括諸書，備書原目，按而不斷，末爲總論，在紀事本末中，特爲變例。惟醇駁兼收，讀者稍病，馬三代[①]之名，要不爲少減也。迨崔氏述《東壁遺書》[②]出，義雖特殊，語較核實，惟惜流布未閎，學者不得盡見。李氏鍇之《尚史》[③]，則稍加整齊，略仿史氏成例，特文人綴輯之作耳。

①馬三代：即馬驌（1621—1673），山東鄒平人，清順治進士，曾任淮安府推官，專治先秦上三代歷史，人稱"馬三代"。

②崔氏述：即崔述，字武承，號東壁，直隸大名府魏縣人。清朝辨僞學者。著作由門人陳履和匯刻爲《東壁遺書》，内以《考信録》三十二卷最令學者注目。還有《無聞集》《知非集》《小草集》等文集。

③李氏鍇：即李鍇（1686—1755），字鐵君，號眉山，又號腐青山人。清代著名的歷史學家和田園詩人。著有《睫巢集》《睫巢後集》《含中集》《原易》《春秋通

義》《尚史》《南史稿》。

至於政書也,奏議也,雜史、傳記、古史、别史、方志、史評、譜録、金石諸作,雖史學一體,皆屬專家,兹談史之略,未能遍及也。

前歲大學史學專科姚仲實[①]師,編有《史學研究法》,取多用閎,叙次釐然[②]悉當,最裨學者,惜僅爲油印講義,未能印行流傳。今則國學陵夷[③],烈於秦火,除舊史學班諸君,各守完帙外,校中再爲檢尋,已溷於敗紙鼠壞,鬻之賣餅家矣。可勝慨哉! 可勝慨哉!

①姚仲實:即姚永樸(1861—1939),字仲實,晚號蜕私老人,安徽桐城人。清末民初教育家,桐城派末期著名作家。出身書香官宦世家,畢生潛心經學,致力教育,著有《群經考略》《小學廣》《十三經述要》《文學研究法》《史學研究法》等。

②釐然:形容有條理。

③陵夷:由盛到衰;衰頹,衰落。

自歐風東煽,稍習彼事者,率鄙夷[①]吾國舊史,謂是二十一朝譜録[②]也,二十一帝家乘[③]也。彼史究竟若何,吾不敢知,就其譯出諸本,爲時所稱者,率不出吾傳記及紀事本末數種之例,而益以雜糅,即所以詆[④]吾史者,亦似是實非也。夫一代是非,孰爲定論,正賴此巨籍,整齊其參差,沙汰[⑤]其誕妄[⑥],使善讀者參觀[⑦]互證而得其實。不然,第徇彼之長,攻吾之短,彼史果皆信乎?姑不必論,借使信矣,如我别史、雜史、傳記等,詎[⑧]不曰傳信乎?何以怪誕偏私[⑨],大雅必列之正史外也。至近代益因陋就簡,陵駕滅裂,自詡爲新,而學者於歷朝之世紀終結,治亂興衰之故,詢之茫然。是殆如希臘、雅典文明盛難爲繼,遂不免罹[⑩]亞拉伯人[⑪]之一厄乎!嗚呼!撫彼中黑暗之史,盍[⑫]亦悚然吾神州乎?若之何彼方深恫其黑暗,吾乃故踵其黑暗,是亦潮流所趨而致是乎? 抑變本加厲之弊必至是也?

①鄙夷:輕視,看不起。

②譜録:即譜牒,亦作"譜諜",記述氏族或宗族世系的書籍。

③家乘:原指家事的記録,後指家譜。

④詆:説人壞話,詆毀。

⑤沙汰:淘汰,揀選。

⑥誕妄:荒誕虚妄。

⑦參觀:指對各種情况加以比較觀察。

⑧詎:豈,難道。

⑨怪誕偏私:荒誕離奇,袒護私情,不公正。

⑩罹:遭受苦難或不幸。

⑪亞拉伯人:即阿拉伯人。

⑫盍:何不。

班史藝文,儒家原列九流[①],自後世崇儒,儒家遂超然獨立,而諸子微[②]矣。雖由世主[③]好尚之殊,寖成風氣,然儒家言者,多本人情,理尤質實,歷代推崇未艾,詎非是乎?

①九流:在《漢書·藝文志》中分别指儒家、道家、陰陽家、法家、名家、墨家、縱横家、雜家、農家。司馬遷的父親司馬談在《論六家要旨》中,將百家首次劃分爲陰陽、儒、墨、名、法、道等六家。後來,劉歆在《七略》中,又在司馬談劃分的基礎上,增縱横、雜、農、小説等爲十家。班固在《漢書.藝文志》中承襲劉歆,並認爲:"諸子十家,其可觀者九家而已。"後來,人們去小説家,將剩下的九家稱爲"九流"。

②微:衰落,低下。

③世主:國君。

儒家《孟子》《荀子》最爲醇正。《孟子》今列爲經,《荀子》一書,其精旨可左右禮論。蓋卜子所傳,源淵有自,雖"非十二子""性惡"諸説,備受後人攻擊,然自非聖人,孰無偏倚,要不必因其疵,而遽棄其醇也。今世行唐楊倞[1]注以外,近長沙王氏先謙[2]《集解》最爲詳審。

①楊倞:唐弘農(今河南靈寶縣南)人,官東川節度使、刑部尚書。著《荀子注》一書,是流傳至今《荀子》的最早注本。

②王氏先謙:即王先謙(1842—1917),字益吾,清湖南長沙人。曾任城南書院、岳麓書院山長。因宅名葵園,學人稱爲葵園先生。校刻《皇清經解續編》,還編有清《十朝東華録》《續古文辭類纂》等。著有《漢書補注》《水經注合箋》《後漢書集解》《荀子集解》《莊子集解》《詩三家義集疏》《虚受堂詩文集》等。

《老子》一書,解者最多,殆如吾《易經》,見深見淺,存乎其人歟?惟王弼深於玄解,並注《老》《易》,六朝至唐儒者,亦《老》《易》兼習,爾時碑誌猶可考也。此爲老學正派。至爲陰謀、爲法學、爲神仙、爲符籙,則第一其端。東漢以後,至以老子溷於張氏五斗米等教[1],魏寇謙之[2]大張其焰,所謂道流乃昧本原,其精意反得諸儒家兼習,不能如佛氏之恪守宗傳也。近陳氏三立[3]之《解老子》,時有名言,嚴氏復[4]之《評老子》,則張皇外國哲學,得者固多,附會影響,亦豈少哉!

①五斗米等教:即天師道,是道教早期的重要流派。起源於東漢。以尊奉黄帝和老子爲基本信仰,把信行眞道作爲修行的主要目標。規定道徒的基本義務是奉守道戒,處世原則是清靜無爲。這些特點,為後世道教的發展奠定了基礎。

②寇謙之(365—448):原名謙,字輔眞,祖籍上谷昌平(今屬北京),後遷居馮翊萬年(今陜西臨潼)。北魏道士,南北朝新天師道(也稱"北天師道")的改革者和代表人物。夙好仙道,有絶俗之心,少年時曾修張魯之術,服食餌藥,歷年

無效。後隨仙人成公興入華山，採食藥物不復飢。繼隱嵩山，修道七載，聲名漸著，世稱寇天師。後出山入世，整理改革天師道舊制度及科範禮儀、道官教義等，為後世道教齋儀奠定了基礎。

③陳氏三立：即陳三立（1859—1937），字伯嚴，號散原，江西義寧（今修水）人。近代詩文家，同光體贛派代表人物。與譚嗣同、丁惠康、吳保初合稱"維新四公子"。生前曾刊行《散原精舍詩》及其《續集》《別集》，死後有《散原精舍文集》出版。

④嚴氏復：即嚴復（1853—1921），字又陵，又字幾道，福建省侯官人。清末思想家、翻譯家和教育家，是中國近代史上向西方國家尋找眞理的"先進的中國人"之一。著作有《嚴幾道詩文鈔》等。著譯編爲《侯官嚴氏叢刊》《嚴譯名著叢刊》。

《莊子》之書，汪洋恣肆，自成一種文字，或謂爲出於《老子》，或謂爲出於卜子，甚或援之入儒家。其實莊生自是道家，特鑒於老學末流，趨於摻礉，乃故爲俶佹[①]之談，以寄傲[②]也。郭象[③]注本外，傅青主先生讀莊諸説，語極透闢，王氏先謙亦有《集解》。至前此《莊子因》[④]《南華經解》[⑤]諸書，徒亂人意，直若夢囈耳。

①俶佹：也作俶詭，諔詭，怪異玄妙之意。

②寄傲：寄託曠放高傲的情懷。

③郭象（約252—312）：字子玄，河南洛陽人。官至黃門侍郎、太傅主簿。西晉時玄學家。好老莊，善清談，曾注《莊子》。

④莊子因：以文章家眼光解釋《莊子》之作。作者林雲銘（約1628—1697），字西仲，福建侯官人。著有《挹奎樓文集》《吳山鷇音》及《楚辭燈》《莊子因》等。

⑤南華經解：《庄子》注解之作。作者宣穎，字茂公，江蘇句容縣崇德鄉人。约生於明末清初，七八十歲之年，才完成《南華經解》一書。

《墨子》學説久湮，乾隆時汪氏中始理其緒，刻以行世，當時怫墨者，汪中之巨謗，然其苦心孤詣，爲諸舉世不爲之日，亦可謂振奇士[①]也。近孫氏詒讓著《墨子閒詁》，爲世所重，第其書文古奥，未易屬讀。近世往往附入西學，如王捍鄭[②]先生之《格致古微》，尤勤掎摭[③]比附。竊謂是訓詁學，瑣碎支流，究無關墨學之精也。張氏之洞之説云："周秦古子，一字千金。"不佞謂周秦諸子，雖各有偏要，是輔成彼一家之學，自成一家之言，若斤斤然[④]量長潔短，或炫奇務博，故作調人[⑤]，均無當也。至孫吴言兵，靈素言醫[⑥]，鬼谷[⑦]言縱横，專門之談，豈容強説。《尸子》[⑧]《鶡冠》[⑨]，雖雜家猶出一手，《吕氏春秋》《淮南子》，則成不一手，言不一家，覽者採其精義，玩其詞華，於學於文，兩收其益可也。

①振奇士：特出、非凡的人。

②王捍鄭：即王仁俊（1866—1913），晚清史學家、史志目録學家、金石學家。字捍鄭，號籀許，江蘇吴縣人。精於史學及敦煌學。著《敦煌石室眞迹録》，史志目録撰有《漢書藝文志考證校補》《補宋書藝文志》《補梁書藝文志》《補西夏藝文志》《遼書藝文志補正》等，金石學研究著述有《説文解字考異訂》《白虎通義集校》《正學堂内編》《碑板叢録》《正學堂集外編》《王氏著述目録》等。

③掎摭：指摘。

④斤斤然：過分計較瑣細的或無關緊要的事物。

⑤調人：本指周官名，負責調解民衆之間的爭端，後稱調解糾紛的人。

⑥靈素言醫：即《黄帝内經》，分爲《靈樞》《素問》，是中國現存最早的醫學典籍，反映了中國古代的醫學成就，創立了中國醫藥學的理論體系，奠定了中國醫學發展的基礎。《黄帝内經》中還記述了大量中國古代天文、氣象、物候等學科的知識，爲有關學科的研究提供了重要史料。

⑦鬼谷：即鬼谷子，姓王名詡，春秋時代衛國（今河南鶴壁市淇縣）人。長於持身養性和縱横術，精通兵法、武術、奇門八卦，有《鬼谷子》兵書 14 篇傳世。民間稱其爲王禪老祖，因隱居清溪鬼谷，人稱鬼谷子先生。

⑧尸子：先秦雜家著作。尸子名佼，魯國人，是商鞅的老師。尸佼逃往蜀後，寫作《尸子》書。《漢書·藝文志》列尸佼爲雜家。《尸子》一書早佚，後由唐代魏徵和清代惠棟、汪繼培等輯成。《漢書·藝文志》著録《尸子》二十篇。

⑨鶡冠：戰國末期道家及兵家著作。《漢書·藝文志》云作者爲楚人，"居深山，以鶡爲冠"。應劭《風俗通義》佚文説："鶡冠氏，楚賢人，以鶡爲冠，因氏焉。鶡冠子著書。"

《管子》[1]一書，自是後人纂輯，然其爲治，實有根本，不得以孔孟所卑，遂謂卑不足道也。《晏子春秋》[2]抑亦其例，蓋古代學術範圍本寬，管、晏固有專書者。試觀《左傳》《國語》所載各國名公卿之緒論，何嘗不彬彬稱盛乎？即韓非、商君均爲法家，其書引述，往往可以證經，彼後進淺夫，稍涉涯涘，侈口[3]稱雄，或執一不化，強稱專習，自附戰國諸子之各鳴其術者，豈知戰國諸子，流雖不同，其源固悉出先王所遺乎！

①管子：是托名管仲的一部論文集。寫作年代大抵始於戰國中期直至秦、漢。其中有關法家的篇章，主要出於戰國中、後期的齊國法家。對法律和"法治"的論述綜合前期法家法、術、勢三派，雜揉道、儒的特色，自成體系，是研究先秦法家思想的重要着作。

②晏子春秋：記叙春秋時代著名政治家、思想家晏嬰言行的一部書。全書共8卷，計215章，全部由短篇故事組成。可與《左傳》《國語》《呂氏春秋》等書相互印證，是反映春秋後期齊國社會歷史風貌的史料。

③侈口：專業術語，多用於陶瓷、金屬器皿。又稱廣口，其形狀一般爲口沿外傾。此處與涯涘同義連用，均指邊際。

前此，湖北書局刻《百子全書》[1]，蒐羅可謂閎富，然白文無注，閱者索然少趣。浙江書局刻《二十二子》[2]，各有注解，援據精本，各標所出，卷末校勘署名，並示不苟，可謂精已，然舛誤仍復不免。又巨編充架，攜帶爲艱，近坊間鉛印字尚悦目，攜帶亦便，欲究子部亦足矣。至玉函山房之《輯佚》③，則餘力可及。丁氏晏④、陳氏澧⑤之摘取精言，則以儒家眼光讀諸子，究儒書者宜從事也。

①百子全書：清光緒元年（1875）湖北崇文書局刻本。全書共收録先秦至明代子部著作一百種，是歷代子部叢書中收録最爲廣泛的。

②二十二子：清光緒初，由浙江書局輯刊的《二十二子》，由先秦兩漢魏晉二十二部諸子書（《老子》《莊子》《管子》《列子》《墨子》《荀子》《尸子》《孫子》《孔子集語》《晏子春秋》《吕氏春秋》《賈誼新書》《春秋繁露》《揚子法言》《文子纘義》《黄帝内經》《竹書紀年統箋》《商君書》《韓非子》《淮南子》《文中子中説》《山海經》）合輯而成，吸收了歷代學者考訂、注釋諸子書的主要成果，選目精要，刻印精善，向爲學界所重視。

③輯佚：收集古代佚書。嘉慶、道光年間，出現了大規模輯集古代經、史、子、集四部佚書的宏舉，如馬國翰輯成經部書 444 種，史部書 8 種，子部書 178 種共 630 種，印成《玉函山房輯佚書》。馬國翰（1794—1857），字詞溪，號竹吾，歷城縣（今屬山東濟南市）人。清代著名學者、藏書家。

④丁氏晏：即丁晏（1794—1875），字儉卿，號柘堂，江蘇山陽人。清代著名經學家。著述宏富，除《曹集詮評》外，有《毛鄭詩釋》《三禮釋注》《周易述傳》《頤志齋文集》等，已刊者匯刻爲《頤志齋叢書》。

⑤陳氏澧：即陳澧（1810—1882），清代音韻學家。字蘭甫，一字蘭浦，號東塾，自號江南倦客，因少時讀書於東廂書塾，晚年自題著作爲《東塾讀書記》，故學者尊稱"東塾先生"。番禺（今屬廣州）人。所著《切韻考》在中國傳統語言學界久負盛名。另著有《漢儒通義》《東塾讀書記》《聲律通考》《漢書水道圖説》《説文聲統》等。

王深寧①讀子之法，分撮要、記事，張氏之洞則分翼、經、摘藻②、博趣、廣詁，似張爲詳。清代治諸子者,亦分摭實[3]、擷華[4]兩派,摭實者多近考訂,以俞氏樾《諸子平議》爲最匯。擷華者,如張氏道緒之《文萃十三種》,取《管子》《家語》《列子》《莊子》《屈子》《荀子》《韓非子》《呂氏春秋》《韓詩外傳》《淮南子》《新序》《説苑》《法言》《白虎通義》,則輯古諸子書而爲文辭讀本者也。

①王深寧:即王應麟(1223—1296),字伯厚,號深寧居士,進士出身,是南宋學者、教育家、政治家。祖籍河南開封,後遷居慶元府,鄞縣(今浙江杭州市鄞州區)人。著作有《玉海》《困學紀聞》《漢制考》《通鑒地理通釋》《三字經》。

②摛藻:用詞鋪陳。

③摭實:摘取事實,據實。

④擷華:比喻摘取精美的文辭。

近吴氏汝綸[1]有《老子》《管子》《墨子》《莊子》《荀子》《韓非子》《太玄七子》之評點,吴爲文學巨子,評點饒有矩矱[2],以是讀子亦足浚發[3]才思。曾文正《經史百家雜鈔》間及諸子,惜太寥寥。浦氏起龍[4]《古文眉詮》,亦選及子部,究非專講諸子比也。

①吴氏汝綸:即吴汝綸(1840—1903),字摯甫,安徽桐城人,晚清學者和教育家。同治四年(1866)進士,曾先後任曾國藩、李鴻章幕僚及深州、冀州知州,長期主講保定蓮池書院,晚年被任命爲京師大學堂總教習,並創辦了桐城中學。著有《易説》《校定尚書》《尚書故》《夏小正私箋》《文集》《詩集》《尺牘》《深州風土記》《東游叢録》。

②矩矱:規矩法度。

③浚發:迅速開發,很快顯現出來。

④浦氏起龍:即浦起龍(1679—1762),字二田,號孩禪,自署東山外史,晚號三山傖父,時稱山傖先生,無錫縣上福鄉(今厚橋鄉)前澗村人。歷時 17 年,

彙集成 79 卷的《古文眉詮》，另有《史通通釋》《讀杜心解》。

《孔叢子》[①]一書，近人詆爲僞托，然裒輯[②]聖遺，非同妄作，雖未必果出孔鮒[③]，要是漢魏以來遺著也。至王肅[④]纂輯《家語》，宋胡仔[⑤]爲《孔子編年》，林氏春溥[⑥]爲《孔子世家補訂》，孫氏星衍、嚴氏可均輯《孔子集語》，均儒家者流。景仰遺徽，《論語》而外，皆吾儒所亟宜讀者耳。

①孔叢子：舊題孔鮒撰。内容主要記叙孔子及子思、子上、子高、子順、子魚（即孔鮒）等人的言行，書末又附綴孔臧所著之賦和書上下兩篇，而别名爲《連叢》。到宋仁宗嘉祐時，宋咸曾爲該書作注。這部書雖爲僞作，但其中不少篇叙述引人入勝，具有一定的欣賞價值。有些篇章，例如《小爾雅》，又常爲研究中國文字、訓詁學者所引用，因而具有重要的學術價值，足可參考。

②裒輯：彙集、編輯、輯録。

③孔鮒（約前 264 年—約前 208）：字甲，孔子後裔。秦始皇統一中國後，孔鮒不仕，令其弟子叔孫通仕秦，後召爲魯國文通君，拜少傅。秦相李斯始議焚書之事，孔鮒聽説後，收其家中《論語》《孝經》《尚書》等書，藏於祖堂舊壁中，自隱於嵩山，教授弟子百餘人。陳勝領導農民起義，他也從軍反秦，爲博士。

④王肅（195—256）：字子雍，祖籍東海郯城（今山東郯城），出生於會稽（今屬浙江）。三國魏儒家學者，經學家，其所注經學在魏晉時期被稱作“王學”。先後爲《尚書》《詩》《論語》《三禮》《左氏傳》作注解，並撰定其父奂遺著《易傳》。王肅爲了假藉孔子的名義駁倒鄭玄之學，僞造了《孔子家語》和《孔叢子》兩部書。

⑤胡仔（1110—1170）：字元任，胡舜陟次子。宋代安徽績溪人。其父遭秦檜陷害，遂隱居浙江湖州之苕溪，自號苕溪漁隱，著《苕溪漁隱叢話》。

⑥林氏春溥：即林春溥（1775—1862），清福建閩縣（今福州倉山區）人，字立源。著有《古史紀年》《古史考年異同表》《戰國紀年》《開闢傳疑》《武王克殷日記》《滅國五十考》《春秋經傳比事》《竹書紀年補證》《孔孟年表》《孔子世家補

訂》《孟子列傳纂》等。

漢武帝表彰儒術，學定一尊，雖六經傳授，悉稟師承，而學子著書，尚得各伸其志，可見爾時儒風之善也。如陸賈[①]《新語》、賈誼[②]《新書》，而後劉向諸作彬彬稱盛。此外桓寬[③]《鹽鐵》、王符[④]《潛夫》、荀悦[⑤]《申鑒》、徐幹[⑥]《中論》等，俱有專長，不相沿襲，要歸不離乎聖人也。至揚雄[⑦]《法言》、王通[⑧]《中説》步趨[⑨]《論語》，世或訾之。然爾時道喪文敝，揚、王之作，安見無矯正存焉乎？况群陰構難，輕世肆志[⑩]，賢者不免，書中精理名言，足供咀味。彼宋明以來語録風行，疊床架屋，如水益水，誚子雲、仲淹者，抑亦過已。曩歲吾國東瀛留學界，爲中學講義録，其論《文中子》一章，極見精確，記其人朱姓浙籍，附志之存雅好者也。

①陸賈（約前240—前170）：楚人。漢初思想家，政治家。總結秦朝滅亡及歷史上國家成敗的經驗教訓，著《新語》，另著有《楚漢春秋》。

②賈誼（前200—前168）：又稱賈太傅、賈長沙、賈生。西漢洛陽（今河南洛陽市東）人，政治家、文學家。《賈誼新書》是其撰寫的政論名著，又稱《新書》。

③桓寬：生卒年不詳，字次公，漢汝南郡（今所在河南上蔡西南）人，治《公羊春秋》。其知識廣博，善爲文。著有《鹽鐵論》六十篇，是根據昭帝始元六年（前81）召開的鹽鐵會議文件編成的政論性散文集。

④王符：字節信，安定臨涇（今甘肅慶陽市鎮原縣）人，東漢哲學思想家。《潛夫論》一書10卷36篇，是王符的代表作。

⑤荀悦（148—209）：字仲豫，潁川潁陰（今河南許昌）人。東漢史學家、文學家。著有《申鑒》《崇德》《正論》《漢紀》。

⑥徐幹（170—217）：字偉長，北海郡（今山東昌樂附近）人，漢魏間文學家，建安七子之一。著《中論》。

⑦揚雄（前53—18）：一作"楊雄"，字子雲，蜀郡成都（今四川成都郫縣友愛鎮）人，西漢學者、辭賦家、語言學家。模擬《易經》作《太玄》，模擬《論語》作《法

言》等。著有語言學著作《方言》,是研究西漢語言的重要資料。

⑧王通(580—617):字仲淹,絳州龍門(今山西河津)人,隋代大儒、教育家,門下弟子私謚爲“文中子”。弘揚儒學,用了九年時間著成《續六經》(亦稱《王氏六經》),包括《續詩》《續書》《禮論》《樂經》《易贊》《元經》等,共80卷。

⑨趨:步步緊跟,追隨傚法。

⑩輕世肆志:謂藐視世俗,隨心縱情。

曩在平陽[①],陪楊味春師飲,論宋儒道德文章,以司馬溫公爲最,程、朱則未免拿架子。不佞以爲溫公品概[②]學術均造其醇,程朱架子云云,則後人推崇之過耳,如病其語録繁瑣,則《程子遺書》《朱子大全集》,固多此種,然執經爲衡,語録取爲參證,讀之乃更得味。惟沾沾焉抱此數帙書,自命理學,置聖經賢傳于不問,斯則講學家之陋耳。今味師已逝,賞析無從,悵望津沽[③],倍深知己之感。

①平陽:山西臨汾地區在古代稱平陽。

②品概:品格,氣節。

③津沽:天津和塘沽的總稱。

黄梨洲[①]先生著《明儒學案》,説者謂是吾國學術史,惟講學家猶病其偏重陸、王學派[②]者,然梨洲學出蕺山[③],要本師承所自也。近梁氏啓超有節本,頗見矜愼,獨於陽明,一則悉依原編,蓋梨洲用《傳習録》,已極苦心經營。梁氏如斯,斯其爲善讀書者也,竊深取之。《宋元學案》亦梨洲原纂,全氏祖望[④]踵成之,又經王氏梓材[⑤]詳加補正,信爲大觀。其中博覽旁搜,去取允當,惜卷帙浩繁,無人更編節本也。至唐氏鑒《學案小識》[⑥],則過於簡漏,標目叙述亦有未恰,惟唐氏湘中人望,其書遂得與黄、全並行,實則烏能爲繼哉!

①黄梨洲:即黄宗羲(1610—1695),字太冲,號南雷,晚年自稱梨洲老人,浙

江餘姚人。明末清初經學家、史學家、思想家、地理學家、天文曆算學家、教育家。與顧炎武、王夫之並稱明末清初三大思想家。學問極博，思想深邃，著作宏富，重要的有《明儒學案》《宋元學案》《明夷待訪録》《孟子師説》《葬制或問》《破邪論》《思舊録》《易學象數論》《明文海》《行朝録》《今水經》《大統曆推法》《四明山志》等。

②陸、王學派：以陸九淵、王守仁爲代表的哲學流派。南宋時，陸九淵倡言心即理，針對朱熹等人的"理"在人心之外、"即物"才可"窮理"的理論，提出"發明本心""收其放心"的"簡易""直捷"主張，成爲與朱熹一派理學相持對立的一家，被稱爲"心學"。宋代以後，由於程朱理學成爲官方統治思想，陸學影響不如朱學大。到明代中期，王守仁集心學之大成，並提出"心外無物""心外無理""心即是理"，在認識論上推"致良知"的方法，同時提出"知行合一"的革命性觀點，反對宋儒知先行後的説法或知而不行的做法。

③蕺山：即蕺山書院，位於浙江紹興蕺山之上，據記載書院始建於南宋，距今有 800 多年的歷史。明代大學者劉宗周曾在此講學，當時稱蕺里書院，清代改名爲蕺山書院。曾是劉宗周及其學生黄宗羲、陳確、張履祥等爲中堅的蕺山學派的發祥地。

④全氏祖望：即全祖望(1705—1755)，字紹衣，號謝山，鄞州(今浙江寧波)人。清代學者、文學家。曾主講於浙江蕺山書院、廣東端溪書院。撰《鮚埼亭集》《外編》《詩集》。另有《漢書地理志稽疑》，輯補《宋元學案》《全校水經注》。

⑤王氏梓材：即王梓材(1792 年—1851)，初名梓，字楚材，後更字梓材，以字行。浙江鄞縣(今浙江寧波)人。學者稱閖軒先生。道光十八年(1838)，王梓材、馮雲濠受督學何凌漢委託，撰成《宋元學案補遺》100 卷，補遺約有七八百條。

⑥學案小識：一名《國朝學案小識》十五卷，清唐鑒(1776—1861)著。鑒字鏡海，湖南善化(今長沙)人。

外有《理學宗傳》[1]《理學備考》[2]《洛學編》[3]等,各有精詣。儒家要旨,首在通經,宋儒如程、朱,均熟精注疏,進以實踐,法漢、宋之長,以祈無悖於聖人足矣。明以理學相矜,固失之淺,清乃矯而標漢學之幟,亦未見其爲得也。

①理學宗傳:學術史著作,明清之際孫奇逢撰,成於清康熙五年(1666)。

②理學備考:著者範鄗鼎(1626—1705),字漢銘,號彪西,學者稱婁山先生,山西洪洞人,明末清初的著名理學家。撰有《明儒理學備考》《廣明儒理學備考》《國朝理學備考》等。

③洛學編:清湯斌(1627—1687)撰。洛學爲北宋程顥、程頤所創之理學學派,因長期在河南洛陽一帶講學,故名洛學。導源於周敦頤的濂學,後被陸九源、朱熹、王守仁所發揮,代不乏人。此書專述洛學源流與思想,成於康熙十二年(1673),分前編、正編二編,原爲論學而作,非同史傳,故不以介紹史實爲主,而以介紹各家理學言論、著作爲主。

清初特重朱子,聖祖有《朱子全書》之輯,差得精要,學者不能讀《朱子大全集》,得此讀之,亦可識朱子大體。若明施氏邦曜[1]有《王陽明集要》,清彭氏紹升[2]有《陽明集節本》,讀之亦可識陽明大體矣。

①施氏邦曜:即施邦曜(1585—1644),明末浙江餘姚人,字爾韜,人稱四明先生。明朝政治人物,晚明忠臣。

②彭氏紹升:即彭紹升(1740—1796),字允初,號尺木,又號知歸子,二林居士,法名際清,長洲(今江蘇蘇州)人。清學者、文學家。先學儒,後入道,最後皈依佛學,是清代居士佛教的代表人物。

光緒甲午,肄業并門令德書院,孝感屠梅君[1]師有手校《近思録》[2],並録諸家闡明要旨於上列,移録一過,中有陳氏沆[3]諸説,尤爲心契,蓋陳工詞章,涉筆雋永，雖奧啨[4]之理，數語點觸，如雪入洪爐，所謂解人，止合如是。若過涉玄遠，似悖中庸之旨已。庚戌，夏伯定師講道《大學》，闡明心性諸説，至爲精當，不佞嘗侍坐，師詢以爲學，曰："篤信謹守，循序漸進。"詢以持身，曰："庸言之信，庸行之謹，有所不足，不敢不勉，有餘不敢盡。"頗蒙師所許可，蓋心性微渺，學者以潛修爲究明可也，若推之使深，抑之使奥，以吾儒篤行，例諸釋氏觸機，此明以來性理愈談，而去聖愈遠，顧亭林先生詆爲性與天道可得而聞，文章不可得而聞，亟欲以行己有耻，博學於文，拯之者歟。

①屠梅君：即屠仁守（1829—1900），字梅君，湖北孝感人。其門生有于右任、閻錫山、商震、賈景德等。1897年康有爲等在《時務報》上載嚴復《闢韓》一文，批駁張之洞的"中學爲體，西學爲用"觀點，屠爲張多方辯護，駡嚴文爲"蔑古拂今，干紀狂誕"。

②近思録：是朱熹和吕祖謙爲初學者把握北宋四子的思想理論而編輯的理學基礎讀本，融匯北宋四子的理學思想，全面概括了儒家内聖外王的學説。

③陳氏沆：即陳沆（1785—1825），清代湖北蘄水（今浠水縣）人。原名學濂，字太初，號秋舫。近代文學家、詩人。

④奥啨：奥妙幽深。

桐城姚氏鼐謂："義理、考據、辭章，缺一不可。"曾文正闡之曰："必以義理爲幹，而後考據有所歸，詞章有所附。"此數説不佞深佩之，蓋先有義理範身心，而後神無舛馳[1]，辨言叛道之習祛矣；繼以考據訂疑義，則模糊影響之説絀矣。如是而發爲詞章，才高者自光明俊偉，次亦絶不作志微噍殺[2]之音。顧世猶有詆桐城文派者，謂少奇氣噴薄，大力搏挽似矣，然其氣象雍容，言皆有物，序跋、紀述諸文，悉中矩度。曾文正一代宗工，猶謂粗知古文自姚先生始，其推服如是，彼輕加詆毁者，亦胡爲哉！

①舛馳：異道而馳。

②噍殺：聲音急促，不舒緩。

記某君述清代文學變遷曰："乾、嘉時經學稱盛，率以漢注爲宗，足本爲尚，至《説文》《爾雅》之焰熾，於是稍失之煩瑣，然未離乎經，文氣尚自醇美也。浸而緯説一張，經旨漸晦，諸子再肆，宗乘繼興，事雜言龐，囂陵[①]相尚，若王氏曇[②]《煙霞萬古樓集》，龔氏自珍《定庵集》一出，奇恣[③]之士，群焉仿傚，學術益歧，人心益肆，文氣亦益棼矣。無論桐城恬雅之風不可得，即如邵二雲[④]、汪容甫、阮文達、孔撝約、李申耆[⑤]諸作，清微華妙之概，亦不可睹。幸曾文正振起頽風，登高一呼，萬壑皆應，一代文章，漸趨正軌。逮近世舟車大通，移譯是尚，鞮譯[⑥]寄象，糅雜爲文，今益甚囂塵上矣。斯殆氣運所關，非人爲所歟。"然則廣涵萬匯，納諸大鈞[⑦]，鑄偉取精，世有豪杰，當可躋此一境焉，未識終吾世而得見耶否也。

①囂陵：喧嚷爭競，浮華不實。

②王氏曇：即王曇（1760—1817），又名良士，字仲瞿，秀水（今浙江嘉興）人。清乾隆朝舉人。清文學家。著有《煙霞萬古樓集》。又作有傳奇《回心院》《萬花緣》等。

③奇恣：新奇恣肆。

④邵二雲：即邵晉涵（1743—1796），字與桐，號二雲，又號南江，浙江餘姚人。清代著名史學家、經學家。

⑤汪容甫、阮文達、孔撝約、李申耆：分别爲清代学者汪中、阮元、孔廣森、李兆洛。

⑥鞮和譯：原爲古代把西方、北方地區少數民族語言譯成漢語的譯官。

⑦鈞：此处指天或自然。

屈平《楚辭》，開别集[①]先河，《昭明文選》[②]，爲總集彙海，有志文學者所不廢也。然性有所近，取材斯殊，寥寥小言，詎足以盡乎？竊謂讀專集者不厭求詳，漢、魏、六朝諸家所作，明張氏溥、清嚴氏可均、近丁氏福保[③]纂輯尚已，《唐文粹》[④]《宋文鑒》[⑤]《元文類》[⑥]《明文授讀》[⑦]外，清姚氏椿[⑧]集《文録》諸書，亦稱盛焉。至更求其簡，則姚氏鼐之《古文辭類纂》，曾文正《經史百家雜鈔》，亦修詞者所必要。次則浦氏起龍之《古文眉詮》，近唐氏文治[⑨]之《國文講義》，一則眉目清朗，一則剖晰詳明，均學者不可不一覽也。

①别集：與“總集”相對，指收録個人作品的詩文集。

②昭明文選：又稱《文選》，是古代最早的一部詩文總集，由南朝梁武帝的長子蕭統組織文人共同編選。蕭統死後謚“昭明”，所以他主編的這部文選稱作《昭明文選》。書中選録先秦至梁的詩文辭賦。

③丁氏福保：即丁福保（1874—1952），近代藏書家、書目專家。字仲祜，號疇居士，一號濟陽破衲。江蘇無錫人，創辦丁氏醫院、醫學書局，先後編譯出版近 80 種國内外醫學書籍，合稱《丁氏醫學叢書》。編印《漢魏六朝名家集初刻》《全漢三國晉南北朝詩》《歷代詩話》及其續編、《清詩話》等書。還編輯成《説文解字詁林》，編印《説文解字詁林補遺》，並編寫了《六書正義》《説文鑰》等文字學的著作。

④唐文粹：宋代姚鉉（967—1020）編，100 卷，選録《文苑英華》中唐人作品，以古體詩爲主，不收四六文、近體詩，含文、賦 1104 篇，詩 961 首。

⑤宋文鑒：北宋詩文總集，原名《皇朝文鑒》。吕祖謙奉宋孝宗之命編輯，蒐羅廣博，共 150 卷，編爲 61 類。

⑥元文類：元朝詩文選集。本名《國朝文類》，元蘇天爵（1294—1352）編，七十卷。天爵，字伯修，真定（今河北正定）人，著有《元朝名臣事略》《滋溪文稿》等。

⑦明文授讀：明代詩文總集，清初黄宗羲編。

⑧姚氏椿：即姚椿（1777—1853），字春木，一字子壽，自號樗寮生，蹇道人、

東佘老民，清松江府婁縣（今屬江蘇）人。著作有《通藝閣詩録》《通藝閣詩續録》《通藝閣詩三録》《通藝閣文集》《和陶詩》《晚學齋文録》《茸城筆記》《萬里圖述》《望雲集》等。

⑨唐氏文治：即唐文治（1865—1954），字穎侯，號蔚芝，晚號茹經。近代教育家、文學家。

詩賦一途，其書尤指不勝屈。記王顧齊先生在令德書院講習，嘗舉《漁洋山人古詩選》《惜抱軒今體詩鈔》《漁洋重訂唐人萬首絶句》，選爲鵠。不佞謂《曾文正十八家詩鈔》，别擇精富，此外如張氏琦[①]之《宛鄰書屋古詩録》，管氏世銘[②]之《讀雪山房唐詩選》，均可一讀。至李氏兆洛之《駢體文鈔》，蔣氏士銓之《評點四六法海》，姚氏燮之評點《駢體正宗》，《文選》而外此數書爲尤要。

①張氏琦：即張琦（1764—1833），初名翊，字翰風，號宛鄰，江蘇陽湖人，張惠言之弟。善醫術，工詩詞古文及分隸，尤精輿地之學，與兄惠言齊名。著有《宛鄰詩文集》《戰國策釋地》《素問釋義》《立山詞古詩録》等，並傳於世。

②管氏世銘：即管世銘（1738—1798），字緘若，號韞山，武進人。清乾隆戊戌進士，授戶部主事，歷官御史。有《韞山堂詩集》，又纂有《讀雪山房唐詩》。

光緒乙巳[①]冬，爲平陽同學談文，輯《文學保粹編》，分正途徑，收唐至清討論文學諸作。次拓才思，收漢、唐、宋、明、清博大有實際諸作。次擷韻味，收《楚辭》、漢賦、六朝徐、庾[②]諸作。次滌氛囂[③]，收唐柳氏雜記、序記，及姚惜抱序記。次歸理境，則收宋周、程、張、朱諸作，計不及百篇。略草編目，按日評講，惜講未少半，遽爾輟業。此時舊游同志，容有存留編目，及不完評本者，前實隨手棄擲，不甚珍視也。

①光緒乙巳：公元 1905 年。

②六朝徐、庾：徐陵和庾信。二人皆南北朝時文學家，文風綺艷，世稱徐庾體。庾信晚年文風轉爲沉鬱。

③氛囂：塵世喧囂之氣。

以上均文學一方言也。壬辰[①]省試古學，學使爲王梅岑師，詢不佞學文，對以《文選》及《古文辭類纂》。師稱是，且勖之曰："《文選》甚好，如《經世文編》[②]，尤不可不讀，其文皆有實用，作者又名臣碩士，華實並茂，文乃不徒作也。至續編，則以餘力及之可耳。"敬志師言，且明津逮[③]。

①壬辰：公元 1892 年。

②經世文編：又稱《皇清經世文編》，清代輯録的清人經世文選。由賀長齡主持，魏源代爲編輯。道光六年(1826)成書，次年刊行。文編刊行後，影響很大，翻刻者不斷，並出現了許多補編、續編和新編本。

③津逮：由津渡而到達。比喻通過一定的途徑而達到或得到。

自劉彦和[①]窮究《文心》，鍾記室[②]詳區《詩品》，專書談藝，兹實權輿[③]。宋、元、明、清諸作者代興，則幾於汗牛充棟矣。今欲執簡御繁，則朱氏琰輯本《詩觸》，途徑較正，爲談詩者所必需。惜中側《端溪硯譜》一卷，致爲夾雜。若易以趙氏執信[④]《聲調譜》則庶幾矣。翁氏方綱有《小石帆亭著録》，糾王漁洋、趙秋谷之失，而有所折中，故自可取。孫氏梅《四六叢話》[⑤]，爲談駢文之指歸。近林先生畏廬著《春覺生論文》，談文允當，惟散見報章，除重之者隨時截存外，但爲過眼雲煙耳。先生主講大學文科，編文學研究法。論文要言均有精義，足爲談文指歸。今則講義全經散失。坊間印行先生諸選文，悉爲鱗爪，安得有大力而好事者，輯刻行世，與朱、孫之作，並惠後學乎！

①劉彦和：即劉勰(約 465—520)，字彦和，生活於南北朝時期，文學理論

家。所作《文心雕龍》奠定了他在中國文學史和文學批評史上不可或缺的地位。

②鍾記室:即鍾嶸(約468—518),字仲偉。潁川長社(今河南許昌)人。曾任參軍、記室一類的小官。南朝文學批評家。著有《詩品》,提出一套比較系統的詩歌品評的標準。

③權輿:起始。

④趙氏執信:即趙執信(1662—1744),字伸符,號秋谷,晚號飴山老人。青州府益都縣(今山東青州市區)顔神鎮人。著有《飴山詩集》《飴山文集》《詩餘》《談龍録》《聲調譜》《禮俗權衡》等。

⑤四六叢話:一部較爲系統的集大成式的駢文理論批評著作。在《四六叢話》中,孫梅不僅匯輯了明代以前有關駢文的批評理論資料,而且通過凡例、叙論與案語等批評形式,也表達了自己的駢文思想。

宋朱氏長文[①]輯《墨池編》,談字學者奉爲矩矱。清戈氏守智[②]又輯《漢溪書法通解》,然囿於二王軌範,談帖學者爲宜,施諸碑學無當也。自阮文達南帖、北碑之派分,後撮其要領作南北書派論,世奉爲創解,實則歐陽文忠跋王獻之法帖,稱其初非用意,而逸筆餘興淋漓揮灑,使人驟見驚絶。徐而視之,意態愈無窮盡,於高文大冊,何嘗用此。阮公惟善讀書,斯闡文忠之秘,而爲談碑學之開山矣。

①朱氏長文:即朱長文(1041—1100),字伯原,號潛溪隱夫,蘇州吴人(今屬江蘇)。北宋書學理論家。長於書法理論,所編著《墨池編》《續書斷》等,頗爲世重。

②戈氏守智:即戈守智(1720—1786),字達夫,號漢溪,浙江平湖人。清代書法家,著有《漢溪書法通解》《漢溪偕存集》《邗江雜咏》等。

唐人作字,具有淵源。開元、天寶之際,亦與詩稱盛唐同一媲美。蓋隋世混一，南北書體漸亦趨同。貞觀之世文運郅隆[①]，醞釀古芳，出以新意，化粗獷而歸儒雅，斯所謂文質彬彬乎？率更、中令[②]，其極則也，魯公、北海[③]，一變其風，而根柢醇厚，氣韻渾成，至河東[④]矯以清挺，而氣斯漓矣。宋代書家蔽於二王，而專趨姿致[⑤]，元、明趙、董[⑥]實承其流，加以類帖紛刊，互爲挹注[⑦]，所謂書家第隨俗酬酢之品耳。大書深刻之矩度，渺焉莫接已。何氏紹基[⑧]題蘭亭序詩云："一傳特因天筆重，千秋誤盡學書人。"又云："齗齗[⑨]頂腳量分寸，蘇米[⑩]齊評太可憐。"讀之一快。

①郅隆：昌盛，興隆。

②率更、中令：唐初書法家歐陽詢、褚遂良。

③魯公、北海：魯公指顔眞卿；北海指李邕。

④河東：指柳公權。

⑤姿致：美好的姿態。

⑥趙、董：元代書法家趙孟頫和明末書法家董其昌。

⑦挹注：比喻取一方以補另一方。

⑧何氏紹基：即何紹基（1799—1873），字子貞，號東洲，別號東洲居士，晚號猿叟。湖南道州（今道縣）人。清代詩人、學者、書法家。

⑨齗齗：爭辯貌。

⑩蘇米：宋代書法家蘇軾、米芾。

鄧完白特起皖中，承乾、嘉文化之盛，爲清代世家之大宗，其篆分爲二體，尤足爲後學程式[①]，一洗前此截毫作篆諸惡習，洵人杰哉！惟淵穆[②]之度，遜於前民，殆亦世會所趨，非人所爲歟？

①程式：比擬，傚法。

②淵穆：深沉，美好。

包氏世臣編《藝舟雙楫》，大張鄧派，海內承風，然偏於談藝，書法之淵源未具也。近康氏有爲廣之，收覽之閎，文藻之俊，尤稱杰構[①]。盛伯羲以單欒致譏，斯文人相輕之積習，究無傷於康氏也。

①杰構：佳作。

康氏縱論篆分，均有可取。至傳衛、寶南、備魏、取隋諸篇，尤足補阮文達所未逮，其識解似駕安吳之上矣，惟卑唐一篇，頗誤後學。竊謂古今政事學術，至唐一變，書法亦然，雖未能反諸隆古，然規矩森嚴，仍不失雍容安雅之態。後學肄此，導以篆分，而溯其源，最足息躁競[①]而臻恬密。書品如是，人品亦然。若徇康氏之説，傾側以取勢，險詖[②]以弄姿，筆巧者尚存容與動蕩之機，質鈍者乃墜潦草槎丫[③]之習。張氏之洞於包派深致屏黜，不爲無見。惟康氏謂臨仿宜專，涉覽以博，斯則爲學書者度盡金針也。

①躁競：急於進取而爭競。

②險詖：陰險邪僻。

③槎丫：形容錯落不齊之貌。

康氏論張廉卿[①]書，集碑學大成，廉卿楷書，古勁磅礴，力滌時趨，又筆筆沉摯，可爲獨造，微惜者尚未免巧耳。即劉石庵[②]集《帖學大成》亦同斯失，惟壽陽祁文端[③]公於大書深刻分量，可謂無間然矣。蓋大書深刻，體極莊雅，一經造作，眞氣斯瀉。唐以顔魯公爲極軌，宋以韓魏公[④]爲極軌，均重厚端平，肅然見垂紳笏[⑤]風度。蕭山湯文端[⑥]公亦稱庶幾，微嫌火氣未盡，不及壽陽之寬博優遊也。

①張廉卿：即張裕釗（1823—1894），湖北武昌人，晚清散文家、書法家，字

廉卿。著有《濂亭文集》《濂亭遺文》《濂亭遺詩》。1916年,後人重刻文集,與遺文、遺詩合爲《濂亭集》。

②劉石庵:即劉墉(1719—1804),字崇如,號石庵,另有青原、香岩、東武、穆庵、溟華、日觀峰道人等字號。清代書畫家、政治家。傳世書法作品以行書爲多。

③祁文端:即祁寯藻(1793—1866),字穎叔、淳浦,號觀齋、息翁,謚文端。山西壽陽縣平舒村人。世稱"三代帝師(道光、咸丰、同治)""壽陽相國"。其書法由小篆入眞行,師承二王,出顔柳,參以山谷,深厚遒健,自成一格,爲清代中晚期書法家名。

④韓魏公:即韓琦(1008—1075),字稚圭,相州安陽(今屬河南)人,北宋政治家。被封爲魏國公,世稱韓魏公。

⑤垂紳笏:此處連用形容莊重端正。垂紳,大帶下垂;笏,插笏,古代君臣朝見時均執笏,用以記事備忘,不用時插於腰帶上。

⑥湯文瑞:即湯金釗(1772—1856),字敦甫,一字勛兹,浙江蕭山人,謚文端。書法顔眞卿,中年臨褚、趙,秀潤沉穩而有豐神。

吾鄉篆分鉅子,青主而後,允推楊秋湄[①]年丈。篤丈少應童試,以通許氏書,能作篆籀,爲鄉寧令安邱王氏筠所激賞,治經之餘,兼精金石學。吳縣潘文勤公尤爲深契。張氏之洞撫晉時,特重丈書,嘗稱爲奄有錢獻之之清矯,鄧完白之靈和,非溢美也。顧猶有揚趙寒山[②]、胡曰從之爐[③],肆爲詆謗者,則所謂以不狂爲狂耳。

①楊秋湄:即楊篤(1834—1894),字鞏同,一字雅利,別署琴如,號秋湄,別號北屈,或署虬麋道人、吕香眞逸、晚號東瀆老人。山西鄉寧縣人。晚清方志界名家。主撰了《山西通誌》(光緒)《蔚州誌》《代州誌》《繁峙縣誌》《壺關縣續誌》《長子縣誌》《潞城縣誌》《黎城縣誌》《屯留縣誌》《天鎮縣誌》《長治縣誌》等,襄

修《五臺縣誌》一部,創造了我國歷史上個人修志種數最多的紀録。楊篤也是晚清極負盛名的詩人、雜家兼書法家。

②趙寒山:即趙宧光(1559—1625),字凡夫,一字水臣,號廣平,太倉(今江蘇太倉)人。明代書法家、文學家。卜居蘇州寒山。著有《説文長箋》《六書長箋》《寒山帚談》《牒草》《寒山蔓草》等。篆書堪稱一精,志趣不凡。

③胡曰從:即胡正言(1580—1671),字曰從,號十竹,原籍徽州,寄居南京。明末書畫家、出版家。主持雕版印刷《十竹齋書畫譜》和《十竹齋箋譜》。

丈篆書能以上蔡筆精①,運史籀妙理,徐紆寬博,道氣藹然。分書得髓在《曹景完》碑陰,獨多參以《禮器》《婁壽》諸碑②,更得其變化宕逸諸態,緯諸巧思,自足成家,雖雄渾稍差,然如論詩之宗王、孟、韋、柳③,暢朗風神,要可貴也。近五六十年中,何蝯叟雄渾極矣,而失之頽唐,楊藐翁④風概修然而失之尪怯⑤。丈雖遜二家之工,亦不蹈二家之失也。

①上蔡:指秦相李斯,河南上蔡人。筆精,謂筆墨神妙。

②景完、禮器、婁壽:均爲漢代隸書碑刻名。

③王、孟、韋、柳:指唐代山水詩人王維、孟浩然、韋應物、柳宗元。

④楊藐翁:即楊峴(1819—1896),字庸齋、見山,號季仇,晚號藐翁,自署遲鴻殘叟,浙江歸安(今湖州)人。晚清書法家、經學家、詩人。

⑤尪怯:懦弱。

丈之絶詣,尤在仿漢金刻文字,鉤錧提頓,矩度不逾,運氣行機,仍不失冲和之度,向見趙氏之琛①所作,獨得妙契,若程氏荃②、袁氏桐③則稍諂媚④矣。近如毛氏承基⑤,頗見樸雅。趙氏之謙⑥、徐氏三庚⑦、楊氏沂孫⑧,一涉佻巧,便啓外道焉。

①趙氏之琛：即趙之琛(1781—1852)，浙江錢塘人。字次閑，號獻父、獻甫，又號寶月山人，齋號補羅迦室。《蝶隱園書畫雜綴》作趙之瑛。清代篆刻家、書畫家。

②程氏荃：即程荃，字蘅衫，安徽懷寧人。清代書畫家，鄧石如弟子。工山水，精篆刻，有《篆隱園集》。

③袁氏桐：即袁桐，字琴南，號琴甫(一作琴圃)，又署琴居士，錢塘(今杭州)人。清代書畫家，工小楷篆書，尤善隸書，能詩、畫。

④諧媚：迎合求媚。

⑤毛氏承基：即毛承基，原名鴻，字守和，號華孫，清錢塘(今浙江杭州)人。有金石癖，工篆、隸、鐘鼎、磚文，古雅有致。光緒十六年(1890)石印《康熙字典》，其中所添篆書爲其手筆。兼治印。

⑥趙氏之謙：即趙之謙(1829—1884)，初字益甫，號冷君；後改字撝叔，號鐵三、憨寮，又號悲庵、無悶、梅庵等，所居曰“二金蝶堂”“苦兼室”，清會稽(今浙江紹興)人。畫家、書法家、篆刻家。

⑦徐氏三庚：即徐三庚(1826—1890)，字辛谷，又字詵郭，號全罍、井罍，又號袖海，自號金罍道人、似魚室主、餘糧生、山民，別號翯然散人等，清末上虞人。篆刻家。

⑧楊氏沂孫(1812—1881)：即楊沂孫，字子輿，一作子與，號泳春，晚號濠叟，清江蘇常熟人。清代書法家，以篆書著稱於世。

行草則清一代率取趙、董，間及東坡，亦難語上乘。劉石庵研究閣帖，獨饒神悟，蹲筆之妙，直參米元章無垂不縮之微。次則何蝯叟之透闢靈矯，猶有取焉。鄧完白、包安吳，力追楊景度[①]風神，自然尚遜。善夫，魏鐵三[②]丈之論曰：“狂草近數百年來，祝枝山、傅青主而外，殆絶響矣，無已，其將求諸日本乎？”章草則孫參軍《書譜》[③]，肄習尚多，惟僅有安氏麓邨刻本，流傳習之者率入圓腴，清折之妙，尚未得見也。

①楊景度：即楊凝式(873—954)，字景度，號虛白，華陰人。他學歐陽詢、顔眞卿，後又學習王羲之、王獻之，在書法史上被視爲承唐啓宋的重要人物。"宋四家"(即蘇軾、黄庭堅、米芾、蔡襄)都深受其影響。

②魏鐵三：即魏域(1870—1938)，字鐵三(珊)，號匏公，浙江紹興人。近代書法家，技擊、音樂、戲曲，無不精通。能詩，妻陳肖蘭時與倡和，有魏鐵三陳肖蘭遺集合刋。

③孫參軍：即孫過庭，字虔禮，唐富陽(今屬浙江)人，官至章府參軍。撰《書譜》，爲習草書的必臨之本。

印章在清可稱絶詣[①]，其爲之者，多金石名家，小學具有根柢，匠派惡習滌蕩淨盡矣。浙派代興，皖派勢沮，雖鄧完白翹然秀出、獨饒新意，較之丁龍泓[②]、金冬心[③]、陳曼生[④]諸家之渾古質厚，瞠乎其後矣。近世泥封迭出，益增印史之需，甚且印章多仿爲之，用法既殊，不免爲好奇之過耳。

①絶詣：極高之造詣。

②丁龍泓：即丁敬(1695—1765)，字敬身，號鈍丁、硯林，別號龍泓山人，浙江杭州府人。清篆刻家，爲清代篆刻浙派開山祖。著有《龍泓山館詩鈔》《武林金石録》《硯林詩集》等。

③金冬心：即金農(1687—1764)，揚州八怪之一。字壽門、司農、吉金，號冬心，又號稽留山民、曲江外史、昔耶居士等。是揚州八怪的核心人物，兼善詩、書、畫、印以及琴曲、鑒賞、收藏等。

④陳曼生(1768—1822)：名鴻壽，字子恭，號曼生，一號種榆道人、曼公、曼龔、夾谷亭長、胥溪漁隱等，清浙江錢塘人。善書法、篆刻。

曩與閻貞甫茂才論印，故秋湄丈甥也，篆分金石小學，均有淵源，兼工刻印。嘗述秋湄丈之言曰："凡學止是平平作去，勿助勿忘，自有進境。若一求奇，便僥倖之機生，而即於偷矣。"丈之爲學準此，作書刻印亦準此。又謂屢見漢人遺印，不外單雙二切法。學者博鑒章法，兼通變分合之故，不泥乎古，又不背乎古，足矣。若斤斤於某刀某畫，而章法懵然，是匠人之能，非士流所尚也。不佞謂此，亦與書家之不求根柢，不究源流，斤斤於執筆運指，同一拘泥，蓋筆法刀法，不可不知，知之而更求其大者可耳。不然講六書，而爲轉注之糾纏；講九數、而翻畸零[①]之繁瑣，三年刻楮，一棘攢猴[②]，技縱精矣，究何所用乎？

①畸零：謂整數以外零餘之數。

②刻楮、攢猴：比喻技藝工巧、治學刻苦。

論畫諸家，率重士氣，爲學何獨不然。士氣之要，尤在養度，文中子稱諸葛孔明有儒者氣象是也。記王顧齋先生論學曰："凡人讀書作文，必有一副假聰明，假聰明最不可恃，必磨練久而眞聰明自出，其境愈苦亦愈樂。"又姚惜抱曰："諸君好讀人間未見書，某則願讀人間常見書耳。"不佞於顧齋、秋湄，向存私淑，惜抱則學爲文時，即所宗仰，頃受經於姚仲實師，稍知其家學所自，同人屬談舊學，自維弇陋[①]，曷企高深，略述知聞，參諸研習。雖老先生瑣語，難儕大雅之林，然雷同鄙倍之説，尚知棄除，似或未遠夫士氣之云乎。癸丑冬至前二十日榆次常贊春子襄識

①弇（yǎn）陋：見識淺陋。

柞閈吟庵國學再談

目　録

序

丁丑（中華民國二十六年，公元一九三七年）秋，避亂居村，諸子亦學校輟課相隨歸里[①]。於是督率[②]誦習，且以遣日，鳳錚[③]、鳳鎬[④]、鳳鉉[⑤]、鳳瑱[⑥]乞略述讀書之法，以資[⑦]循覽[⑧]。家中所藏，僅《十三經》古注、《資治通鑒》，餘第[⑨]往時考試所需帖括[⑩]諸冊而已，群書均在省垣[⑪]也。乃本曩所習知者，隨爲口説，隨爲筆録。今春避寇，居於家廟，諸子偕來，述録未間[⑫]，迄季春[⑬]卒業，區經、史、子、集、目録、金石六目。嗚呼！村中無可與語者，而參考又苦無書，不敢爲高語，取幼稚易知也，不敢爲穿鑿支離，本記憶所及也，爰稍加訂正，雖此戔戔[⑭]，猶冀諸子於國（舊）學無迷其途，無絶其源也。既繕爲清本[⑮]，往歲嘗爲《國（舊）學談》，兹因之名《國（舊）學再談》云。

戊寅（中華民國二十七年，西元一九三八年）夏初，常贊春識於榆次車輞村故居。

①里：故鄉，家鄉。此處指作者故鄉榆次車輞村。

②督率：監督率領。

③鳳錚（1924—1942）：作者第三子，一名奮爭。少時在太原讀書，接受進步思想，宣傳抗日，參加革命後，曾任榆次縣抗日政府秘書，後在與日寇遭遇戰中壯烈犧牲。

④鳳鎬：現名曹明，作者第四子，少年讀書時即不滿政府腐敗，閱讀進步書籍發動學潮。抗戰勝利後考入交通大學唐山分校，積極參加反飢餓、反內戰的學生運動，率本校同學入京參加示威活動。後加入學運領導。1948 年進入平

西根據地。解放後參加唐山新政權的組建工作,後調唐山鋼鐵公司,任副經理、總工程師等職。現離休。

⑤鳳鉉(1927—2016):作者第五子,新中國成立後考入北大東語系,後院系調整轉入中央民族學院,主修藏語、藏族史,畢業後留校任教,後調中國社會科學院民族研究所,是新中國培養的第一代藏學專家。曾數次深入藏區調研,主持編寫過《藏族簡史》等多种著作,爲《辭海》等大型工具書撰寫條目。屬國務院津貼專家。

⑥鳳瑱:作者第六子,未及青壯,不幸早逝。

⑦資:幫助,有助於。

⑧循覽:瀏覽。

⑨第:只、只不過。

⑩帖括:泛指科舉應試文章。明清時亦用指八股文。

⑪省垣:省會,省城。

⑫間:間斷。

⑬季春:春季的第三個月。

⑭戔戔:形容很少。

⑮清本:指校正謄寫或付印的文稿本。

讀書法

心不可或二或三，眼認識正確，口議論平實。

大凡讀書，先看義理，再加考據，再玩詞章。

讀書須知有精本（清代名家校本，清代名家刻本），古本（宋刻本，明刻本），官本（殿本，或各省官書局刻本），其餘坊刻陋本，不可據。

讀書通大例，《四庫全書提要》最好，其餘目録家言，亦可參考（清代讀書兩派，校勘家，目録家）。

壹、經學（十六則）

經是人生常行大道，其精神全在儒家，向來所以列爲學術之首。漢儒收拾殘缺，故多主訓詁考據；唐代加以整理，至宋儒文物[1]略備，乃研究理性。中國儒家經學，因以分漢學、宋學兩大派也。

①文物：此處指儒家禮樂制度。

評述：中國文化以儒家思想爲主流，而儒家思想的基本典籍就是經書。經書的範圍也隨時代不同而逐漸變化，五經、六經、七經、十經、十三經等名目逐步完善。一些儒者認爲這些書是記載天道人事常理的書，故謂之經書，研究經書的學問就稱之爲經學。其中漢代、宋代成就斐然，漢儒重訓詁，宋儒重義理，乃分漢學、宋學兩派。

一、《易經》乃中國最古有理性之書，伏羲始書八卦，重爲六十四卦。至周文王作每卦卦辭。周公本每卦六爻[①]，作爻辭三百八十四。孔子合而解釋，定上彖[②]、下彖、上象、下象、上系、下系、文言、説卦、序卦、雜卦，是爲《十翼》[③]。漢儒講《易》，多主陰陽變化爲説。曹魏王弼，深於老學[④]，乃專明哲理。唐定《易經》注疏，用王弼注，漢學不興。宋程頤、朱熹，乃專以儒家哲理講《易經》。清代有專講漢《易》者，以惠棟、張惠言、焦循爲最，而清聖祖所著《周易折中》，講宋學亦特精當。

①爻：組成八卦長短横道 ⚊ 爲陽爻，⚋ 爲陰爻。

②彖：易傳中總論各卦基本概念的話，亦稱"彖辭""彖傳"。

③十翼：即《易傳》，是對《易經》(《周易》)的注釋，共有十篇，因此又稱《十翼》。

④老學：老莊哲學，亦爲道家。

二、《書經》名《尚書》，所記唐、虞、夏、商、周聖賢論治嘉言，經孔子删定爲百篇，後儒所由傳書序也。秦政焚書，此經最甚，濟南伏生[①]，寫定藏之屋壁，及漢除挾書律，生乃以口説教授，漢文帝使晁錯[②]往受之，共得二十八篇，是爲今文《尚書》。漢武帝時，魯恭王于孔氏屋壁得竹簡，皆書古文，孔安國辨定《尚書》，與今文校，因寫定曰《隸古定》[③]，鄭康成作注，以傳于世。東晉枚賾上[④]古文《尚書》，孔安國傳，共五十八篇，南士多學之，北士仍用鄭注今文。唐作注疏用枚本，鄭注遂亡。南宋朱熹，始疑古文之僞。清初閻若璩爲此證明。清儒治書，多主今文，惟孫星衍兼採古文説，成《尚書今古文注疏》，爲名著。南宋蔡沈[⑤]，作《尚書集傳》，明清取士所用，故士人作爲讀本。

①伏生：名叫伏勝。"生"是尊稱，如"先生"之意。他是秦漢時期濟南郡治(今章丘)一帶的著名學者。公元前 213 年，秦始皇焚書坑儒時，伏生冒着生命

危險，暗將述録唐堯、虞舜、夏、商、周史典的《尚書》藏在墻壁之夾層內，由此逃避焚燒之難。汉惠帝四年（前 191 年），除“挾書律”，伏生掘開墻壁發現尚有 29 篇保存完好，這便是成爲中國古代史寶貴資料的《尚書》。

②晁錯（前 200—前 154）：潁川（今河南禹州）人，西漢政治家，漢文帝時任太常掌故等職，景帝時，爲內史，遷至御史大夫，著有政論《守邊勸農疏》《論貴粟疏》等。

③隸古定：指漢末人用隸書的筆法來書寫古文字的字形。

④上：進獻。

⑤蔡沈（1167—1230）：南宋建州建陽（今屬福建）人，字仲默，曾師事朱熹，理學修養甚深，創九峰學派，學者稱九峰先生。著有《洪皇極》《書集傳》《九峰公集》。

三、《詩經》乃周代樂歌，經孔子删定。秦政焚書，此經學者口誦。漢初，齊儒轅固，魯儒申培，燕儒韓嬰，皆傳詩，是爲齊、魯、韓三家詩。大毛公亨，小毛公萇，傳《詩經故訓傳》，最爲完備，鄭康成作詩箋，多主《毛詩》。南北朝士人俱習毛、鄭。唐因以作注疏，三家詩遂亡，韓詩僅有《外傳》。南宋朱熹作《詩經集傳》，多用己意，明清取士用之，作爲讀本。清儒乃多究《毛詩》。陳奐作《毛詩傳疏》，最爲精密。他儒申明三家詩者，根據既不完全，不過作爲章句參考而已。

四、《春秋》乃魯史舊名，經孔子筆削修定，左丘明作傳，事實俱詳。漢初乃有公羊高作傳，學者多習之，漢宣帝時，穀梁赤之傳始興，二家專明筆削[①]之旨，《穀梁傳》尤明禮制。漢平帝時，劉歆推重《左傳》，諸儒斥之，東漢乃大興，賈逵[②]、服虔[③]俱作注。後何休[④]作《公羊傳結詁》，晉杜預[⑤]作《左傳集解》，南方士人多學之。東晉範甯[⑥]作《穀梁傳注》，唐作《左傳注疏》，用杜預本，賈逵注遂亡。徐彥[⑦]作《公羊傳注疏》，楊士勛[⑧]作《穀梁傳注疏》，並傳於世。南宋胡安國作《春秋傳》，尊中國，斥夷狄，明取士用之，作爲讀本，清乃不用，參用三傳。清儒洪亮吉作《左傳詁》,陳立作《公羊傳義疏》,俱爲名著。廖平作《穀梁傳古義疏》,亦可觀也。

①筆削:敬稱,請人修改文章。此處指孔子删定《春秋》。

②賈逵(30—101):字景伯,扶風平陵(今陝西咸陽西北),東漢經學家、天文學家,精通天文學、古文經學。所撰有《春秋左氏傳解詁》《國語解詁》等,已佚;清馬國翰《玉函山房輯佚書》、黄奭《漢學堂叢書》均有輯本。

③服虔:字子慎,初名重,又名祇,後更名虔,東漢河南滎陽人。善文論,所著賦、碑、誄、書記、連珠、九憤凡十餘篇,其經學尤爲當世推重,著《春秋左氏傳解誼》。

④何休(129—182):字邵公,任城樊縣(今山東滋陽)人。東漢時期經學家。著有《春秋公羊傳解詁》等書,又注《孝經》《論語》等。

⑤杜預(222—284):字元凱,京兆杜陵(今陝西西安東南)人,西晉時期政治家、軍事家和學者,滅吴統一戰爭的統帥之一。博學多才,被譽爲“杜武庫”。著有《春秋左氏經傳集解》及《春秋釋例》等。

⑥範甯(339—401):字武子,南陽順陽(今河南淅川東)人。東晉經學家。推崇儒學,反對何晏、王弼等玄學,所撰《春秋穀梁傳集解》是今存最早的《穀梁傳》注解。

⑦徐彦:生平事迹不詳,南北朝時期北朝學者。

⑧楊士勛:生平事迹皆不詳,唐代學者。

《左傳》要旨:微而顯(文見於此,而起義在彼),志而晦(約言示制,推以知例),婉而成章(曲從義訓,以示大順),盡而不污(直書其事,具文見義),懲惡而勸善(求名而亡,欲蓋而彰)。

《公羊傳》要旨:據亂世(隱、桓、莊、閔、僖所傳聞),升平世(文、宣、成、襄所聞),太平世(昭、定、哀所見)。存三世:(一)據亂世(上無天子,下無方伯);(二)升平世(霸王繼起,國界交通);(三)太平世(夷狄進于中國)。尊三統:(一)

王正月尊周;(二)王二月尊商;(三)王三月尊夏。三科九旨:一科三旨,新周,王魯,故宋;二科六旨,所見異辭,所聞異辭,所傳聞異辭;三科九旨,內本國,外諸夏;內諸夏,外夷狄。

評述:《左傳》文學精彩,《公羊》禮制詳明。

五、禮乃儒家治世之具,大而體國經野[①],細而言動儀文[②],皆在焉。秦火之後,禮崩樂壞,漢初始定朝儀[③],述王制[④],經師所傳,《儀禮》而已。《周禮》爲殘缺之餘,亡《冬官》一篇,河間獻王[⑤]懸千金求之,不可得,乃附以《考工記》。劉歆始爲表章,東漢其學乃顯,鄭康成作《儀禮》《周禮》注,南北朝儒者皆重之。唐賈公彥[⑥]用鄭注作疏,南宋朱熹晚年作《儀禮經傳通解》,未成而卒。清高宗時,作《儀禮》《周禮》義疏,俱用鄭注,清儒胡培翚作《儀禮正義》,孫詒讓作《周禮正義》,俱爲世重。《禮記》乃薈合儒家説禮之書,漢宣帝初,大戴德,小戴聖叔侄[⑦],俱有集録,東漢鄭康成注《小戴禮記》,爲世所重,《大戴禮記》僅有北朝周盧辯之注。唐作注疏,用《小戴禮記》,《大戴禮記》遂爲士人所不問,成爲殘缺。明代取士,初用《小戴禮記》鄭注,後乃用陳皓集説,作爲讀本,其説多采宋儒論理。清高宗時,作《禮記義疏》,改用鄭注,儒者並治《大戴禮記》,以王聘珍《大戴禮記解詁》爲最精。

研究三禮名物制度,非圖不明。宋聶崇義注《三禮圖》,其中不免臆造,元韓氏、明劉氏,俱著《三禮圖》,以補闕正誤。清張惠言著《儀禮圖》,較爲正確,今湖北書局有刻本。若欽定《三禮義疏》,亦有禮圖,大體多沿聶氏以來之舊也。

①體國經野:體,劃分;國,都城;經,丈量;野,田野。把都城劃分爲若干區域,由官宦貴族分別居住或讓奴隸平民耕作。後泛指治理國家。

②言動儀文:言動,言行;儀文,禮儀形式。泛指言行舉止符合禮儀規範。

③朝儀:朝廷的禮儀。

④王制：王朝的制度，一般儒家特指周王朝的制度。

⑤河間獻王：漢景帝之子刘德（？—前130），武帝之弟，封河間王。卒謚獻。愛好古籍，藏書甚豐，有專著多篇，已失。《史記》有記，《漢書》有傳。

⑥賈公彦：其字不詳，唐銘州永年（今河北邯鄲市東北）人。唐朝儒家學者、經學家、《三禮》學專家。撰《周禮義疏》《儀禮義疏》。曾參與孔穎達編《五經正義》中的《禮記正義》。

⑦大戴德、小戴聖：大戴德，即戴德，生卒年不詳，字延君，西漢時梁（郡治今河南商丘）人。漢代禮學家，今文禮學"大戴學"的開創者。曾選集古代各種有關禮儀的論述編成《大戴禮記》八十五篇，今殘。小戴聖，即戴聖（戴德之侄），字次君。今文禮學"小戴學"的開創者。曾選集戰國至漢初的各種有關禮儀論著，編撰成書，被稱爲《小戴記》或《小戴禮記》，即今本《禮記》。

六、《孝經》[①]漢初已有傳授，章句明白。自魯恭王得《古文孝經》，孔安國爲之作傳，東漢鄭康成作注，南朝梁末，孔傳遂亡；唐玄宗作注，鄭注亦亡；宋邢昺[②]依唐注作疏，亦成名家。

①孝經：古代儒家的倫理學著作。有人説是孔子自作，但南宋時已有人懷疑是出於後人附會。現在流行的版本是唐玄宗李隆基注，宋代邢昺疏。

②邢昺（932—1010）：北宋經學家。字叔明，曹州濟陰（今山東曹縣西北）人。所撰《論語正義》，討論心性命理，爲後來理學家所採納。所撰《爾雅義疏》及《孝經正義》，均收入《十三經注疏》。

七、《論語》乃孔門弟子記録微言，漢初魯齊諸儒，皆傳授之。魯恭王得《古文論語》，時稱《古論語》。張禹[①]乃合齊、魯、古三本爲一，世稱《張侯論語》。東漢鄭康成校定作注，曹魏何晏成《論語集解》，南朝梁皇侃[②]據以作《義疏》，宋邢昺亦本何注作《論語正義》。朱熹集注出而皇疏亡，明清取士作爲讀本。皇侃《論語義疏》,清代乃得自日本,復行於世。清儒劉寶楠[③]作《論語正義》,發明古義,黄式三[④]作《論語後案》,則調和漢宋學也。

①張禹(? —前5):字子文,西漢河内軹(今河南濟源東)人。以《魯論語》爲基礎,參考《齊論語》,合而爲一,稱《張侯論語》。東漢靈帝時,刻熹平石經以爲藍本。今天通用的《論語》仍是《張侯論語》。

②皇侃(488—545):一作皇偘,吴郡(郡治在今江蘇蘇州市)人。南朝梁儒家學者,經學家。所著《論語義疏》至南宋時亡佚。清乾隆間從日本引回,收入《四庫全書》。

③劉寶楠(1791—1855):字楚楨,號念樓,寶應人。清代經學大師。著作有《論語正義》《釋谷》《殉揚録》《寶應圖經》等20餘種。其中《論語正義》不僅彌補了宋人邢昺解《論語》的疏漏不足之處,且多所闡發,成爲研究《論語》指南。

④黄式三(1789—1862):字薇香,號儆居,定海廳(今舟山)紫微鄉(今屬定海區)人。平生以著述爲樂,著有《論語後案》《詩叢説》《詩序通説》《春秋釋》《周季編略》《儆居集經説》《史説》《書啓蒙》及《黄氏塾課》等。

八、《孟子》向來與《荀子》俱屬儒家,漢文帝嘗立博士,東漢趙岐[①]作注,唐韓愈大爲表彰。宋儒尤重之。孫奭[②]作《孟子音義》,又作《孟子疏》,則僞本也。朱熹作《孟子集注》,與《論語》及《大學》《中庸》章句,世稱"四書"。明清取士,作爲讀本。清焦循依趙注,作《孟子正義》,漢學派也。

①趙岐(約108—201):初名嘉,字邠卿、臺卿。東漢經學家。京兆長陵(今陝西咸陽東北)人,撰有《孟子章句》,是目前僅存的兩漢章句學著作。

②孫奭(962—1033):字宗古,博州博平(今山東茌平博平鎮)人。北宋學者、教育家。輯成《經典徽言》,另撰《崇祀録》《樂記圖》《五經節解》《五服制度》等。

九、《爾雅》之書具古訓詁名物，世傳周公作《釋詁》，孔子、子夏俱有所益，漢初叔孫通[1]、梁文[2]俱補之，漢武帝時，其學大顯。東晉郭璞《爾雅注》成，尤爲世重。宋邢昺作疏，至清邵晉涵[3]作《爾雅正義》，訓詁詳明，郝懿行作《爾雅義疏》，名物尤備，均爲名著。

①叔孫通：又名叔孫何，薛縣（今山東滕州市官橋鎮）人。西漢初期儒家學者，曾協助漢高祖制訂漢朝的宫廷禮儀。

②梁文：西漢學者，沛郡（今江蘇沛縣）人，曾考訂《爾雅》。

③邵晉涵（1743—1796）：字與桐，號二雲，又號南江，浙江餘姚人。清代著名史學家、經學家。撰《爾雅正義》，爲研究訓詁學的重要著作。還有《舊五代史考異》《南江札記》《孟子述義》《南江詩文鈔》等著作傳世。

評述：以上十三經，爲經學主旨，人生大道。

十、作於東漢許慎《説文》，會和小篆、古籀文，究明字義。南唐徐鍇作《説文系傳》，宋初徐鉉重訂《説文解字》，爲世所重。清桂馥作《説文義證》，段玉裁作《説文注》，王筠作《説文句讀》及《説文釋例》，更爲精覈。清代治説文，雖云至精，然轉注[1]之説，尚無定論。江聲謂五百四十部，是全書轉注，各部中先名物，次形容假藉，爲本部轉注，語特明悉。而段氏《説文注》十五卷，明云某承某、某蒙某，王氏《説文句讀》末卷亦有《説文系統表》，皆旨同江氏，乃於轉注别爲異説何也，苗夔《説文建首字讀》，熟讀之，爲治《説文》初步。

①轉注：漢學六書之一。漢許慎《説文解字》叙："五曰轉注。"意爲在指事、象形、形聲、會意四種文字中意義相同、相近的字可互相解釋，稱爲轉注，也是治文字學的方法之一。

十一、自孔子寫定六經後，東漢靈帝時，蔡邕以隸書寫定七經刻石，曹魏又寫定，用小篆、古文、隸書三體，俱壞於北朝齊兵亂，今洛陽尚有殘石。唐文宗時，乃以楷書寫定十二經刻石。清初，補寫《孟子》亦刻石，俱在西安。五代時，後蜀亦刻石經，並寫經注，已亡於兵亂。宋仁宗時，刻楷篆二體石經，今河南省有殘石。清高宗時，蔣衡楷書十三經，刻之北平國子監，世稱石經[①]是也。

①石經：迄今有文字可考的刻儒家經籍的石經有七種：熹平石經、正始石經、唐開成石經、蜀石經、北宋石經、南宋石經、清石經。

十二、自後唐明宗，命刻九經於國子監，宋初版成印行，士人既省書寫之勞，更得流傳之便，於是史、子、集部俱有刻本。宋畢昇發明活字版，印刷尤便，彼時經注經疏猶別行，至明始合刻《十三經注疏》於南京、北平國子監，校勘未精。末季毛氏汲古閣延文士校刻書籍，亦有《十三經注疏》合刻本，惟《禮記》訛謬特甚，蓋在崇禎之末也。清高宗時，於武英殿合刻《十三經注疏》，每卷俱有文臣校語。然當時取媚君主，故爲訛字[①]。清仁宗初，阮元據多本作《十三經校勘記》，後乃刻《十三經注疏》，附《校勘記》於每卷本，以宋本爲主，而版式未是，且去取亦未甚精。清穆宗時，廣東重刻殿本，訛字亦未改正，上海據阮本石印，雖流傳頗廣，然亦未見精善爾。

①故爲訛字：清朝以少數民族入主中原，對原漢族典籍中所有的夷、狄、胡等詞彙，盡行迴避，當時文人在整理這些文獻時有意漏、改，以避文字獄之禍。

十三、唐太宗命孔穎達等，作五經疏，用以取士。宋王安石作《詩經書經周禮三經新義》，宋神宗命取士所用，南宋高宗乃罷。後士子習於苟簡[①]，多尚理論，雖魏了翁[②]刪定唐注疏，成《九經要義》，然士多不習也。明成祖定《四書五經大全》以取士，當時文臣多尚空論。清聖祖時，欽定《詩經》《書經》《春秋》，不離時舊。成德[③]薈輯唐宋以來，説經之作，爲《通志堂九經解》，習者尚少。清仁宗時，阮元薈輯清儒説經之作，成《皇清經解》，不取空談。清德宗時，王先謙作《續皇清經解》，亦名巨著。外如秦蕙田作《五禮通考》，凌廷堪作《禮經釋例》，黄以周作《禮書通故》，俱講禮要籍也（清穆宗末，廣東輯唐以前解經及小學諸書，名《古經解小學匯函》[④]，有石印本，後附十種，較原本尤佳）。

①簡：草率而簡略。

②魏了翁（1178—1237）：字華父，號鶴山，邛州浦江（今屬四川）人，謚文靖。南宋學者，著有《鶴山集》《九經要義》《古今考》《經外雜鈔》《師友雅言》等。

③成德：即納蘭性德（1655—1685），爲武英殿大學士明珠長子，原名成德，字容若，號楞伽山人，滿族，滿洲正黄旗。清初詞人。

④古經解小學匯函：清同治年間，鍾謙鈞任兩粤鹽運使兼署按察使時所輯叢書，收宋以前解釋儒家經典的書十四種。

十四、唐陸德明[①]著《經典釋文》，薈輯《易經》《尚書》《詩經》《左傳》《公羊傳》《穀梁傳》《周禮》《儀禮》《禮記》《論語》《孝經》《老子》《莊子》《爾雅》，既明其傳授源流，復蒐羅漢迄隋末各家音訓。清盧文弨[②]有考證本最精，湖南、湖北書局皆有刻本。王念孫、王引之父子成《讀書雜誌》《經傳釋詞》《經義述聞》，尤爲精當。而清仁宗初，阮元作《經籍籑詁》，備搜詁訓，謝啓昆作《小學考》，薈輯源流，俱爲可貴，因各家小學，深究《爾雅》《説文》，加以校勘考訂之故。

①陸德明（約550—630）：名元朗，以字行，蘇州吴（今屬江蘇）人。唐代經學家，訓詁學家。所撰《經典釋文》是解釋儒家經典文字音義的書。其中因唐代《孟子》尚不爲經書，未收入，而《老子》《莊子》因魏晉以後影響很大，也收入。故本書保存的資料彌足珍貴，後世治文字、音韻、訓詁之學者，均崇此書。

②盧文弨（1717—1795）：字召弓，號磯漁，又號抱經，浙江餘姚人。清古籍

校勘家。校正《呂氏春秋》《白虎通》等古籍三十八種,糾正錯誤多處。著有《群書拾補》。

評述:以上所涉小學、石經、章句訓詁,爲解經而來,後蔓延支離成獨立學科,然其出於經學不可不明。因源流不同,主旨不同,後又有漢、宋學之分。

十五、自秦燒經書,漢儒口説,聞各異辭,於是有章句訓詁[①]之學;家法既殊,各是其是,於是有校勘[②]之學;器數名物,不能空談,於是有考訂之學;借古證今,各宣其旨,於是有微言大義[③]之學。今古文二家俱不離乎此也。鄭康成博通古今,綜合各家,而求其是,故爲通儒。今文家病其破壞家法,豈知注以解經,若捨經從注,未免輕重失宜,此所謂漢學家也。

①章句訓詁:章句爲古文中章節文字,訓詁爲解釋這些字義之學,也稱"詁訓"。

②校勘:比較審定,指將古書中的不同版本和有關資料加以對比,審定原文的正誤、真僞,以求恢復原本面目。

③微言大義:《漢書·藝文志》云:"昔仲尼沒而微言絶。"指在隱微的語言中,包含深遠的意義。

十六、孟子討論性善後,荀卿論性惡,揚雄、韓愈俱有論説,而漢學末流,不免支離破碎。佛氏論心性,語多深妙。宋代儒者,其經學經唐之整理,支離破碎,不足以範圍也,乃得聞心性之説,於是加入儒家論性,突達前人,遂成爲宋代理學。其長處,保重人格;短處,疏漏自是。明代時文取士,士又溺於《四書大全》,更不復爲博洽,重爲世病,此所謂宋學家也。

清聖祖時,張伯行[①]薈輯宋、元、明諸儒文集語録,爲《正誼堂叢書》,與《通志堂經解》,俱爲宋學巨著。聖祖因明輯《性理大全》,體例蕪雜,乃命李光地重輯《性理精義》，欽定之，採取性理家言，多精覈，雖後取士行用，然讀者尚少。

①張伯行（1651—1725）：字孝先，晚號敬庵，河南儀封（今蘭考）人。著作宏富，有《正誼堂集》《道南源委》《道統録》傳世。

貳、史學（十四則）

史學，古者左史記言[①]，今傳有《尚書》；右史記事，今傳有《春秋》。自左丘明作《春秋傳》，於事實本末，俱有記載。漢司馬談、司馬遷父子作《史記》，合併左右史爲一，定記君主曰紀，仿《春秋》；記臣人曰傳，仿左氏；綜時代曰表，記制度曰志。此後遂沿爲史家大例，雖小有變通，無大違異也。讀史要旨，審歷朝之治亂，以識興亡之由。在讀者，尤須考其世系，明其方域，辨其是非，以爲知人論世之準。

①左史記言：周代史官左史記言，右史記事。後黄以周考左史即内史，右史即太史。

評述：記載歷史的書稱爲"史書"，研究歷史的學問叫做"史學"。史的本義爲掌書記事的官員，職位非常重要，史官的工作主要是記言和記事，故《漢書·藝文志》説："左史記言，右史記事。"歷史是人類過去活動的記録，舉凡朝代的興衰，政教的得失，風俗文物的是非，都可從歷史上獲得經驗和教訓。

一、《史記》上起黄帝，下迄漢武，年遠者根據經傳，年近者根據聞見。如記漢武帝時，人物制度，言外之痛特深，雖經褚少孫[①]等孱補，要不害其爲至文也。晉陳壽綜蜀、魏、吴三朝，成《三國誌》，唐李延壽綜宋、齊、梁、陳四朝，成《南史》，綜魏、齊、周、隋四朝，成《北史》，宋薛居正、歐陽修，俱綜梁、唐、晉、漢、周五朝,成《五代史》,文筆優劣,雖各不同,要皆爲通史之一體。

①褚少孫:穎川(治今河南禹州)人。西漢時期杰出的文學家,史學家。號先生。曾補司馬遷《史記》。

二、漢班固綜西漢一代成《漢書》,南宋範曄綜東漢一代成《後漢書》,梁沈約成《宋書》,蕭子顯成《齊書》,唐姚思廉成《梁書》《陳書》,北齊魏收成《魏書》,唐李百藥成《北齊書》,唐令狐德芬成《周書》,後晉劉煦成《舊唐書》,此皆斷代爲史。而班固首開其端,文筆亦冠絶,範曄尤爲體制精密,姚思廉亦能守班、範之矩,至於文筆不同,然俱自成一家也。

三、唐太宗命房玄齡等輯《晉書》,又命魏徵等輯《隋書》,宋仁宗命歐陽修等輯《新唐書》,元文宗命脱脱[①]等輯《宋史》《遼史》《金史》,明太祖命宋濂等輯《元史》,清高宗命張廷玉等輯《明史》,此亦斷代爲史。然俱出於君命,秉筆者不一其人,《遼史》本記載不備,《元史》尤成書倉促,故爲尤劣,惟《新唐書》歐陽修、宋祁俱工文學,《金史》採元好問遺著,《明史》採徐乾學等之《明史稿》,在諸官修史中,特爲精善。

①脱脱(1314—1355):元末丞相,亦作托克托,蒙古族,字大用,曾輯《宋史》《遼史》《金史》,後被元順帝派人毒死。

評述:以上爲二十四史,均爲紀傳體例,以人爲綱,創自司馬遷的《史記》。《史記》體例共分五類:本紀、表、書、世家、列傳。班固《漢書》缺世家,餘皆同,其後諸書或次序不相同,或名異而實同,都不出《史記》範圍。

四、《史記》宋裴駰作《集解》,唐張守節作《正義》。《漢書》唐顔師古作注,

《後漢書》唐章懷太子賢作注,《三國誌》宋裴松之作注,《新五代史》宋徐無黨作注。《漢書注》最爲典貴,《三國誌注》事實詳備,自古盛稱。清儒對諸史部,俱有著述,尤讀史者所宜依據。

五、宋儒讀史,好加討論,亦有討論體例者,訂正事實者,然無專著;元、明儒者,亦同此弊。清儒始有專究史學者,由考訂校勘,進而爲全書之討論,王鳴盛作《十七史商榷》,趙翼作《廿二史札記》,俱能對事實體例作明白精確之議論,讀史者尤便參考。外如考究方域,有李兆洛輯《歷代地理志韻編》《清地理志韻編》《皇興圖》《歷代地理沿革圖》,俱爲精確簡當。又有《紀元編》,綜合歷代年號,與齊召南之《歷代帝王年表》,讀史者據以考訂紀年,爲尤要也。唐劉知幾作《史通》,前人多稱之,清紀昀有削繁本,雖亦精核,尚不若王、趙二著之便學者。清章學誠著《文史通義》,其識解足繼《史通》,對於方志討論尤精,今其書通行。

評述:以上爲古史注家名作,讀史須多留意。正如贊春先生所言:"考其世系,明其方域,辨其是非,以爲知人論世之準。"

六、梁武帝嘗綜歷朝史事爲通史,其書不傳。宋司馬光續《左傳》編年之法,作《通鑒》,對於歷代正史、别史、雜史,既理其緒而分之,復比其類而合之,鑒戒分明,讀史者尤爲重視。又綜其綱要作《通鑒目録》,書中於兵事地理,均不輕視,固不僅通知史事也。《通鑒》有元初胡三省注,與裴松之注《三國誌》,俱能詳明,久爲世重。

七、《通鑒》上起戰國,下終五代,明王洙、薛應旂合作宋、元兩朝《通鑒》,以續之,文筆未稱。清高宗時,畢沅輯《續通鑒》,較明人作,多爲精密,助輯者多爲文士,故於宋代文人,多作恕辭。陳鶴作《明紀》,亦仿《通鑒》之例,上海因合正、續《通鑒》,共爲石印,學者多喜讀之。又清初嚴衍,作《通鑒刋誤》,多見精刻,上海合《通鑒》石印之，然字太小，不耐閲也。清文宗末，夏燮作《明通鑒》，發凡起例，一準《通鑒》，陳書遠不能及；上海亦有石印本，然失印年表，坊賈之見，不能責以通人；畢《續通鑒》考據精詳，乃無年表，未免美中不足爾。

八、朱子根據《通鑒》别爲《綱目》。綱仿《春秋》，見書法；目仿《左傳》，記事實。元、明朱學盛行，士人多喜讀之，蓋《通鑒》事系於年，《綱目》事提其要，故《綱目》之讀，多於《通鑒》。清聖祖有御批本，明憲宗時，命商輅等續《宋元綱目》，仍偏重朱學。清高宗時，命張廷玉等續《明綱目》，明以來選有綱鑒之輯，皆節取《綱目》，命名既陋，事實亦不完具。清高宗《御批通鑒輯覽》，編輯諸臣，俱爲不苟，而於政治始末，詳載其故，方域亦俱注時名。元、明之末，各尊其君，此乃於明末諸王，不加黜削，可謂精當。

九、明儒評鑒之書，每多疏陋，貽誤學者，惟王夫之注《讀通鑒論》，於政治事實，俱有考據，不爲空言，雖論人不免有偏，然借古事，以發傷時之論，其末卷自叙數篇，故明揭也。又作《宋論》，較爲和平，然借古哀時，前後一致，讀鑒者參閲，尤能開明智識。

評述：以上爲編年體史書，以年月爲綱，始於《春秋》《左傳》。後世史書又分歷代編年和斷代編年。

十、南宋袁樞以《通鑒》事系於年，讀者未易收貫串之效，乃用理緒比類分合之法，輯《通鑒紀事本末》，據事立名，名從其事，小事亦附見焉，讀者便之。明陳邦瞻作《宋史紀事本末》，一宗袁氏之例，張溥讀之，每卷作論，然未免臆説。清李友棠輯《遼史紀事本末》《金史紀事本末》，張鑒輯《西夏紀事本末》，俱考據明確。谷應泰輯《明史紀事本末》，時《明史》未成，故採録不免訛雜，每篇谷氏作論，皆爲駢文，議論明白。楊陸榮輯《三藩紀事本末》，述明福王、唐王、桂王之事，然多曲筆，未見精善。高士奇輯《左傳紀事本末》，篇各爲論，俱能明允，上海合九種，有鉛印、石印本，購讀頗便。

十一、清初，馬蕭輯上古三代史事，成《繹史》，採録諸書，明揭其目，亦每卷加議論，然上古事迹，傳聞不一，故採取不免駁雜。李鍇作《尚史》，仿《史記》例，以述古事，採録諸書，注於句下，較馬書則爲雅潔也。吳偉業輯《綏寇紀略》，專述明末之亂，篇自爲論，文筆駿邁，此二種亦紀事本末之類，因附見焉。

評述：以上爲紀事本末體例，以事迹爲主，詳一事始末。有唐以前，史書不出紀傳、編年二體，至宋袁樞方有紀事本末的創制，於是史書體例分而爲三。其不受人物拘束，免去紀傳的重複；不受時間限制，可補編年之破碎。

十二、《國語》向稱出於左丘明，但分國記載所有事實言論，於《左傳》有異同，殆《傳》依《春秋》，此或所聞異辭，傳聞異辭，據以録存者。世有吳韋昭注《戰國策》，大例亦如《國語》，每國下加策字，殆出於縱横家所記録，有漢高誘注，湖北書局刻本，根據宋版，俱有校勘記。

《華陽國志》乃常璩所著，專述四川故實，自上古，迄李成，文筆雅飭明允，四川廖氏刻本特精。

南宋朱熹撰《名臣言行録》，於宋名臣名儒政績學術，俱有記載，清初朱桓續之，補以宋、元、明名臣名儒，大體尚佳，上海有鉛印本，名《歷代名臣言行録》。清李元度著《先正事略》，薈輯各家傳狀碑誌，及前人筆記，撰爲事略。其中名臣循良，可考先正政績，名儒經學文苑，可考先正學術文章源流别派，曾國藩特爲稱賞，而李氏乃竊比朱子《名臣言行録》云。湖南有刻本，加圈點，均關重要，上海鉛印本，但分句讀而已，亦有石印本。朱孔彰著《中興名臣事略》，大體亦仿李氏著作，但所撰自曾國藩以下諸文武名臣，對於政績及武功，俱爲序述，學術文章，尚未致詳。乃上海有合《先正事略》鉛印，稱《續先正事略》，則坊賈射利，不足深責已。

十三、向稱《漢書·地理志》《水經注》，二書考據爲最精，《水經注》文筆清雅，文學家尤重之。有戴震校本，刻於福建，全祖望校本，刻於浙江，王先謙合校本，刻於湖南。江西楊氏《水經注匯校》之刻，兼賞文藝，其圖以楊守敬所繪爲精，湖北有刻本，遠在汪士鐸《水經注圖》之上。

評述：以上兩則，均爲三體之外，所涉國別、人物言行、方域地理，可爲讀史所拾遺補缺。

十四、元初馬端臨，薈輯三代迄宋甯宗時政治文化事實，著《文獻通考》，清高宗諸臣續修，迄於明末，名《續通考》。又輯清初迄乾隆中，名《皇朝文獻通考》，江蘇、浙江書局有合刻本。清末，湯壽潛節爲《三通考輯要》，上海鉛印，頗行於時，但其中於議論文字，不能割愛。德宗時，重修《大清會典》，薈輯清以來政治文化，以成爲書，上海有石印，若考歷朝政治文化，不可不知也。宋鄭樵著《通志》，其精要全在"二十略"，上海有鉛印本。清高宗雖續杜佑《通典》及《通志》，並纂《皇朝通典》《皇朝通志》合爲九通，然不及《通考》之要。

評述：政書爲史，始於唐杜佑《通典》，專記文物制度。紀傳體中原有書志一門，記載國朝典章，然多斷代爲書，不易會通古今，觀其沿革，况各史中名目各有出入，故政書乃出。有三通、續三通、清三通，號爲九通。

叁、子學（七則）

古者成一家之言，名之曰子，《漢書》區九家，曰儒、墨、名、法、道、縱横、陰陽、農、雜、小説。小説不能成一家言，故止九種。漢武帝罷黜百家，專任儒術，名家與法家合,陰陽與道家合,縱橫變爲文學,墨家勤苦,學者亦微,農家亦流不振,儒家而外,惟雜家爾。小説家雖見發達,然於學術政治,無關重要。

評述:"子"原指男子,後作爲男子美稱。古代士大夫的嫡子以下,皆稱夫子。從孔子起,開始有私人講學活動,孔子的門人尊稱孔子爲"夫子",簡稱"子",以後相沿成習。弟子撰述老師思想言行的書便以"子"爲稱呼,這便是子書命名的由來。春秋戰國時,這一類書漸多,後人概括爲"諸子",研究諸子的學問爲"諸子學",簡稱"子學"。

一、儒家《孟子》而外,惟有《荀子》,漢董仲舒著《春秋繁露》,雖述《春秋》,然能通天人之故。東漢王符作《潛夫論》,荀悦作《申鑒》,曹魏徐幹作《中論》,隋王通作《文中子》,俱明儒術。唐杜佑作《通典》,能會通禮制。至宋,儒學大昌,語録競作,以周、程、程、張、朱五子爲最。周敦頤①著《太極圖説》,通書深明性命之理,二程②灝、頤《語録》,尤見發明,張載③作《正蒙》,朱熹④薈合各家,著《近思録》及《小學》,門人又薈輯《語録》,遂爲儒家鉅子。元、明儒者,一脈相承,惟王守仁⑤推重宋陸九淵⑥,特尚敏悟,作《傳習録》,其學與朱學並峙,成爲陽明學派,但近佛而未化,故不及朱學之盛。

①周敦頤(1017—1073):字茂叔,號濂溪,道州營道縣(今湖南道縣)人。宋代(北宋)思想家、理學家、哲學家。與邵雍、張載、程顥、程頤並稱爲"北宋五子",是我國理學的開山鼻祖。著有《周元公集》《太極圖説》《通書》等。

②二程:指程朱理學的奠基者,宋代理學的創始人程顥、程頤,洛陽(今河南洛陽)人。程顥(1032—1085),字伯淳,又稱明道先生;程頤(1033—1107),字正叔,又稱伊川先生,世稱"二程"。著作有《二程集》。

③張載(1020—1077):北宋哲學家,理學創始人之一,理學支脈"關學"創始人。字子厚,大梁(今河南開封)人,徙家鳳翔郿縣(今陝西眉縣)横渠鎮,學者稱横渠先生。著有《崇文集》十卷(已佚)《正蒙》《横渠易説》《經學理窟》《張子語

録》等，明嘉靖間吕柟編有《張子鈔釋》，清乾隆間刋有《張子全書》，後世編爲《張載集》。

④朱熹（1130—1202）：南宋著名理學家、思想家、哲學家、詩人、教育家、文學家。字元晦，後改仲晦，號晦庵。别號紫陽，祖籍徽州婺源（今屬江西），僑寓建陽（今屬福建）崇安。朱熹的主要哲學著作有《四書章句集注》《四書或問》《太極圖説解》《通書解》《西銘解》《周易本義》《易學啓蒙》等。此外有《朱子語類》，是他與弟子們的問答録。

⑤王守仁：即王陽明（1472—1529），名守仁，字伯安，别號陽明，浙江餘姚人，因被貶貴州時曾於陽明洞（今貴陽市修文縣）學習，世稱陽明先生、王陽明。是我國明代著名的哲學家、思想家、政治家和軍事家，是二程、朱、陸後的另一位大儒，"心學"流派的創始人。

⑥陸九淵（1139—1192）：號象山，字子静。南宋著名哲學家、教育家。撫州金溪（今屬江西）人。與當時著名的理學家朱熹齊名，史稱"朱陸"。中國"心學"的創始人。明代王陽明發展其學説，成爲中國哲學史上著名的"陸王學派"，對近代中國理學産生深遠影響，被後人稱爲"陸子"。著有《象山全集》。

二、宋儒吕祖謙[①]以博學爲務，朱學中黄震[②]、王應麟，沾其餘風，不專究性理，黄著《日鈔》，王著《玉海》。明楊愼、王世貞，務爲博洽[③]，黄宗羲、顧炎武，尤能見其大，顧著《日知録》，貫通經史，述古證今，言外寄意，遂立清儒考證一派。清聖祖時，李光地、方苞，雖究朱學，亦爲博洽，高宗時，紀昀作《四庫提要》，不滿宋儒，於是阮元、錢大昕、王鳴盛，俱以考證經史，成漢學鉅子。錢著《養心録》尤爲精密，清初閻若璩著《潛邱札記》，雖亦考訂家言，然編録蕪雜[④]，不及錢氏也。

①吕祖謙（1137—1181）：字伯恭。曾祖吕好問（1064—1131），字舜徒，南宋初年"以恩封東萊郡侯"，始定居婺州金華（今屬浙江）。著有《東萊集》等。

②黄震（1213—1280）：字東發，人稱于越先生，南宋慶元慈溪（今浙江慈溪

東南)人。著有《春秋集解》《禮記集解》《黄氏日鈔》等。

③博洽:學識廣博。

④蕪雜:雜亂無章,亂而雜。

三、黄宗羲本史學大家,薈輯明儒事實、學説著《明儒學案》,但黄氏源出陽明,不滿朱學,又草《宋元學案》,未成而卒。清高宗時,全祖望補之,其書一宗黄例,頗能持平,即王安石,亦立學案。江藩著《漢學師承記》,力張漢學諸儒之焰,又作《宋學淵源記》,不免漏略。清宣宗時,唐鑒輯《清儒學案》,偏重朱學,即論文筆,亦不及黄、全二氏之書。

評述:以上略述漢儒之學、宋儒之學源流更替,其實性理、博洽均關治學要旨,應融會貫通,莫執一端。

四、周秦古子,《老子》《莊子》爲道家,《墨子》爲墨家,《管子》《韓非子》《商君書》爲法家。《管子》書中,尚見禮法相因之意,注者稱唐房玄齡,殆出宋人僞托。《荀子》雖出儒家而重法,清方苞有《管子》《荀子》删節本,不免主觀。《尸子》《吕氏春秋》俱雜家而取儒家意爲多,猶是學出王官之遺。尸子或云周人,或云晉人,《吕氏春秋》成於賓客。其時齊有孟嘗,趙有平原,楚有春申,魏有信陵,各養賓客,吕氏客中殆三晉人士爲多,傳子夏學説之遺者,尸子云爲晉人,亦傳其遺乎(大凡古子,不必全出本人之作,亦有學其學者,臨時加入爲多)。

五、《老子》之書,注者以王弼爲最;《莊子》有東晉郭象注,清郭慶藩薈合向來注家,成《莊子集釋》;王先謙又作《集解》,及《荀子集解》《韓非子集解》。《墨子》孫詒讓作《間詁》,其書大行,梁啓超、章士釗,俱有著作發表。《尸子》書爲清人輯本,考證亦精詳;《吕氏春秋》有漢高誘注,清畢沅校刻精善;《淮南子》亦高誘注,武進莊氏校刻,亦稱善本,近世俱有集解。《商君書》朱師轍[①]作《解詁》。此數書，讀者俱極便利。吳汝綸合《老子》《管子》《莊子》《墨子》《荀子》《韓非子》《淮南子》七種，俱有評點，學者稱善，然關於考證處尚少，多作文學討論者。

①朱師轍（1879—1969）：字少濱，號允隱。文字訓詁學家、歷史學家。民國初年，參編《清史稿》。後任北平輔仁大學及中國大學教授，另有《商君書解詁》《和清眞詞》《黄山樵唱》《清史述聞》等著作。

六、東漢初，王充有《論衡》之作，蓋見西漢儒家，或拘陰陽，或拘章句，王氏乃一切破除，發爲議論，可謂特識。今湖北書局有刻本，上海有評注本，近頗流行。若清之崔述有《東壁遺書》，勇於疑古，然其端實開於王氏也。至姚際恒[1]作《古今僞書考》，我見太深，近人已作訂正矣。

①姚際恒（1647—約 1715）：字立方，號首源，安徽休寧人，寄居浙江仁和（今杭州），清代學者。

七、顏之推作《家訓》，其書因事立名，多言小學。蓋慨彼時文字之陋，又述身經兵亂，所見所聞，南北軼事，以訓其子，書中不免涉佛氏語，亂世邀福，其情可憫。清趙曦明有注本，特爲精善；湖北書局本，但正文耳；朱軾刻本，世亦重之，但眉端評語，純乎我見，尚非知人論世之旨。

評述：子學大觀，浩無涯涘，思想龐雜，著作繁多，窮一生之力，恐難窺其全豹。贊春先生略舉七則，以明讀書門徑，版本流傳。學者通人，循其綱目，大略爲簡要之法。

肆、集學（廿四則）

集之名，雖起於魏文帝蒐集孔融作品，然《大小戴禮記》，薈集禮説，固開總集之先也。梁昭明太子蕭統，選録自漢迄梁文士作品，名曰《文選》，於是總集之名立。而别集雖亦人自爲集，近乎諸子，但皆主於文詩，不能如諸子之各名一家也。

評述：集學略同於今日之文學，贊春先生於以下分總集、别集、評論集分别論述。

一、《文選》重視賦詩，列甲乙目，其不録經史子，昭明固專尚文辭也，雖其他分目瑣碎，然以文家總集論，其識固特高已。唐高宗時，李善[①]作注，取材豐富，爲世所重。宋眞德秀選文章正宗，乃取理性諸文，自後遂以首選《左傳》《國語》《史記》《漢書》視爲通例，不知早爲昭明所棄已。《文選》有胡克家刻李注本，末附考異，世稱精本。清高宗時，于光華集明、清以來，各家評論《文選》説，又採取評點，删節注語，名《文選集評》，頗便學者。

①李善（630—689）：鄂州江夏（今湖北咸寧）人。注解《文選》，分爲六十卷，開創"文選學"。又撰《漢書辯惑》三十卷。

二、明張溥輯《漢魏六朝百三名家集》，採録蕪雜，清吳汝綸有評點節本，學者最便。近世丁福保輯《漢魏六朝名家集》，每篇各注所據，雖不及張書之博，然較精矣。

三、清聖祖選集自《左傳》迄歷朝有關政治學術諸文，名曰《古文淵鑒》。清高宗本儲欣[①]選唐韓愈、柳宗元、李翺、孫樵，宋歐陽修、蘇洵、蘇軾、蘇轍、王安石、曾鞏十家，名曰《唐宋文醇》，雖同以敎士，然不及《古文淵鑒》所見之深也。

①儲欣：字同人，江蘇宜興人。自幼好學，精通經史。著有《春秋指掌》《在陸草堂集》，選編《唐宋十家文全集録》。

四、清姚鼐選集漢及清初諸作品，分體討論，詳析源流，名曰《古文辭類纂》[1]，最爲精善，究文學者多重之。其以無韻爲文，有韻爲辭，但文中不選六朝[2]作品，雖雅潔有餘，然聲韻尚少也。曾國藩選集《經史百家雜鈔》，原本姚氏之旨，但加以經史子諸文，較姚氏選例略有分合耳。

①古文辭類纂：題目下加三圈者爲最佳，二圈者次之，一圈者又次之，無圈者最次。三圈者，而其文内無圈點，是章法、句法、字法無一不佳，其餘文内加圈點者，乃專取文中之佳處。

②六朝：即偏安江南的吴、東晉、宋、齊、梁、陳六個朝代。

五、明王志堅[1]選集《四六法海》，清蔣士銓有評點本最爲世重。李兆洛選集《駢體文鈔》，最爲大方，可補姚選所缺；張惠言選《七十家賦鈔》，亦爲世重。此二書，興縣康氏並姚選，均爲校刻，文家均爲重視，惜吾晉但刻姚選，而去其圈點，學者不能深悉其故。後二書則幸有南方重刻也，《駢體文鈔》近有譚獻[2]評點本尤佳。

①王志堅（1576—1633）：字弱生，一字聞修，號淑士，崑山人。肆志爲學，兼通内典，詩文法唐、宋。著有《四六法海》《古文瀆編》。

②譚獻（1832—1901）：初名廷獻，字仲修，號復堂，浙江仁和（今杭州市）人。近代詞人、學者。著有《復堂類集》《復堂詩續》《復堂文續》《復堂日記補録》《復堂詞》等。

六、清代古文，有桐城派，奉姚鼐爲大宗。姚氏文尚雅潔，不取六朝駢麗，公牘煩瑣，小説猥濫[1]，又用字不取太生，虚字力求妥善。此派文章自曾國藩、吴汝綸，始能去其拘束，加以發皇[2]。亦有陽湖派，原作者以駢文見重於世，自張惠言得姚氏之説，乃更爲古文，惟源出《昭明文選》，與桐城之源出唐宋有異。亦有揚州派、阮元、汪中等，以東漢、魏、晉、宋作者爲師，文雅飭明麗。近世惟桐城派傳授爲期特長也。

①猥濫：謂卑陋多餘，不起作用。

②發皇：發達興盛。

七、明茅坤[①]選集唐韓愈、柳宗元，宋歐陽修、蘇洵、蘇軾、蘇轍、王安石、曾鞏名《唐宋八大家文鈔》，清以來多有選本。儲在文[②]選本亦有名，雖略分體，然不及姚選之精覈。其餘古文選本，以方苞之《古文約選》爲精。蔡世遠[③]選《古文雅正》，雖有重名，然於文家源流派別，均不及姚選《古文眉詮》，輯《左傳》《國語》《史記》《漢書》《莊子》《楚辭》《文選》、徐陵、庾信、《唐文粹》、唐宋八家、朱子、《文獻通考序》，俱加有評點，眉目分明。雖古文家斥爲小樣[④]，然於初學討究章法、句法，乃最便也。

①茅坤（1512—1601）：字順甫，號鹿門，歸安（今浙江吳興）人。明代散文家。他評選的《唐宋八大家文鈔》在當時和後世有很大影響。

②儲在文：字執禮，清江蘇宜興人，儲欣從子，字禮執，康熙年間進士。

③蔡世遠（1681—1734）：字聞之，號梁村，清漳浦縣人。因世居漳浦梁山，學者稱之爲“梁山先生”。清代著名的學者和教育家，學識淵博，尤精於性理之學。著有《二希堂文集》《鰲峰學約》《朱子家禮輯要》等。

④小樣：小家子氣。

八、唐人始選本朝人詩，宋人亦多選本。金元好問選《中州集》，取金一代君臣作品，各系小傳，既存事實，並附論詩之語，示不空作。明錢謙益有《列朝詩選》，合明一代君臣作品，仿元氏例，去取未公。清朱彝尊選《明詩綜》，世多通行，清聖祖輯《全唐詩》《全金詩》，顧嗣立[1]有《元詩選》，吳之振[2]有《宋詩鈔》，管廷芬[3]續之，於學詩者可詳悉源流而已。

①顧嗣立（1669—1722）：字俠君，又字閭丘，清江蘇長洲（今江蘇省吳縣）人。輯有《元詩選》等，自著有《秀野集》《閭丘集》。

②吳之振（1640—1717）：字孟舉，號黄葉村農。浙江石門人。選有《宋詩鈔》；又選時人施閏章、宋琬等八家詩，並行於世。

③管廷芬（1797—1880）：字培蘭，號芷湘，浙江海寧路仲人，清學者、畫家。

九、清王士禛選《唐詩十種》及《古詩選》，爲世最重之，大體以清華超妙爲宗。《古詩選》中，七言稍粗，而對於黄庭堅作品，去取特精，可謂卓識。世以《古詩選》與姚鼐選五七律名《今體詩鈔》，王選之《唐人萬首絶句》，爲學詩正派。

十、清沈德潛[1]選《古詩源》及《唐詩别裁》《明詩别裁》《國朝詩别裁》，意主格調，坊間合姚培謙[2]所選《宋詩百一鈔》《元詩百一鈔》，名《五朝詩别裁》，世亦通行。管世銘有《唐詩選》，識鑒特精，議論亦核，惟刻本無評點，學詩者不及沈選之重視也。

①沈德潛（1673—1769）：字確士，號歸愚。清江蘇長洲人。著《説詩晬語》，編有《古詩源》《唐詩别裁集》《明詩别裁集》《國朝詩别裁集》（後名《清詩别裁集》）。

②姚培謙（1693—1766）：字平山，廊下人（今屬上海金山區）。一生勤於纂述，著《經史臆見》《松桂讀書堂集》《楚辭節注》《類腋》《春秋左傳杜注補輯》《朱子年譜》等，編有《唐宋八家詩鈔》《陶謝詩集》等，與人合編有《文心雕龍輯注》《通鑒攬要》等。

十一、清高宗選集唐李白、杜甫、白居易、韓愈，宋蘇軾、陸游六家詩，名《唐宋詩醇》，不爲分體，去取精當。曾國藩選魏曹植，晉阮籍、陶淵明，南朝宋謝靈運、鮑照，齊謝朓，唐李白、杜甫、白居易、韓愈、杜牧、王維、孟浩然、李商隱，宋蘇軾、黄庭堅、陸游，金元好問，爲《十八家詩鈔》，分體選集，去取有誠，亦重於世。外如王士禎選《感舊集》，王昶[①]選《湖海詩傳》，符葆森[②]選《正雅集》，孫雄[③]選《道光咸丰同治光緒四朝詩史》，俱仿《中州集》例，可考清詩流派之變遷。

①王昶(1725—1806)：字德甫，號述庵，又號蘭泉，上海青浦縣人。清代學者。通經史考據之學。彙編《金石萃編》，著作有《湖海詩傳》《春融堂集》等。

②符葆森：近代詩人。原名燦，改名葆森，字南樵，江都(今揚州)人。著有《寄鷗館詩稿》《寄鷗館辛壬詩録》《寄鷗館行卷》《寄鷗館賦抄》，編有《國朝正雅集》。

③孫雄：原名同康，字師鄭，常熟人。近現代詩人、學者。著有《眉韻樓詩》《詩史閣壬癸詩存》《引日京詩存》《眉韻樓詩話》《眉韻樓詩話續編》等，編有《道咸同光四朝詩史一斑録》《道咸同光四朝詩史》。

十二、唐詩無體不備，至宋，詞乃大興，因號詩餘，向來選本，如《草堂詩餘》《絶妙好辭》，俱爲世重。清高宗時有《白香詞譜》，既選各體詞，復標明平仄餘字旁，學者便之。清聖祖雖有《歷代詞選》，世未通行也。

十三、自《漢書》標《屈原賦》，屈子作品，遂爲賦家所祖。東漢王逸[①]，集屈子、宋玉及漢以來凡效屈作者，名《楚辭》，並作注。南宋朱熹作《楚辭集注》，凡《七十家賦鈔》所選，皆本此旨，所謂古賦一派是也。唐代取士用賦，乃限以官韻，句法束以四六，世稱律賦。李元度[②]選《賦學正鵠》，分類明確，所選皆近代作品，俱爲律賦，惟末卷標高古，乃略取古賦一體耳。此選本較爲通行，亦有《賦匯録要》，則選古律諸賦，未加分類，傳世未廣。

①王逸：字叔師，南郡宜城（今湖北襄陽宜城）人。東漢文學家，其《楚辭章句》，其《楚辭章句》，是《楚辭》最早的完整注本。

②李元度（1821—1887）：字次青，又字笏庭，自號天嶽山樵，晚年更號超然老人。湖南平江縣人。清朝大臣，學者。著有《國朝先正事略》《天嶽山館文鈔》《天嶽山館詩集》《四書廣義》。

十四、自漢武帝設樂府，依譜作詩，别爲一體，六朝以來，作者亦多。唐郭茂倩[①]，蒐集自漢迄隋樂府諸詩，名《樂府詩集》，而吾晉無刻本，僅有湖北書局刻本而已。

①郭茂倩：字德粲，鄆州須城（今山東東平）人。編有《樂府詩集》百卷傳世，以解題考據精博，爲學術界所重視。

評述：以上爲總集，所涉文、賦、詩、詞，均爲歷代名作，爲後世研習者指明門徑。

十五、别集惟《陶淵明集》，爲昭明太子所定。唐儲光羲、王維、韋應物、柳宗元、白居易等五古，學之各得其神，餘如謝靈運、謝朓、鮑照諸集，爲後來蒐集者。唐李白、杜甫、韓愈、常建等寄情高致之作，各有其勝。陳子昂、張九齡、李白五言古詩，多仿阮籍；杜甫尤能出奇變化，奄有諸家之長；白居易諷喻之作，尤獨有千古。中唐錢起、劉長卿、劉禹錫等，五言律詩，聲清氣和，亦自成家；七古如岑參、杜甫、韓愈，更大氣磅礴；七律如杜甫、李商隱各有特絶；五絶如李白之興會，王維之清妙；七絶如王昌齡、李白，世稱絶筆。至晚唐韓偓，借兒女哀家國，有言外之痛。凡此諸集，皆學唐詩者，所宜各隨性近而學之可也。

十六、宋詩别集，五古如梅聖俞、蘇舜欽、歐陽修、蘇軾、黄庭堅，各體俱佳。

王安石七絶，亦有獨到處。陸游亦成大家。朱熹五古，品詣清高，文明白曉暢。金元好問於蘇、黄、陸三家外，可佔一席。元虞集文詩俱成家。明高啓詩才清妙，李夢陽詩骨蒼堅，李攀龍見重七絶於世，歸有光文特清眞，可繼歐陽修者。

十七、唐宋文集，十大家外，唐有元結、陸贄，宋有司馬光、劉攽，其文章俱不愧作家。

十八、清代別集有考訂家、經濟家、文學家各有其勝。考訂家如朱彝尊、阮元、紀昀、王昶、錢大昕、洪亮吉、李兆洛、錢泰吉，俱文不空作；經濟家如顧炎武、李光地、胡林翼、曾國藩、左宗棠俱有關實用，具有準繩；文學家如詩有王士禎、翁方綱、祁雋藻，文有方苞、姚鼐、梅曾亮、吳汝綸、汪中，俱足名家。學者於宋至清諸家，各取所長，學之可也。

十九、以上諸別集有單刻本、影印精本、古本、鉛印本、石印本，坊間均可購得。

評述：以上均爲別集，所涉唐宋元明詩、詞、文，另有清代考訂、經濟、文學諸學者，不可不明。

二十、南梁劉勰著《文心雕龍》，首植根柢，次明體例，闡精神，標目分別討論，文家皆珍視之。今體例雖不能盡適，而精神之論，特爲深確。清紀昀有評點本，廣東刻版最精。近南方多有研究，於體例諸篇盡爲刪去，加注釋，亦尚可觀。唐、宋、元、明以來，論文者多見於書牘，雖有精語，未有如劉氏之著也。清唐文治[①]選集《國文》，分聲、色、氣味等，各加討論，姚永樸著《文學研究法》，仿劉氏例，專究桐城派古文，特爲精詳。林紓亦有唐韓、柳，及宋六家古文研究，雖有精到，不及姚氏之密。

①唐文治(1865—1954):字穎侯,號蔚芝,晚號茹經,江蘇太倉人。著有《茹經堂文集》《茹經堂奏書》《茹經先生自訂年譜》《曾子大義》《國文陰陽剛柔大義》《大學大義》《中庸大義》《論語大義》《孟子大義》等。

廿一、自桐城派以評點文詩,爲文家最要,於是評點亦成一種學術。吳汝綸有《點勘古文辭類纂》《十八家詩鈔》,及韓愈、柳宗元、歐陽修、蘇軾、黄庭堅、曾鞏、王安石、姚鼐、梅曾亮、曾國藩諸别集,河北門人等特爲鉛印,與評點之《五經》《史記》《國語》《戰國策》《七子》《漢魏六朝百三名家集》,俱行於世,士多重之。

廿二、清孫梅作《四六叢話》,分目討論,亦多詳確,上海有鉛印本,較木刻本爲便,惜今不易得已。近有《駢文學》《駢文研究法》,尚可閲看。

廿三、南梁鍾嶸作《詩品》,舉漢迄梁諸詩,分上、中、下三品討論,世與《文心雕龍》並重。唐司空圖作《詩品》,分二十四目,世亦重之。宋人詩話紛然競作,惟嚴羽之《滄浪詩話》,頗爲詳悉,其借禪喻詩,清王士禎極爲稱述。丁福保薈輯宋迄清諸詩話以續,何文焕輯《歷代詩話》,趙執信作《聲調譜》,凡各體詩聲調,俱有討論。翁方綱有《小石帆亭著録》,合王士禎、趙執信討論詩聲調者,加以整理,可謂精密。董文渙作《聲調四譜》,更加深確研究。今上海翁本有石印名《學詩法程》。董本吾晉版絶,幸丁氏有鉛印本耳。

廿四、歷代賦話,未見傳本,清王芑孫[①]作《讀賦卮言》,略仿《文心雕龍》例,可讀也。明楊慎作《詞話》,大略尚清。清萬樹著《詞律》,於詞學最爲詳備,今有石印本。明人有《樂府古題要解》,搜採頗詳。清高宗時有《詩觸》之刻,所集關於詩詞者,頗能舉要,惟拘於王士禎一派,不收趙氏《聲調譜》,未免缺憾。上海輯

《國朝名人著述叢編》,於詩文賦討論者,蒐集頗佳,今已絶版矣。

①王芑孫:字念豐(一作念灃),長洲(今江蘇蘇州)人。清代詩文家。

評述:以上爲評論集。所涉詩話、詞話、賦話,即今日之文學理論或文學批評。

伍、目録學(五則)

漢劉向、劉歆父子,始究經籍,於是開目録之學,而向與宋曾鞏世傳所校書,俱有小序,以表明本書旨例。清代諸儒,對於群書先分别部居,示學者毋迷途徑;再辨識版本,於故書正其舛訛,加以校勘考訂之識,而目録遂成一種學術矣。

一、清《四庫舉要》,既依唐以來經、史、子、集分目,而各書舉要,仿劉氏、曾氏之例,先述其人之事實,次述其書之優劣,所據之版本,又附存目,亦作提要,以明《四庫全書》未録之故。《四庫全書簡明目録》,乃約取提要十分之三,未收存目,今上海俱有石印本,《簡明目録》尤爲通行。此二書於目録學爲最要,學者務宜研究也。

二、清朱彝尊著《經義考》,蒐羅經部各書,下存序跋,或附己意考證;翁方綱著《經義考補正》,於朱書更爲完密。謝啓崑著《小學考》,依朱氏例,今浙江刻朱本,江蘇刻謝本,上海有石印謝本,但限於經學、小學兩種耳。耿文光[①]著《萬卷精華書目》,仿朱、謝書例,且分四部,惟按語不免疏漏,有《耿氏目録學》,即《萬卷精華書目》節存。《耿氏讀書譜》乃自述讀書,並附各書之參考,雖小有疏漏,然甚便於學者已。

①耿文光(1830—？)：字星垣，一字斗垣，自字酉山，號蘇溪漁隱，山西靈石蘇溪村人。主要著作有《金石書目(四卷)》《醫學書目》《仁靜堂書目》《目録學》《萬卷精華樓藏書記》《紫玉函書目》等。

三、張之洞著《書目答問》，門目既清，各書下列著者及版本，次要諸書低一格，列於本書之後，並附清代各學者姓名於末，尤爲學者所重。又著《輶軒語》，其中語學一段，於修學者亦復正確指示。

四、明人始薈刻叢書，至清更爲發達。清德宗初，北平有《薈刻書目》，上海有《行素堂目睹書録》，對於各叢書，既知輯刻者爲誰，又知所收爲何種。近西泠印社及北平、上海諸書坊書目，亦於叢書條列子目，俱便於購閱叢書者。

五、俞樾著《古書疑義舉例》，於經、子二書，辨明字例、句例，詳述其故。近湖南有作《古書疑義舉例補正》者，與俞本合刻，亦可觀也。

評述：我國古代很早就有人注意到目録學的作用，西漢時，劉向、劉歆父子就撰有《别録》《七略》等書，以後歷代均有專著，清乾嘉時期，古典目録學已達鼎盛。

陸、金石學(十一則)

宋歐陽修、趙明誠收考金石文字，歐陽氏著《集古録》，趙氏著《金石録》，南宋洪遵、洪適、洪邁兄弟專究隸書，著《隸釋》《隸續》，劉球著《隸韻》，婁機著《漢隸字源》，至清顧藹吉著《隸辨》，翁方綱著《兩漢金石記》。漢學家以金石文字可以證經説，事實可以補史缺，於是金石乃成一種學術已。

一、考證經説者，先有小學根柢，清翁方綱深究兩漢文字，阮元深究商周文字，著《積古齋鐘鼎文字款識》，莊述祖著《説文古籀疏證》，專以證《説文》之古文、籀文。吳大澄著《説文古籀補》，尤爲謹嚴。王筠之《説文釋例》《説文句讀》，俱引鐘鼎文以證古籀。蓋説文之作時，所見古籀文，今不盡傳，傳寫亦未必皆如當日之舊，莊、吳二氏之作，視爲旁證可也，餘考釋鐘鼎文字者尚多，兹不略述。

二、補史闕者：朱彝尊、錢大昕二家爲最，王昶著《金石萃編》，蒐羅自周迄元金石文字頗富，並附自宋迄清諸家解釋於本文之末，陸增祥著《金石繼編》，以繼王書，張德榮著《金石聚》，亦稱豐富。王氏之書，特重於世。

三、好古之士，又以考訂金石餘事研究書法者，翁方綱有《兩漢金石記》外，黄易有《小蓬萊閣金石文字》，鈎刻漢碑，俱依原碑；徐渭仁有《隨軒金石文字》，鈎刻尤精，楊守敬有《望堂金石》，鈎刻較黄、徐氏爲富，惜刻者未精。其專刻金文者，阮元有《復齋鐘鼎款識》，依原拓摹刻，極爲精緻；潘祖蔭著《攀古樓鐘鼎款識》，既圖其器，復摹其銘，亦稱精善；吳大澂之《恆軒集古録》，與端方之《陶齋吉金録》，器皆摹圖，銘皆原拓影印之，尤爲名貴；馮雲鵬、馮雲鵷兄弟著《金石索》，《金索》中鐘鼎、泉刀、印璽、鏡鑒，《石索》中磚、瓦，摹刻俱佳，但漢碑多爲臨寫，於全書未稱耳；張燕昌著《金石契》，鮑昌熙著《金石屑》，雖專收小品，然摹刻俱精；牛運震著《金石圖》，縮摹諸碑，向稱精核，然遠不及萬承紀之《百漢硯碑》，摹刻能得神也；楊守敬著《寰宇貞石圖》，彙輯石鼓至唐、宋諸碑縮影，可稱精品。近人著《石鼓釋文》，考據既確，摹字亦精，遠在張燕昌《石鼓文釋存》之上。

四、學篆書者，自以石鼓文爲最佳。今有玻璃版印本，文依原字，石印本，依原次，但縮小耳。秦泰山刻石、琅琊臺刻石，俱爲原石拓本，玻璃版印，嶧山刻石，徐鉉所摹，筆法謹嚴，今有石印本。吳天璽刻石，今有玻璃版縮小本，石印依原次，學篆臨此各本，可無俗陋。

五、分書以東漢流傳爲多，如《禮器碑》之飄灑，《石門頌》《孔宙碑》之開拓，《張遷碑》《衡方碑》之嚴整，《西峽頌》之溫厚，《乙英碑》《史晨前後碑》《華山碑》之整飭，《曹全碑》之秀麗，今俱有石印本，學者各隨性近臨之，俱可名家（歐陽修《集古録》簡稱八分書爲分書）。

六、唐太宗特重王羲之之書，作正楷者，奉爲宗主，唐人承北碑之後，古意尚存，歐陽詢、褚遂良源出於分，顏真卿源出於篆，柳公權能取歐陽、褚、顏三家之長，唐人多謹守規律，説者謂法勝於意云。

七、宋人厭唐律之嚴，乃爲尚意，遂至碑法不講，元、明因之，清阮元作《南北書派論》《北碑南帖論》，以考據論書法，於是碑派漸興。鄧石如所由致力北碑，上通分篆，下接唐賢，雖小學根底未深，然能開後學分篆正路，一洗元明以來截毫作篆之陋，亦豪杰之士也。

八、漢史游①作《急就章》，世傳有草書，然筆意近方；東漢張芝②傳有草書，筆意近圓，殆出於篆；唐孫過庭作《書譜》，雖本史游，而筆意多圓矣；張旭③、懷素④作草書，更能變化，世因稱草書分章草、狂草二種。

①史游：生平不詳。漢元帝時（前 48—前 33）黄門令。精字學，工書法。約在公元前 40 年作《急就章》一篇。後人稱其書體爲章草。

②張芝（?—約 192）：東漢書法家，字伯英，敦煌酒泉（今甘肅酒泉）人，擅長章草，後又將當時字字區别、筆畫分離的草法，改爲上下牽連、富於變化的今草新寫法，富有獨創性，今無墨迹傳世，僅北宋《淳化閣帖》中收有他的《八月帖》等刻帖。

③張旭：字伯高，一字季明，吴郡（江蘇蘇州）人。初仕爲常熟尉，後官至金

吾長史，人稱“張長史”，是一位極有個性的草書大家，有“張顛”之雅稱，以草書成就最高，史稱“草聖”。

④懷素（737—799）：僧人，俗姓錢，字藏真，唐代湖南零陵郡人。書史上稱他“零陵僧”或“釋長沙”，善“狂草”，時人謂之“醉僧”。他和張旭齊名，後世有“張顛素狂”或“顛張醉素”之稱。

九、筆書世謂起於東漢劉德升[①]，然今所見者，但有晉代書帖耳，王羲之於章草、狂草、行草，俱有傳世，所謂書聖，固不止正楷之工也。

①劉德升：字君嗣，潁川（今河南禹州市）人。漢末桓帝、靈帝時代，因創造行書字體而聞名。書法風流婉約。胡昭、鍾繇的書法，都師法劉德升。

十、唐高宗時，彙集王氏羲之以下一家書帖，名《萬歲通天帖》，南唐李後主選王羲之書刻石，名《升元帖》。宋太宗命王著[①]摹刻歷代書帖，拓賜大臣，名《淳化閣帖》[②]，摹刻特精，但鑒定未確，此後遂成宋人重意不重法之習。宋迄清初，類集法帖，成爲風氣，而字從此有帖派，與正楷之碑派，並行於世。清宣宗以來，始有研究北碑派書者，碑派書最要是横平、竪直，用筆多方。

①王著（？—990）：宋代書法家。字知微，成都人。奉勅編訂《淳化閣帖》，採擇未精，標題多有誤失。

②淳化閣帖：宋太宗淳化三年（992），帝出秘閣所藏歷代法書，令傳學學士王著編次，刻在棗木板上，拓賜大臣。自此彙編刻帖開始盛行。

十一、清德宗末，河南省安陽縣，發現殷商卜辭龜版，好奇之士，遂大究殷墟文，作僞者亦日出不窮。近人有《甲骨文理惑》[①]一書，概斥其僞，但初發現者，或未必盡僞耳。

①甲骨文理惑：漢川徐英(澄宇)著條列二十二事,力詆甲骨之僞;又從字形穿鑿附會,力辯甲骨考釋之不可信。

評述：金石學爲近代考古學傳入中國前，以古代銅器和石刻爲主要研究對象的學問。近似歐洲的銘刻學,被視爲中國考古學的前身。研究對象屬零星出土文物或傳世品,未經科學發掘;偏重於銘文的著録和考證,以證經補史爲研究目的。形成於北宋,至清代正式有"金石之學"的命名。

柞閈吟庵經學談

目　録

序

民國初政①，中小學校廢止讀經，薄海②從風，有如天憲③，泯泯棼棼④，今已十年，人紀⑤不修，國性將墜。夫立國必有其本，今古所同。稽⑥之前史，重道尊儒，始於漢代，沿及清季，尚仍其風。雖以金元前清，異族入主中夏⑦，對於經學，尚知保存，今乃冐托炎黄，自夷⑧其故。所執者則以經旨閎深⑨，不適學者，豈知深淺之見，存乎其人，但不必如前此科舉時代之黷⑩可耳。必爲是蕩滅無遺，斯亦不可以已乎。近則文科哲學，虚存講經，而特重諸子，邪辭巧説，益啓人疑，務利炫能，日競不已。兹幸吾省許爲經學大義之講授，不佞既膺斯席，爰取通論讀經之方，及分論各經之説，舉凡録要：分總論、群經、易、書、詩、春秋、左氏、公羊、穀梁傳、儀禮、周禮、禮記、爾雅、孝經、論語、孟子、小學，共十五則，既明其故，復附各書目，庶幾學子研求，皆有依據，略如陸元朗⑪《經典釋文·叙録》、江鄭堂《經師經義目録》之例。夫宣文⑫、元朗，身處亂離，尚能衛學，今吾晉秩序安寧，此風若垂，奚止宣文、元朗所造？是用⑬不辭庸妄⑭，藉佐潛修，庶爲他日吾學之光，非敢語於務近利徇時趨⑮之豪俊也。吾黨有志，盍興乎來。辛酉仲冬，榆次常贊春序。

①政：指開始執政。

②薄海：泛指海内外廣大地區。

③天憲：謂朝廷法令，猶王法。

④泯泯棼棼：亦作"泯泯芬芬"，紛亂貌。

⑤人紀：人之綱紀，指立身處世的道德規範。

⑥稽：考核。

⑦中夏：中國，華夏。

⑧夷：名詞意動用法，以……爲夷。

⑨閎深：廣博深遠，博大精深。

⑩黷：隨隨便便，濫用。

⑪陸元朗（約 550—630）：字德明，吴縣（今蘇州）人。隋唐經學家、訓詁學家。所撰《經典釋文》是解釋儒家經典文字音義之書，共收録漢魏六朝二百三十餘家的各種音切和諸家訓詁，後世治文字、音韻、訓詁之學者，均崇此書。

⑫宣文：指宣文君，前秦太常韋逞之母宋氏（283—？），女經學家，前秦太學教授《周官》的博士。

⑬是用：因此。用即由、因。

⑭庸妄：淺陋妄爲。

⑮時趨：猶時尚，時俗。

總　論

讀經所要，在通其文，因而究其理。通其文，則訓詁宜詳，句讀宜正。蓋漢儒多正詁，詁定而義以顯；宋儒多析理，理明而詁以精。若廢訓詁而空言心性，以飾其寡陋，固不足語；於經學即專己[①]守殘，支離附會，豈得謂之經學乎？然則經學之要，詳訓詁正句讀爲始，基於是而究其文，玩其義，合我身心，以修己，以型[②]家，以訓子姓，得志則教於鄉，教於邑，教於省，教於國，皆所以發揮而光大之也。

①專己：固執己見。

②型：規範。

評述：漢儒重訓詁，拘泥於字句之間，宋儒重義理，熱衷於空言心性，均不合經學要旨。倘二者相輔，以訓詁句讀爲基礎，然後研習義理，修己正人，經學乃得光大。

自漢以來，儒學七變：其初，專門授受，各有師承，其學篤實謹嚴，其弊也拘[①]；魏代始啓玄風[②]，間持異議，此疑彼信，辯難[③]棼[④]興，唐宋以來，其流未沫[⑤]，其弊也雜[⑥]；程朱繼起，道學大昌，擺脱漢唐，獨研義理，其學務别是非，其弊也悍[⑦]；學派旁分，攀緣日衆，驅除異己，務定一尊，宋末及明，其弊也黨[⑧]；主持[⑨]太過，勢有所偏，才辯聰明，激而衡決[⑩]，自明中葉，其學各抒所得，其弊也肆[⑪]；空談臆斷，考據必疏，博雅諸儒，務從徵實，其風盛於清初，其弊也瑣[⑫]；精密既極，程功[⑬]遂難，蟻穴爭疏，大堤遂潰。清中葉後，以迄於今，捨己徇人，務新棄舊，其弊也蕩[14]。由前六説，不過漢學、宋學，互爲勝負；由後一説，則將喪吾固有，奴服他人，恐不僅經學之亡，即人格國性，亦有澌而俱澌[15]之勢已。夫漢學具有根柢，宋學具有精微，必各取所長，消融門戶偏見，則私心消而公理出，公理出而經義明矣，蓋經義非他，即天下之公理也。人之格，國之性，皆發揚於此公理，即有其他誘惑及破壞，又烏可得哉！

①拘：不變通。

②玄風：指魏晉玄談的風尚。

③辯難：辯駁或問難。

④棼：紛亂。

⑤未沫：不曾休止，引申爲未消失。

⑥雜：多種多樣，不單純。

⑦悍：強勁，急暴，武斷。

⑧黨：指意見相合的人或由私人利害關係結成的團體。此處特指拘於門戶之見，有所偏頗。

⑨主持：堅持。

⑩衡決：引申爲混雜，紛亂。

⑪肆：放縱，任意行事。

⑫瑣：細小，零碎，瑣碎。

⑬程功：衡量功績，計算完成的工作量。

⑭蕩：清除，弄光。此處指放棄舊學。

⑮澌：盡。

評述：拘、雜、悍、黨、肆、瑣、蕩，儒學七變而有七弊。

我國夏、商、周代，衹有六經，一曰易、二曰書、三曰詩、四曰禮（即儀禮）、五曰樂、六曰春秋，若《左氏》《公羊》《穀梁》三傳，則説明《春秋》，《周禮》（原名《周官》），《禮記》（原名《小戴禮》），皆與禮經相輔，《論語》《孝經》皆孔門餘緒[①]，《孟子》則儒家自著書，《爾雅》又小學之一也，大戴亦著《禮記》，其精華多爲小戴所取，漢唐以來專取小戴入經，大戴之書，遂若存若亡，而樂經則秦始皇焚書之厄，已無可收拾矣。

①餘緒：留傳給後世的部分。

經名之義，取之於常。漢班固等《白虎通德論》[①]，以五常[②]配五經，雖爲尊重，究屬引伸。按《説文解字》："經，織也。"經之取義，本由治絲，縱絲爲經，横絲爲緯。六經出自上古，其文奇耦[③]相生，聲韻相協，取便記誦，古人以其多文[④]也，乃假[⑤]治絲之義，而標六經之名後世尊重舊典，或訓常，或訓法，要皆後起之義也。

①白虎通德論：亦名《白虎通》《白虎通義》，是漢代講論五經同異，統一今文經義的一部著作。由班固等人根據東漢章帝建初四年（公元 79）經學辯論的結果撰集而成。因辯論地點在白虎觀而得名。

②五常：此處代指儒家倫理道德教育，即父義、母慈、兄友、弟恭、子孝。

③奇耦：詩文中以駢儷爲耦，錯綜爲奇，也作"奇偶"。

④文：文華辭采，與"質""情"相對。

⑤假：借。

三代以來，天子諸侯，以教貴胄，始有詩書禮樂之程[①]。《易》則掌于太卜[②]，《春秋》職在史官，民人則《周禮》所謂"以鄉三物[③]教萬民"，於農隙或務間[④]，鄉先生之致政[⑤]者，爲之教導，使無越常軌，及大比[⑥]，則舉其賢者能者而已。東周以來，其制似敝，世卿專横，官不舉職[⑦]，民學不興。孔子以宋之舊族，居於曲阜，少即好學，博聞勤問，均悉其故，思以用世，及所如不合，退而著書，於是刪訂纂修，六籍始定，傳諸其徒。蓋自是始開民學之端，立師儒之準，而君主世卿，不能搖奪。分《易》爲哲學之宗，《書》爲文牘之書，《詩》爲歌咏之書，《春秋》爲記事之書，《禮》爲修身之書，《樂》爲唱歌舞蹈之書，又匯古今異詞異訓，悉爲雅音，而有《爾雅》之輯，以教蒙士[8]，爲文典，其規制雖閎，而準今酌古，不爲夷狄奇邪所炫，所以孔子自稱"述而不作"，綜論其故，非後世執滯[9]鮮通者，所能假藉者也。

①程：規矩，法式。

②太卜：古代官名。西周置，地位次於三公，爲六卿之一，主要負責通過玉、石、田地破裂的兆象、三易八卦之法及夢境等，來占卜國家吉兇。

③三物：猶三事。指六德、六行、六藝。《周禮·地官·大司徒》："以鄉三物教萬民，而賓興之。一曰六德：知、仁、聖、義、忠、和；二曰六行：孝、友、睦、婣、任、恤；三曰六藝：禮、樂、射、御、書、數。"鄭玄注："物猶事也。"

④務間：做事務的間隙。

⑤致政：猶致仕，指官吏將執政的權柄歸還給君主。

⑥大比：周代每三年對鄉吏進行考核，選擇賢能，稱大比。隋唐以後泛指科舉考試。明清特指鄉試。

⑦舉職：盡職，稱職。

⑧蒙士：淺學無知之士。

⑨執滯：猶執著，固執，拘泥。

孔子既沒，諸弟子各本所學，各專其經，仕則爲政見，處[1]則爲清議，雖諸侯放恣[2]，惡害己，去典籍，然諸儒學皆有本，先代統一之意，猶有僅存。至秦始皇肆行專制，務爲愚民計，於是李斯奏請焚書坑儒，復嚴其刑罰，惟《易》爲卜筮，《詩》爲歌咏，得存，餘皆蕩滅。漢雖除挾書律[3]，設博士官，經得稍稍復出，然亦斷爛[4]之餘，非復爾時之備也。漢武帝罷黜百家，獨尊孔子，用六經，論者遂譏爲祿利[5]之路。其趨時好尚[6]者，誠爲可譏，而修學好古，實事求是，又未嘗不見美[7]史策也。蓋六經，《樂》最先亡，餘皆三代古籍，典章風俗，可以考知，而《論語》各書，並可窺儒者之用。果能人效所長，研習其籍，即尊孔子，用六經，百家何慮其罷黜哉！無如[8]人乏特立，隨時好尚爲轉移，是百家者，因罷黜而自爲淪亡，豈必咎皆在上[9]哉！

①處：隱退。

②放恣：放縱任性。

③挾書律：是秦始皇在焚書時實行的一項法令，除了允許官府有關部門可以藏書外，民間和個人一律不得藏書。西漢王朝初期，制度基本上是繼承秦朝，挾書律也不例外，直到惠帝才廢除了這一法令，這使得長期受到壓抑的各種思想和文化藝術得以正常發展。

④斷爛：殘缺不全。

⑤祿利：爵祿之利，利祿。指經學爲謀取利祿。

⑥趨時好尚：追逐時尚。

⑦見美：被讚美。

⑧無如：無奈，奈何。

⑨上：指君主。

東漢以來，儒學日盛，保守既切，繼以發揮。鄭玄博通群經，皆有注解，許慎復去僞妄，叙篆文，合古籀[1]，而成《説文解字》，爲《爾雅》以後，究字形字義之大著。君主復尚節義，所以東漢一代，經學行誼[2]，並隆於世焉。

①古籀：古文與籀文的並稱。

②行誼：品行，道義。

三國則魏爲篡竊，諸儒務迎合上旨，惡節義之嚴人格，而趨於放誕，崇尚老莊，經學始壞。蜀吳偏據一隅，未遑經術。至晉而學術益壞，清議尚存。南北朝則佛學盛行，人民流蕩，雖有特立獨行之士，信從少人，幸而能傳於其家人，故韋逞母宋氏①，傳《周禮》於苻秦，封宣文君，女子傳經，與曹昭②續史並隆千古矣。

①韋逞母宋氏：前秦太常韋逞，其母宋氏承家學，通《周禮禮注》。前秦主苻堅聞奏，乃命宋氏在家設講堂，隔絳紗幔而授徒，號宋氏爲文宣君，《周官》學乃得復，行於世，時稱"韋氏宋母"。

②曹昭：即班昭（約49—120），一名姬，字惠班，扶風安陵人（今陝西咸陽），東漢文學家。兄長班固編纂《漢書》未竟而卒，班昭承其遺志，獨立完成了第七表《百官公卿表》與第六志《天文志》，《漢書》遂成。另著有《女誡》。

唐初國內統一，武功既盛，文治繼興，太宗朝陸德明、孔穎達，並世大儒，陸氏著《經典釋文》，孔氏奉敕爲《五經義疏》，頒行學官，於是經學遂爲尚傳注疏本經之濫觴，與前此家法師承，以經爲主者，異矣。

宋世漸厭唐代義疏①之煩，而義理之説遂盛。南宋以後，言義理者，又歧其途。朱子雖一則曰漢儒之學，有補世教，再則舉五經疏，以示學者，而空衍②者，猶揚其波。元代薄③儒，經術亦微。至明代五經，束以宋注，講章④風興，而經學愈不堪問矣。

①義疏：古書的注釋體制之一。起源於南北朝，內容爲疏通原書和舊注的文意。闡述原書的思想，或廣羅材料，對舊注進行考核，補充辨證，屬於古籍注釋體例之一。其他的還有傳、注、箋、正義、詮、義訓。

②空衍：空洞浮泛。

③薄：輕視。

④講章：爲學習科舉文或經筵進講而編寫的五經、四書的講義。

清代之初，承明窳陋[1]之敝，諸儒尚考訂，究心[2]典章制度，有漢人實事求是之風。至乾嘉以來，漢學大熾，理學漸微，經説雖多，而流於破碎穿鑿。於是有倡西漢學派，守今文黜古文，且旁涉緯數[3]及諸子，經學之藩籬[4]大決，於是外界之説日騰，儒者怵於強勢，自詡識時，乃不惜自隳人格，自滅國性，以稱經學爲不適時用；並向時治經者，亦且避違時之譏，而陵夷[5]至於今日矣。

①窳陋：粗劣簡陋。

②究心：專心研究。

③緯數：也稱緯書。緯，是漢代附會儒家經義的一類書，主要宣揚神學迷信，但也記述了一些天文、曆法等方面的知識。

④藩籬：籬笆。比喻門戶或屏障。

⑤陵夷：由盛到衰。衰頹，衰落。

合上所云，證以史事，大率世之治也，雖不必昌言經學，而事爲且多與經合焉，及經之傳注，既定一尊，其學盛，正其學之衰也，迨經學破壞決裂，而國勢隨亂。此非止一代爲然也，今略述其故，並附存其書：

《五經異義疏證》三卷，漢許慎著，清陳壽祺疏證，家刻本，學海堂本。

《高密遺書》十四種，漢鄭玄注，清黄奭輯刻本。

《經傳釋詞》十卷。

《經義述聞》三十二卷，清王引之注，學海堂本，書局本。

《九經古義》十六卷，清惠棟著，學海堂本。

《十三經正文》，商務印書館本。

《十一經音訓》，河南省刻本，無《論語》《孟子》。

評述：以上略述經學發展脈絡，貫穿訓詁、義理兩派，緊扣儒學七變，爲經學簡史。有關經學盛衰與世之治亂之議論，言簡意賅，發人深省。以下分述經學典籍各自發展軌迹及歷代成就。

易 類

前聖所以覺世牖民[①]者，率[②]因事而寓教，如《易》借卜筮寓教以推天道，以明人事。伏羲始畫八卦，重之爲六十四卦，文王作卦辭，周公作爻辭，皆因斷吉兇而示訓戒，今所見《左傳》所記佔筮，皆爲周太史之遺。自孔子作上彖、下彖、上象、下象、上系、下系、文言、説卦、序卦、雜卦爲十翼而傳易商瞿[③]。後漢儒言主象數，其流尚衍，漸而談機祥，窮造化，去人遂遠矣。然漢代之《易》學，立學官者，有孟喜、施仇二家[④]，又梁丘賀[⑤]一家，京房[⑥]一家，此皆西漢之學，所謂"今文《易》"也。民間所傳，有《費氏易》，出費直[⑦]，字皆古文，東漢荀爽[⑧]、鄭玄，二家作注，爲世所稱，所謂"古文《易》"也。《高氏易》出高相[⑨]，與費直同時；漢末虞翻[⑩]，亦有《易注》，所謂《虞氏易》。今所傳《易》，其章句則費氏，而鄭玄、虞翻學説，則談漢《易》者尊之焉。

①牖民：誘導人民。

②率：大概，大略。

③商瞿：字子木，比孔子小二十九歲，魯國人。喜好《易經》，孔子就傳授《易經》給他。後來他又傳給楚人子弘。

④孟喜、施仇二家：孟喜，字長卿。東海蘭陵（今山東蒼山縣西南）人。西漢今文《易》學"孟氏學"的開創者，爲漢代第一位易學家田何的再傳弟子。施仇，沛（今江蘇省沛縣一帶）人，西漢今文《易》學"施氏學"的開創者。

⑤梁丘賀：字長翁，琅琊郡諸（今山東省諸城）人。西漢大臣，今文《易》學"梁丘學"的開創者。從京房受《易》。又與施仇、孟喜同學《易》於田何的再傳弟

子田王孫。

⑥京房（前77—前37）：西漢學者，本姓李，字君明，東郡頓丘（今河南清豐西南）人。開創了今文易學“京氏學”。

⑦費直：字長翁，東萊（郡治今萊州市）人，西漢古文易學“費氏學”的開創者，經學家陳元、鄭衆、馬融、鄭玄都學習和傳授費氏學。

⑧荀爽：字慈明，東漢潁陰（今河南許昌市）人。著《禮》《易傳》《詩傳》《尚書正經》《春秋條例》，又集漢事成敗可爲鑒戒者，謂之《漢語》。又作《公羊問》及《辯讖》，並他人論叙，題爲《新書》，凡百餘篇，今多所亡闕。

⑨高相：西漢沛（今江蘇沛縣）人。治《易》學，與費直同時，其學亦亡章句，專以陰陽災異説《易》。自言所學出於田何的門人丁寬。

⑩虞翻（164—232）：字仲翔，漢末三國時會稽餘姚（今屬浙江）人。於《周易》造詣最深，代表著作爲《易注》。還撰有《周易日月變例》《京氏易律歷注》《周易集林律歷》等《易》學著作。現存虞氏《易注》主要見於李鼎祚《周易集解》。

曹魏篡漢，政教率趨於苟簡[①]，於是王弼作《易注》，捨象數言義理，學者便焉。其書未完者，韓康伯[②]補之，雜用老莊之旨。自六朝以來，至於唐初，率以老、《易》並稱。蓋北朝尚宗鄭玄，易注與王注並行，南朝則專以王爲主，所由孔穎達作《易正義》，亦用王遺鄭，諸家之説，更歸澌滅[③]，幸有李鼎祚[④]撰《周易集解》，崇鄭黜王，猶存其他故説於萬一焉。

①苟簡：草率而簡略。

②韓康伯：名伯，字康伯，潁川長社（今河南長葛西）人，東晉玄學思想家。他關於《周易》解釋的文獻主要有《系辭》《説卦》《序卦》《雜卦》等注，被收入《十三經注疏》。他進一步排斥了漢代《易》學以象數解《易》的傳統，將《易》理更加玄學化，使《周易》與《老子》《莊子》並列成爲“三玄”。

③澌滅：消亡，消失。

④李鼎祚：資州磐石（今屬四川資中縣）人。唐代經學家。著有《周易集解》，集虞翻、荀爽，包括李氏本人的注解，共42家，而以虞、荀爲主，能博採衆長，不執己意。

宋人講《易》，説先天、後天、八卦諸圖，原出於陳摶[①]、邵雍[②]父子。以數推一理，見重儒者，實則傳摶之學也。惟胡瑗[③]治《易》，主明義理，程頤作《易傳》，其説大昌，至朱子主張費直古本，作《本義》，理數兼崇。後此則或宗程，或宗朱，明代定《周易》大全，獨宗朱子，間採程傳，而《漢易》及注疏，幾於廢滅矣。

①陳摶（871—989）：字圖南，自號"扶搖子"，賜號"希夷先生"。五代宋初道教學者。他繼承漢代以來的象數學傳統，把黄老清靜無爲思想、道教修煉方術和儒家修養、佛教禪觀匯歸一流，對宋代理學有較大影響。後人稱其爲"陳摶老祖""睡仙"等。

②邵雍（1011—1077）：字堯夫，謚康節，河南林县（今林州市）人，一说河北涿州人，北宋哲學家。著有《皇極經世》《觀物内外篇》《鐵板神數》和《梅花心易》。

③胡瑗（993—1059）：字翼之，如皋（今屬江蘇）人，世稱安定先生。北宋初學者、教育家。著有《周易口義》《洪範口義》《論語説》《春秋口義》。

清初反明之陋，以惠周惕、子士奇、孫棟[①]，三世治《漢易》，率取鄭玄、虞翻遺説，旁及諸家。焦循又掇剌卦爻之文，以字類相屬，通以六書九數之義。張惠言亦宗鄭、虞氏學，皆主象數，或雜讖緯，是爲漢學一派。若李光地專究朱學，康熙時御纂《周易折中》，多用其義，是爲宋學一派。至胡煦著《周易函書》，則持論酌取漢學宋學之間，亦爲一大宗焉。

①惠周惕、子士奇、孫棟：惠周惕，原名恕，字元龍，一字硯。江蘇吴縣（今屬

蘇州市)人。長於經學,是清代吴派經學的導源人,撰有《詩説》《硯詩文集》等。其子惠士奇(1671—1741)字天牧,一字仲孺,晚號半農,人稱紅豆先生。傳父《周易》之學,撰《易説》《禮説》《春秋説》,蒐集漢儒經説,徵引古代史料,加以解釋,方法較宋儒爲縝密,但失於拘泥。其孫惠棟(1697—1758),是吴派漢學的代表人物,字定宇,號松厓。其學沿顧炎武,治經以漢儒爲宗,以昌明漢學爲己任,尤精於漢代《易》學。著《易漢學》《易例》《周易述》等,爲清代吴派經學奠基。又著有《古文尚書考》《後漢書補注》《九經古義》《明堂大道録》《松厓文鈔》等。

按有理而後有象,有象而後有數,古者聖人,準乎理之自然,以立象,見其意,以極數,觀其變,而《易》以行。蓋象者理之當然,所以決進退存亡,而數者理之所以然,爲吉兇悔吝所生也,其以卜筮示數者,如是而已。至於遠人事而談天道,入術數,究神怪,雖皆可引《易》以爲説,究反經常之義,而涉於隱怪矣。兹述諸書,皆漢學宋學之有家法不詭激①者:

①詭激:怪異偏激,異於常情。

《易王弼韓康伯注》九卷,例略一卷,殿本,江蘇、貴州、四川各局本皆翻宋岳珂刻本。

《周易正義》十卷,孔穎達等撰,汲古閣本,殿本,江西書局阮刻本,廣東局翻殿本,石印阮本。

《周易集解》十七卷,李鼎祚輯,廣東古經解匯函本,石印本。

《易傳》八卷,程頤撰,江蘇局本,清學部石印本。

《易本義》四卷,朱子撰,江蘇局刻本,自明監本出,以程易次第刻朱注至清行用稱監本,甚陋。

《周易折中》二十卷,清聖祖纂,通行本。

評述：以上爲易學源流。《易經》爲中國最早之哲學書，反映了先民對宇宙自然的本質探索。在這部書中，不但説明自然界的一切現象和法則，而且從自然的現象和法則，透視出人類生存的道理，所以是一部講求待人處世、安身立命的哲學書。後世易學分爲象數、義理兩派，互相駁詰。贊春先生以爲理而象，象而數，反映了正統的儒家觀念。

書　類

《書》道政事，本古右史所垂。蓋其事顯於言，言愜群心，書而示法，傳自上代，故稱《尚書》。孔子觀《書》周室，得虞、夏、商、周四代之典，删存其善者，共得百篇，傳之其徒漆雕開，自是而有《尚書》之學。

春秋以降，流爲戰國，諸侯力政[①]，各自爲強，《尚書》之學，遂若存若亡。及暴秦焚書，《尚書》尤觸其忌，禁遏[②]特嚴。濟南伏生，藏之屋壁。至漢除挾書律後，伏生稍稍傳授。及文帝使晁錯往受，生已年老，僅以口傳，晁以漢分[③]録之，是爲《今文尚書》。其立於學官者，共三家：有歐陽高[④]，傳其曾祖之業，作《尚書章句》，是爲《歐陽氏尚書》；又有夏侯勝[⑤]，傳其祖業，在宣帝時，受詔撰《尚書説》，是爲《大夏侯尚書》；勝族子建，既學於勝，又從五經諸儒問業，與《尚書》相出入者，牽引[⑥]以次章句[⑦]，是爲《小夏侯尚書》，皆今文也。《古文尚書》者，孔安國得孔壁殘簡尚書，作蝌蚪書，安國以今文書之，爲《隸古定》。嘗受詔，爲《尚書傳》，未列學官，傳之司馬遷。今《史記》凡述《尚書》，皆古文學也。

①力政：猶力征。謂以武力征伐。

②禁遏：猶禁阻；遏止。

③漢分：漢隸的别名。

④歐陽高：字子陽（也稱歐陽生），西漢學者，是歐陽生的曾孫，傳授歐陽《尚書》，被立爲博士，成爲太學的學官。從此《尚書》歐陽學進入了鼎盛時期。

⑤夏侯勝：字長公，寧陽侯國人（今山東寧陽）。西漢學者。今文尚書學"大夏侯學"的開創者。其族子（一説長子）夏侯建繼承父學，創立了"小夏侯學"，使文爲今用，推動了文學的發展。繼戰國百家爭鳴之後，再次掀起治學資政文學運動。

⑥牽引：援引，引證。

⑦章句：古籍的分章分段和語句停頓。

東漢杜林[①]，傳《古文尚書》，賈逵作訓，馬融作傳，鄭玄作注解，而鄭注盛行。魏王肅作《聖證論》，以攻鄭，《古文尚書》之學遂亡。及晉皇甫謐[②]，益助其波，僞造《古文尚書》二十五篇，復爲安國傳。永嘉之亂，歐陽、夏侯《尚書》亦亡，南北朝時，河北尚傳鄭注，江南則東晉枚賾，奏上《僞古文尚書》及《孔傳》，詔立學官，梁陳二朝，鄭孔尚並立，至隋統一，而僞古文得費甝[③]《義疏》之力，遂孤行於世，唐孔穎達撰《正義》，多因費氏，即今之《尚書注疏》也。

①杜林（？—147）：字伯山，扶風茂陵（今陝西興平）人。博學多聞，被譽爲通儒，後世推崇他爲"小學之宗"。

②皇甫謐（215—282）：字士安，自號玄晏先生，安定朝那（今甘肅靈臺縣）人。魏晉時期著名學者，我國中醫領域"針灸療法"的創始人，在文學、史學、醫學諸方面都有建樹。撰有《針灸甲乙經》《帝王世紀》《高士傳》《逸士傳》《列女傳》《元晏先生集》等。

③費甝：江夏（今湖北武昌）人。南朝梁學官，曾任國子助教。撰《尚書義疏》，流行於世。南朝末，《義疏》傳入北方。北齊東名儒劉炫、劉焯傳之，遂爲北方學人所接受。唐孔穎達撰《尚書正義》，亦多採用其說。今佚。

宋蘇軾《書傳》，多爲議論，吕祖謙亦多議論，兼採史事，朱子論《書》，始疑古文，蔡沈作《集傳》，多採師說。其傳至元及明，既不復考求古義，又束於功令之《大全》,刊蔡傳爲讀本。至清之敕撰《書經傳説匯纂》雖引古義,亦與《明大全》,不甚出入也。

清康熙中,閻若璩訂正《古文尚書》之僞,集衆説,成《疏證》,後有江聲、王鳴盛,並踵其學説,盛傳於江南,而孫星衍作《尚書古今文注疏》,崇今文黜僞孔,莊存與則宣究微言,不過黜僞孔,庶持其平。至於究天文,釋堯典,考地理,解《禹貢》,闢災異,論《洪範》,如盛百二、胡渭諸儒所著,皆稱名著焉。

朱氏彝尊稱,《尚書》既頒學官,雖有僞作羼入,其言多綴輯逸經成文,無悖於理。即莊存與、龔自珍諸人所取法者歟?向有聚訟[1]四端,曰今古文,曰錯簡,曰《禹貢》山水,曰《洪範》疇數。清代諸儒之作,皆足去謬誤而示準則,今述諸書,皆治《書》之要,不敢滋門戶之攻擊焉。

①聚訟:衆人爭辯,是非難定。

《尚書孔安國傳》十三卷,相臺本。

《尚書正義》二十卷,唐孔穎達等撰,汲古閣本,殿本,江西書局阮刻本,廣東局翻殿本,石印阮本。

《書集傳》六卷,宋蔡沈通行本。

《音釋》六卷附書序,宋鄒季友依蔡傳解梁刻本。

《尚書今古文注疏》三十卷,盛百二撰,學海堂本

《禹貢錐指》二十卷圖一卷,胡渭傳,學海堂本。

《集釋》三卷《錐指正誤》一卷,丁晏傳,自刻本。

評述:以上爲《尚書》源流。《尚書》記録上古政事,其史料可爲考古之資,其學説可爲治國之鑒。後學者有今古文之爭。今傳《尚書》五十八篇,只有二十九篇可信。其内容分别爲典體、謨體、訓體、誥體、誓體、命體。

詩　類

虞帝賡歌[①],《詩》篇肇始[②];有夏之世,乃人徇鐸[③],藉以採風,執其歌謡,上之天子,以觀民俗之美惡。商代更有太師協律[④],詩用益廣。至周則官仍其故,而周公製禮作樂,於是有"六詩"之分,曰風、賦、比、興、雅、頌,其例一定。又因政之小大,而分《小雅》《大雅》。蓋有官斯有法,有法斯有書。又其詩皆閭巷諷咏,上至廟朝,詞義明瞭。孔子删其蕪亂,定爲三百十一篇,於《風》《雅》皆分正變,《頌》又分爲周、魯與商,並綜録《詩》序,以授門人卜商,於是而《詩》學以傳焉。

①賡歌:酬唱和詩。

②肇始:開始,發端。

③徇鐸:謂振鐸以警衆。鐸,古代一種大鈴,宣示政令時用之。文事用木鐸,武事用金鐸。

④太師協律:《周禮》,太師之職,掌教六詩,諷賦既興,風雅互作,雜體遂生。後系之於樂府,蓋典樂之職也。協律,配以音樂聲律,猶言譜曲。《詩經》經过太師協律,成爲絶大部分整齊四言和小部分四言爲主的形式。

卜商之後,戰國孟子、荀卿,皆長《詩》學。荀卿傳之浮邱伯[①],而申培以魯人傳《詩》,號曰《魯詩》。自漢景帝以來,於是有《魯詩》之學。齊人轅固,作爲《詩傳》,號《齊詩》,時又有《齊詩》之學。燕人韓嬰,作《詩》内外傳數萬言,號《韓詩》,時又有《韓詩》之學。至宣帝以來,皆立學官,所謂"三家《詩》"也。

①浮邱伯:戰國末期至漢初人。荀子的學生。從事教育,主要弟子有申公、楚元王劉交等。漢朝初年曾到過長安,但由於漢代之初統治者以黄老思想爲政

治指導思想,所以沒有被重視,之後離開了長安。

魯人毛亨,受《詩》荀卿,稱大毛公,作《故訓傳》[1],依《詩序》,以傳河間毛萇,稱小毛公,號《毛詩》。其學雖顯於西漢之末,而首尾較前諸家爲完具,且前此亦有學之者。至東漢,則鄭衆、賈逵、馬融,皆傳其學,而鄭玄又爲《毛詩》作箋,或雜採三家説,至是而《毛詩》之學,遂軼過[2]三家矣。

①故訓傳:簡稱《毛傳》。其作者和傳授淵源,自漢迄唐,諸説不一。現代一般根據鄭玄的《詩譜》和陸機的《毛詩草木鳥獸蟲魚疏》,定爲魯人毛亨(大毛公)所作,是現存最早的完整的《詩經》注本,全書以解釋字義爲主,其章句訓詁大抵取自先秦群籍,保存了許多古義。

②軼過:超過。

魏王肅作《詩解》,述毛傳以攻鄭箋,孫毓[1]又作《毛鄭異同評》,吴陸璣[2]又作《毛詩草木鳥獸蟲魚疏》,《毛詩》益顯。晉永嘉之亂,而《齊詩》先亡,僅存韓、魯。南北朝時,毛傳鄭箋之學,行於河北[3],江左[4]則鄭、王二派,雖互爲攻辯,然大致宗毛。隋代統一,劉焯[5]作《毛詩義疏》,劉炫[6]作《毛詩述義》,於是毛、鄭《詩》獨行,而《魯》與《韓》遂亡。《韓詩》僅存外傳,然非説詩之正也。至唐孔穎達等作《正義》,綜疏《詩序》,並採毛、鄭,融貫二劉,説《詩》者於是而定一宗矣。

①孫毓:字仲,泰山人。一云字休明,北海平昌人。約公元265年前後在世,有《毛詩異同評》《春秋左氏傳注》《孫氏成敗志》等。

②陸璣:字元恪,吴郡(今蘇州)人。三國吴學者,有《毛詩草木鳥獸蟲魚疏》,專釋《毛詩》所及動物、植物名稱,對古今異名者,詳爲考證,是中國古代較早研究生物學的著作之一。

③河北:泛指黄河以北的地區。

④江左：古時在地理上以東爲左，江左也叫江東，指長江下游南岸地區，也指東晉、宋、齊、梁、陳各朝統治的全部地區。

⑤劉焯（544—610）：字士元，信都縣（今冀州市）人。同劉炫並稱"二劉"。隋朝經學家、天文學家，著述有《稽極》《曆書》《五經述義》等，後散失。清馬國翰《玉函山房輯佚書》輯有《尚書劉氏義疏》。

⑥劉炫（約546—約613）：字光伯，隋河間景城（今河北獻縣東北）人。著有《論語述義》《春秋攻昧》《五經正名》《考經述義》《春秋述義》《尚書述義》《毛詩述義》等。

宋歐陽修作《詩本義》，始與鄭箋立異。至南宋王質、鄭樵，則專攻《詩序》。朱子雖學出程門，亦不遵程明道[1]"大序孔子作，小序國史舊文"之説。而獨標所見，同時陸氏之徒，並主張義理，排斥傳注。元代《朱傳》盛行，明輯《大全》[2]，沿而不改，雖宋有呂祖謙、嚴粲、王應麟，明有朱謀瑋，説《詩》原本古義，而聲氣功令[3]，均不能與《朱傳》爭也。

①程明道：即程顥（1032—1085），字伯淳，人稱明道先生，宋洛陽人。北宋教育家。

②大全：明永樂年間，朱棣以程朱思想爲圭臬，匯輯經傳、集注，編纂《五經大全》《四書大全》《性理大全》，詔頒天下，企圖"合衆途於一軌，會萬理於一原"，"使家不異政，國不殊俗"，以統一全國思想。

③聲氣：影響力和氛圍。功令，舊時指法律、命令。

清代欽定《詩經傳説匯纂》出，復尊《詩序》。乾隆中，纂《詩義折中》，於是始取古義，不束於《朱傳》。陳啓源作《毛詩稽古編》，原本古訓，考究制度名物，時稱博雅。馬瑞辰作《毛詩傳箋通釋》，胡承珙作《毛詩後箋》，尤爲精博。至陳奐作《毛氏傳疏》，乃獨宗毛氏，並作《毛詩説》《毛詩音》《毛詩義類》《鄭氏箋考徵》，成一家言，不愧精博。若莊存與捨故訓，究微言，魏源斥毛氏，宗三家，則故爲表異[①]，無當於《詩》學。

①表異：指表現與衆不同。

按《詩》家之爭，一則曰《毛詩》與三家，二則曰《詩序》，三則曰漢宋二派，執斷爛之餘，以駁完全之籍，即持有故，言成理，勢必不濟。至去向來所傳之舊，必欲以後人所見，爲勝於前，將誰信哉！若夫挾不相下之心，發不平之辭，而不顧經義，是抑有大惑不解者存乎？不然，以號稱通儒，何其不達至是耶？今歷述其故，附録其書，率取相傳有自，家法正當者，不敢炫博[①]，以誤學者也。

①炫博：炫耀淵博。

《詩毛傳鄭箋》二十卷，相臺本。

《毛詩正義》七十卷，唐孔穎達等撰，汲古閣本，殿本，江西書局阮刻本，廣東局翻殿本，石印阮本。

《詩朱子集傳》八卷，通行本。

《御纂詩義折中》二十卷，乾隆間通行本。

《毛詩稽古編》三十卷，陳啓源撰，單行本，學海堂本。

《毛詩傳箋通釋》三十二卷，馬瑞辰撰，家刻本，南菁書院刻本，石印本。

《毛詩傳疏》三十卷，《毛詩説》一卷，《毛詩音》四卷，《鄭氏箋考徵》一卷。

《毛詩傳義》類一卷，陳奂撰，家刻本，朱氏經學叢書本，石印本。

《毛鄭詩釋》四卷，丁晏傳，家刻本。

《詩序補義》二十四卷，董炳璋撰，家刻本。

《韓詩外傳》十卷，漢韓嬰撰，廣東古今解匯函本，石印本。

評述:以上爲詩學源流。歷代有《毛詩》與三家《詩》之爭、《詩序》之爭、漢宋之爭。今日又有作者之爭,大體孔子删《詩》説不可信。然《詩經》爲中國最早之文學書,爲修身進德必讀書當無疑義。《詩》《書》《易》爲我國最古之書,亦爲中國學術文史哲之源頭。

春秋類(三傳附)

古者,國必有史,記言記事,傳有明徵。成周以來,其官益備,即孟子所述,列國之史,尚稱晉之《乘》、楚之《梼杌》、魯之《春秋》,其書固班班[①]可考也。孔子自衛反魯,獲麟[②]道窮,乃與魯君子左丘明,觀書太史氏,因《魯史記》,加以筆削而作《春秋》。其書上溯隱公,實周平王之世,《詩》教淪亡,下迄哀公西狩獲麟,綜魯十二君之經以授弟子,而左丘明詳述本事,名曰《内傳》,即今《左氏春秋傳》,别採傳聞異辭,名曰《外傳》,即今《國語》。卜商所傳,則漢之《公羊》《穀梁》二家,所托始也。

①班班:明顯貌,顯著貌。

②獲麟:即所謂"西狩獲麟"一説,出自《春秋》:"西狩獲死麟。"《公羊傳》解釋道:麟者,仁獸也。有王者則至,無王者則不至。有以告者曰:"有麕而角者。"孔子曰:"孰爲來哉!孰爲來哉!"反袂拭面涕沾袍……西狩獲麟,孔子曰:"吾道窮矣。"

暴秦以《尚書》《春秋》,均觸其忌,務爲摧燒。西漢之初,《春秋左氏傳》有張蒼誦習,賈誼受之,司馬遷雖云問業董生[①],觀其《史記》所採,《左傳》爲多,是史公不容不見《左傳》也。宣帝時,貫長卿、張禹,傳習頗盛。及平帝世,劉歆更廣其學,請立於學官,太常博士爭之,徒爲攻訐也。東漢賈逵傳父徽業,作《左氏解詁》,又受章帝詔,列《公羊》《穀梁》不如《左氏》四十事,奏之,名曰《長義》,鄭玄初學《公羊》,繼治《左氏》,以授九江太守服虔。虔作《左氏章句》,與賈書並行,是爲《春秋左氏傳》之學。許愼稱孔子書六經，左丘明述《春秋傳》，皆以古文，今所斥爲古文之學也。

①董生：即董仲舒（前179—前104），廣川人（今河北衡水），西漢思想家、政治家、今文經學家。

公羊高始受《春秋》於卜子夏，爲口說之學。漢景帝時，其玄孫壽始與胡毋生[①]著之書，董仲舒受其學，遞傳嚴彭祖[②]、顔安樂[③]，由是有《嚴氏春秋》《顔氏春秋》，立於學官。東漢時，何休作《公羊解詁》，又作《左氏膏肓》《公羊墨守》《穀梁廢疾》，鄭玄則作《緘膏肓》《發墨守》《起廢疾》，《公羊》終不能爭勝《左氏》，其書則今文也。

①胡毋生：約當在公元前二世紀左右，西漢時期著名的儒家學者，《春秋》"公羊學"家。

②嚴彭祖：字公子，西漢東海下邳（今江蘇邳縣）人。

③顔安樂：字公孫，魯國薛（今山東滕縣東南）人。西漢今文春秋學"顔氏學"的開創者。嚴、董二人同學於眭孟習《春秋公羊傳》，其後有《春秋公羊傳》嚴氏學及顔氏學。

穀梁赤亦稱受學卜氏，著其口説。漢武帝時，江公[①]與董仲舒論《春秋》，江公治《穀梁》，口吶不勝。至宣帝，善《穀梁》説，立於學官。蕭望之[②]、劉向，並傳其學，亦行於世，其書用古文，與《公羊》時有違異，則經師口説相沿而歧者乎？

①江公：史佚其名，是漢武帝（前140—前87）時的經學博士。他精通《詩》和《春秋》兩經，爲《魯詩》學者申培的弟子。由於他的傳授，《穀梁春秋》才得以流傳至今。

②蕭望之(約前114—前47):字長倩,漢初丞相蕭何的六世孫,東海蘭陵(今山東蒼山蘭陵鎮)人,徙杜陵(今陝西西安東南)。漢代經學家,主治《齊詩》,兼學諸經,是漢代《魯論語》的傳人。

自《左傳》有賈、服[①]二家之注,加以文辭華贍,其學大行。晉杜預始合《春秋》與《左氏傳》,爲注以釋,又作《釋例》,率強經以就傳。至南北朝,服注尚行於河北,而江南相沿,多用杜注。及唐孔穎達等撰《正義》,獨取杜注,而賈、服之説寖微矣。

①賈服:即賈逵、服虔。賈逵(174—228),河東襄陵(今山西襄汾縣)人,漢末三國時名臣。服虔,字子慎,河南滎陽人,東漢經學家。

三國以後,《公羊》學尚盛於河北,江南則《左傳》孤行。自晉範甯作《穀梁》傳注,正《左氏》《公羊》之違畔,而博辨以申《穀梁》之志,梁徐邈亦爲作注,唐初楊士勛依以作疏,並傳於今。漢何休作《春秋公羊解詁》,唐徐彥作疏。在楊疏《穀梁》之後,故間採其説。若趙匡[①]、啖助[②]、陸淳[③]輩,生於《三傳義疏》既定之時,顧捨傳言經,雖云別成一派,要等潢汚[④]也。

①趙匡:唐經學家,字伯循,唐河東(郡治今山西永濟蒲州鎮)人。師從啖助,曾補訂啖助所撰《春秋集傳》和《春秋統例》,並自撰《春秋闡微纂類義疏》,他的遺説保存在陸淳《春秋集傳纂例》中,清馬國翰《玉函山房輯佚書》輯存1卷。

②啖助(724—770):字叔佐,唐趙州(州治在今河北趙縣)人,後遷居關中。唐代儒家學者,經學家。長於《春秋》學,好標新立異,所論多異於先儒。啖助的著作已佚(保存在陸淳編定的《春秋集傳纂例》之中的內容已非其原著),清馬國翰的《玉函山房輯佚書》輯有《春秋集傳》一卷。

③陸淳(?—806):字伯冲,號文通,後因避唐憲宗名諱而改名質,唐吳郡

(郡治在今江蘇吳縣)人。儒家學者,經學家。師事啖助和趙匡,治《春秋》之學。編撰成《春秋集傳纂例》《春秋集傳辯疑》《春秋微旨》,清乾隆間的四庫館臣評價爲"考辨三家得失,彌縫漏闕",所發論點"多異先儒",開宋儒疑經風氣。

④潢污:聚積不流之水。

宋孫復[①]説《春秋》廢棄傳注,專論書法,不脱唐人之悍。而胡安國[②]作《春秋傳》,借經文以諷時事。張洽[③]亦稱治《春秋》學,然捨事言理,棄傳言經,亦不免武斷及穿鑿。明《春秋大全》用宋胡《傳》,及元汪克寬[④]《纂疏》爲主,《公》《穀》二家遂微。《左氏》之治,亦以文辭而幸存耳。

①孫復(992—1057):字明復,號富春,晉州平陽(今山西臨汾)人,曾客居泰山講學多年,學者稱其爲泰山先生。北宋儒家學者,經學家,著有《易説》《春秋尊王發微》等。

②胡安國(1074—1138):字康侯,宋建寧崇安(今屬福建)人,湖湘學派的創始人,以治《春秋》名世。他兼取諸家之長,但主要是走"今文經學"路徑,事按《左傳》,義採《公羊》《穀梁》,實際將《春秋》當作政治哲學研究,重視發掘其中的"義理",體現了宋學的時代精神。

③張洽(1160—1237):字元德,號主一。今江西省樟樹市人,南宋理學家。以專治《春秋》名噪一時。所著《春秋集注》《春秋集傳》,爲明代科舉之學關於《春秋經》的"教科書"之一。

④汪克寬(1304—1372):元末明初理學家、教育家。字德輔,號環谷。祁門縣城(今屬安徽省黄山市)人。今存《環谷集》《易經程朱傳義音考》等。

清初,毛奇齡作《春秋簡書刊誤》《春秋屬辭比事記》,近於質實,不爲空言。乾隆時,顧棟高作《春秋大事表》,始見博大精深。至李貽德作《春秋賈、服古注輯述》,劉(文淇)孟瞻作《左傳舊疏》[①]。嘉慶末,以杜注黨亂賊,乖正義,詔祁寯藻、程恩澤等,採輯古義,編定讀本。道光初,書成行世,始得《左氏正解》,而孔廣森作《公羊通義》,陳立作《公羊義疏》,並爲一家之言,及莊存與作《春秋正辭》,劉逢祿作《公羊何氏釋例》《何氏解詁箋》,始成《公羊》何氏一家之學。清末益推其波。至《穀梁》學,則雖鍾文烝補注,頗重於世,究非義疏體例,而柳興恩《大義述》,許桂林《釋例》,並可名家。近廖平有《穀梁古誼述》之輯,亦可取備《穀梁》一家之説云。

①左傳舊疏:劉文淇(1789—1854)撰。文淇字孟瞻,江蘇義徵人。編著《左傳舊疏考證》長編八卷,未成書而卒。此書特點,在恢復《左傳》舊觀上功而有之,可備研究《左傳》及其注疏者參用。又著有《揚州水道記》《楚漢諸侯疆域志》《讀書隨筆》等。

按近世偏重《公羊》,排斥《左氏》,幾成一種風氣。實則朱子所稱,《左氏》是史學,記事詳而道理稍差,《公》《穀》是經學,義理上有功,記事多誤。又云,《左氏》所傳春秋事,恐八九分是《公》《穀》專解經,事則多出揣度。又稱《左氏》曾見國史,考事頗精,《公》《穀》乃是經生,不曾見國史。據其説,亦是有道理,但恐聖人當初無此意,足以破無端聚訟,今所取務以切實平易爲主,且尤以經傳爲本焉。

《春秋左傳杜集解》三十卷,相臺本。

《春秋釋例》十五卷,《長歷》一卷,晉杜預撰,廣東古經解匯函本,石印本。

《春秋左傳正義》六十卷,孔穎達等撰,汲古閣本,殿本,江西書局阮刻本,廣東局翻殿本,石印阮本。

《春秋左傳賈服注輯述》二十卷,李貽德撰,家刻本。

《左傳舊疏考證》十二卷,劉文淇撰,家刻本。

《春秋公羊傳何休注》十一卷,江蘇局本,山西局本。

《春秋公羊傳注疏》二十八卷,徐彦撰,汲古閣本,殿本,江西書局阮刻本,廣東局翻殿本,石印阮本。

《春秋公羊通義》十一卷,孔廣森傳,家刻本,學海堂本。

《公羊義疏》,陳立撰,南菁書院刻本。

《春秋穀梁傳範甯注》,山西局本。

《春秋穀梁傳注疏》二十卷,楊士勛撰,汲古閣本,殿本,江西書局阮刻本,廣東局翻殿本,石印阮本。

《春秋穀梁古誼述》,廖平撰,四川刻本。

《春秋大事表》,五十卷《輿圖》一卷,附録一卷,顧棟高撰,南菁書院本,陝西局本。

《春秋屬辭辨例編》六十卷,張應昌撰,蘇州局本。

《欽定春秋左傳讀本》三十卷,注多採古義,極精,山西局本。

《國語》二十一卷,吳韋昭撰,湖北局本,石印本,皆合《戰國策》。

評述:《春秋》三傳,《左傳》重在叙述事實,謂之"記載之傳",《公羊》《穀梁》重在解釋經文義例,闡釋其"微言大義",謂之"訓詁之傳"。後世儒學崇尚義理,故《公羊》《穀梁》盛行,而《左傳》因其文學特質得以留存。然仔細讀來,贊春先生更喜《左傳》無疑。

儀禮類

有虞之初,即修五禮[①],夏殷相襲,以至於周,其制始備。春秋會盟征伐,尚知以禮爲稱,至戰國而其制日壞,秦乃蕩滅。漢初,魯高堂生[②]傳《士禮十七篇》,又有古經,出於魯岩中,河間獻王好古愛學,而得裒輯諸説,共五十六篇。宣帝時,河内女子壞老屋,又得《佚禮》一篇。爾時後蒼最號明禮,其弟子有戴德、戴聖、慶普[③]三家之學,立於學官,即今《儀禮》,爲今文之學。武帝末,魯恭王壞孔子故宅,得亡《儀禮》五十六篇,其字則古文,中有十七篇,與高堂生傳者同,而字有異,餘三十九篇,則藏秘府,民間不傳。及劉歆欲以逸《禮》立學官,諸儒不肯置對,竟不得立,其書遂即澌滅。班固所由嘆逸《禮》所見,尚多天子、諸侯、卿大夫、士之制,雖不能備,猶愈於後蒼等推士禮,而致於天子者乎?

①五禮:指公、侯、伯、子、男五等諸侯朝聘之禮。又指古代的五種禮制,即吉禮、兇禮、軍禮、賓禮、嘉禮。此處指後者。

②高堂生:亦稱高堂伯。西漢魯(山東新泰龍廷)人。專治古代禮制,漢初《禮》學最早的傳授者。

③慶普:字孝公,徐州沛(今屬江蘇)人,曾任東平王劉宇太傅,西漢經學家。

鄭玄初治《小戴禮》,後以古經校之,取其義長者,注《士禮》十七篇,注中多引"古文作某",即今《儀禮》,信合今古文而並述也。魏王肅作《儀禮喪服傳》,故與玄立異,晉代説《禮》,則多宗肅。南北朝時,鄭學盛於河北,江南則雜採鄭王之説,雷次宗[①]、庾蔚之[②]等,並稱《儀禮》專家。唐賈公彥[③]作《儀禮義疏》,則多據齊黄慶、隋李孟悊[④]之説,其書遂定爲一宗。然杜佑所輯《通典》,有説《禮》者十卷,率取之梁徐勉[⑤]所集《五禮》云。

①雷次宗(386—448):字仲倫,豫章南昌人,南朝劉宋時期教育家。著有《禮記略解》《禮論鈔》《喪服》《喪服世要》《喪服要記注》《豫章記》等。

②庾蔚之:字季隨,潁川(今河南禹州市)人,南朝劉宋時期經學家。著有《禮記略解》《禮論鈔》《喪服》《喪服世要》《喪服要記注》。

③賈公彥:唐銘州永年(今河北邯鄲市東北)人。唐代《三禮》學專家。

④齊黄慶,隋李孟悊:二人生平事迹未詳。據衛氏湜《禮記集説》曰:"同李元桓編《儀禮疏》。《儀禮》自鄭注之後,僅有黄慶、李孟悊二家疏義,公彥等裁定爲五十卷。"

⑤徐勉(466—535):南朝梁東海郯縣(今山東郯城西北)人,字修仁。主修

五禮，普通六年(525)上表告成。

宋初，聶崇義[①]著《三禮圖》，以考禮制。其治《儀禮》者，張淳[②]爲首，嘗作《儀禮識誤》，考訂注疏。楊復[③]又作《儀禮圖》。至朱子作《儀禮經傳通解》，雖綜述三禮，而取《儀禮》爲經，惜書未完成，其徒黄榦補成[④]，究合朱子之旨與否，猶有疑問也。元敖繼公[⑤]作《儀禮集説》，既疑喪服傳爲僞，注文不遵鄭氏，蓋宋以來，究心理學，對於制度文篇，多未深究，明則不在功令，傳習無聞已。

①聶崇義：五代人，洛陽人。後漢時，官至國子禮記博士。有《三禮圖集注》。

②張淳：字忠甫，宋代永嘉(今屬浙江)人。其撰《儀禮識誤》之卷，收入《永樂大典》得存於世。

③楊復：字志仁，一字茂才，南宋福建福州人。宋熹弟子，遵其師之意，循經而繪《儀禮圖》，可睹古禮之梗概。

④黄榦：生平不詳。遵其師朱熹所囑，修《喪禮》十五卷，《祭禮》未修成而卒。由楊復補修完畢，終成《儀禮通傳經解》。

⑤敖繼公：一名繼翁，字君善，福建長樂人，居烏程(今浙江吴興)。南宋末進士，宋元之间学者。精通經學，尤長於三禮，趙孟頫嘗從受業。著有《儀禮集説》。

清初張爾岐[①]始作《儀禮鄭注句讀》，而吴廷華[②]、金日追[③]，多沿其故，於是《儀禮》可讀矣。乾隆時，欽定《儀禮義疏》，宗鄭氏一家言，旁求宋儒之説。至江永、戴震，並爲禮學名家。後凌廷堪[④]著《禮經釋例》，始爲統系之考證。張惠言作《儀禮圖》，一去宋圖之陋。胡培翬著《儀禮正義》、胡承珙著《儀禮古今文疏義》，遠軼舊疏。若徐乾學[⑤]著《讀禮通考》，雖僅述《喪禮》，要精切不磨之作也。

①張爾岐(1612—1678)：字稷若，號蒿庵，山東濟陽人，明清之際著名經學

家。編纂有《儀禮鄭注句讀》《易經説略》《詩經説略》《書經直解》《老子説略》《春秋三傳駁義》《蒿庵閒話》《弟子職注》等。

②吴廷華：字中林，號東壁，浙江仁和人，清代學者。著述甚多，今傳世者止《儀禮章句》。

③金日追：字對揚，號璞園，江蘇嘉定人，清代學者。著有《十三經注疏正訛》。

④凌廷堪(1755—1809)：字仲子，一字次仲。安徽歙縣人。著有《禮經釋例》《燕樂考原》《校禮堂文集》《梅邊吹笛譜》《充渠新書》《元遺山年譜》。

⑤徐乾學(1631—1694)：字原一，號健庵，清江蘇崑山人。編有《一統志》《會典》《明史》，著有《澹園集》《讀禮通考》等。

傳稱治定制禮者，豈非以禮爲教化之本，用遏民惡念，而啓善端，使之約諸仁義，而不敢蕩於規矩制度，以致犯戒令，罹刑憲乎。《儀禮》之書，説出成周，而士喪禮有夏祝、商祝之文，確知周因二代之故，其喪服傳，則稱出於子夏，與《爾雅》釋親，相爲表裏，顧鄭氏既作經注，魏晉人士，雖多放逸，尚知致謹於禮制。即唐初顯慶、開元諸禮之訂，猶具其遺焉。至宋迄明，其學漸替，清乃振其緒餘，精義制度器物，各有專精。兹舉諸著，均約之又約，究《儀禮》者，不可不知也。

《儀禮鄭注句讀》十七卷，張爾岐撰，通行本，山西局本。

《儀禮章句》十七卷，吴廷華撰，通行本，學海堂本。

《儀禮注疏》五十卷，賈公彦撰，汲古閣本，殿本，江西書局阮刻本，廣東局翻殿本，石印阮本。

《欽定儀禮義疏》四十八卷，清乾隆敕撰，通行本。

《儀禮圖》六卷，張惠言撰，南菁書院本，湖北局本。

《儀禮正義》四卷，胡培翚撰，蘇州刻本。

《禮經釋例》十三卷，凌廷堪撰，學海堂本。

《儀禮古今文疏義》，胡承珙撰，湖北局本。

《讀禮通考》一百二十卷，徐乾學撰。

評述：禮雖歷代增益減損，然必有因襲之處。《儀禮》作者無考，内容爲古代習俗禮儀，即所謂《禮經》；亦有今古文之爭，今通行本爲今文十七篇，爲研究我國古代社會文化所必讀。

周禮類

元公[①]致治，董正[②]官常[③]，六卿[④]分職，各率其屬，用[⑤]倡九牧[⑥]，兆民[⑦]所以阜成[⑧]也。春秋以來，其制始壞。至戰國，而諸侯惡害己，去典籍，蓋秦火未焚，其書已缺而有間矣。漢初尚沿秦官制，武帝時開獻書之路，其書始出於山岩屋壁。李氏得其書，上河間獻王，缺《冬官》一篇，王以千金購之，不可得，遂合《考工記》，奏上之，入於秘府，學禮諸儒，無得而究也。哀帝時，劉歆校理秘書，《周官》始得列序，著於録列，請立學官，因諸儒議其非，未果。及王莽篡漢，歆爲國師，始立學官。後惟杜子春[⑨]，能傳其學。後漢永平初，鄭衆、賈逵往受業，並爲説解。衆父興，故通其學。鄭玄從張恭祖[⑩]受《周官禮記》，於是贊辯二鄭，及杜子春、賈逵、馬融諸家説，作《周禮注》。

①元公：周公旦，姓姬，名旦，亦稱叔旦，周武王之弟，西周初期的政治家、軍事家、思想家、教育家，被尊爲"元聖"，儒學先驅。

②董正：監督糾正；督察整頓。

③官常：官之常職。

④六卿：指周代六官，即天官冢宰，地官司徒，春官宗伯，夏官司馬，秋官司寇，冬官司空，是爲六卿，各有徒屬職分，用於百事。後世也有六卿，官名與周代稍異。

⑤用：以。

⑥九牧：九州之長。

⑦兆民：古稱天子之民，後泛指衆民，百姓。

⑧阜成：使富厚安定。

⑨杜子春：生於西漢末年（約前30），河南緱氏人，曾於劉歆學習《周禮》。東漢明帝永平初，年且九十，居緱氏南山，鄭衆、賈逵前往受業《周禮》。其注被鄭玄《三禮注解》所採用。

⑩张恭祖：汉东都聊城（今属山东）人，博学多闻，大司农郑玄曾问学於他。

魏王肅與鄭玄異，晉代説禮，故多宗肅。晉韋逞母宋氏，父授以《周禮》。石虎之亂，氏負書流徙，以教逞。及逞仕苻堅，爲太常博士，諸生即其家受業。南北朝時，河北以徐遵明[①]爲大師，宗鄭注。南朝則崔靈恩[②]作集注，宗鄭、王，唐賈公彦作疏，專釋鄭氏，《周禮》遂定一宗已。

①徐遵明（475—529）：字子判，華陰（今陝西渭南）人。北魏儒家學者，經學家，南北朝時期“北學”的代表人物之一。爲學守東漢鄭玄之學，傳鄭玄注《周易》《尚書》和《三禮》。

②崔靈恩：清河武城（今山東省武城縣西北）人。集注《毛詩》《周禮》，制《三禮義宗》《左氏經傳義》《左氏條例》《公羊穀梁文句義》。

宋代張載、程頤、範祖禹等，極稱《周禮》，信爲周公致太平之書，而未有纂述。自王安石《周官新義》出後，乃率肆爲議論，不考典章，即朱子稱，《周禮》依注疏看，五經中《周禮疏》最好，擺脱傳注，須是二程先生，方始開得口。而明以來乃或改亂古經，横行新解，而此學荒矣。清江永作《周禮疑義舉要》，戴震、金榜[①]、程瑤田、沈彤[②]、王鳴盛等，或論經，或考制度，並取徵實，不作空談。乾隆間欽定《周官義疏》，亦以鄭注爲主，集採諸家。孫貽讓著《周禮正義》，其精密遠過前代，可謂後出爲勝。若近世詆斥其書，概以爲劉歆僞作，殆以不狂爲狂，知一而不知二者乎？

①金榜(1735—1801):字蕊中,又字輔之,岩寺人。清徽州府歙縣人。著《禮箋》。

②沈彤(1688—1752):字冠雲,號果堂,江蘇吴江人(今屬蘇州市)。門人私謚文孝先生。篤志群經,尤精三禮。著有《果堂集》《周官禄田考》《儀禮小疏》等。

按《周禮》一書,漢稱《周官》,江南稱《周官禮》,唐乃定《周禮》之名,實則有周之職官政典,非若《儀禮》之專爲禮節也。王通、唐太宗,均推聖作,朱子亦稱見得聖人公平意思,又稱周公作此書,未及盡行,到不可用法處,須别有權變之道。與馬端臨稱經制文物,至周詳備,凡其法制之瑣碎繁密者,可行於封建之時,不可行於郡縣之代,必知時通變,而後可語通經學古。信哉言乎!若夫林碩、何休非於前,蘇轍非於後,曲學偏見,於經何傷。宋以後,則以安石壞政,歸咎於經,輕躁淺陋,抑亦烏足與辯哉! 至明人以其用字多古,造語多奇,遂於《考工記》,作文章批點,則尤淺陋之尤,而通學所鄙夷不道也。

《福禮堂周禮鄭注》十二卷,金陵局本湖南刻本,讀本最佳,經高行,注低一格,音義並行附。

《周禮鄭注》六卷,山西局本,經注不甚分明,惟音義並行附後,首列賈公彦之序源流,未免不類。

《周禮注疏》四十二卷,賈公彦疏,汲古閣本,殿本,江西書局阮刻本,廣東局翻殿本,石印阮本。

《欽定周官義疏》四十八卷,乾隆中敕撰,通行本。

《周禮疑義舉要》七卷,江永撰,學海堂本。

《周官記》五卷《周官説》五卷,莊存與撰,味經齋本。

《周禮正義》,孫詒讓撰,鉛印本。

《周禮政要》二卷,同上,鉛印石印本,有評語本。

評述:《周禮》爲我國最古之政書,記載周代職官治事,亦爲研究儒家思想之淵鑒。

禮記類

《經禮》《曲禮》[①],傳記常稱。要其旁證儒先[②],彙輯經論[③],則戴氏二記,爲尤最。戴德延君,與猶子[④]戴聖次君,並受業後蒼[⑤],即《曲臺雜記》[⑥],德删爲八十五篇。諸儒傳習,號《大戴禮記》,聖删爲四十九篇,號《小戴禮記》。漢宣帝時,與慶普氏説,並立學官。及漢之末,鄭玄傳馬融小戴之學,作《禮記注》,其學遂特顯於世。

①經禮曲禮:《禮記·禮器》云:"《經禮》三百,《曲禮》三千。"鄭康成注:《經禮》謂《周禮》,《曲禮》即《儀禮》。《中庸》云:"《禮儀》三百,《威儀》三千。"孔穎達疏:禮儀三百即《周禮》,威儀三千即《儀禮》。

②儒先:猶先儒。

③經論:本指佛教三藏中的經藏與論藏。此處指儒家對經典的論述。

④猶子:侄子。亦稱爲從子。

⑤后苍:字近君,东海郡郯(今山东剡城县)人,西汉经学家,曾从学夏侯始昌,精通《诗》《礼》及《孝经》,撰《后氏曲台记》。

⑥曲臺雜記:漢高祖九年(前198),在未央宫建"曲臺",將先秦舊書移於宫内。后蒼曾在曲臺校書數年,著《曲臺雜記》,一名《后氏曲臺記》。

魏晉以來,講《禮》者率宗鄭氏及王肅。南北朝時,徐遵明號通鄭學,李鉉[①]從劉子猛受《禮記》,熊安生[②]亦作《禮記義疏》,隋劉炫、劉焯,並受熊安生學,南朝則惟梁皇侃有撰述,唐孔穎達等撰《正義》,則據皇氏本,有不備者,以熊氏補之,而開元中,以月令爲首篇,改舊聞,附以時事,號《御删定月令》,則近于妄作矣。

①李鉉：北齊教育家。字寶鼎，渤海南皮（今屬河北）人。家貧，春夏務農，冬日入學。後從徐遵明受業，在門下五年，居高第。於鄉里教授，學生常有數百。燕趙間通經學者，多出其門。曾刪正六藝經注中謬字，名曰《字辨》。另著有《孝經》《論語》《毛詩》《三禮義疏》《三傳異同》《周易義例》，已佚。

②熊安生（生卒年待考）：字植之，長樂阜城人（今河北阜城）。北朝經學家，北學代表人物之一。精通五經，熟悉"三禮"，沿襲東漢儒家經説，撰有《周禮》《禮記》《孝經》諸義疏，皆已失傳。

《大戴禮記》，以鄭氏不注，其書遂若存若亡，北周盧辯，特爲作注，徵引鄭玄、譙周、孫炎、宋均、王肅、範甯、郭象，及魏晉諸儒説，然功令取《小戴》，其學亦旋歸不振云。

宋初仍唐正義之舊，惟太宗初依李至①之奏，仍行鄭注，廢開元月令，後傅崧卿②注《大戴之夏小正》，朱子《儀禮經傳通解》，亦取之，然無全解者，衛湜③著《禮記集説》，採掇頗富，元吳澄④著《禮記纂言》別定叙次，備一家言，究非注經之正也，元陳澔作《集説》，明作《五經大全》，《禮記》用其本，始行于世，末季王夫之，病其猥陋⑤，別撰《禮記章句》，較澔則優矣。

①李至（947—1001）：字言幾，眞定人。宋代詩人。太宗時，請刋刻《二傳》《二禮》《孝經》《論語》七經疏，檢正訛謬。嘗師徐鉉，手寫鉉及鉉弟鍇集置於几案。

②傅崧卿（？—1138）：字子駿，號樵風，會稽（今浙江紹興）人。

③衛湜：南宋藏書家。字正叔，吳郡（今江蘇蘇州）人。寶慶二年（1226）官武進令時，集《禮記》諸家傳注爲《禮記集説》奏上。

④吳澄（1255—1330）：字幼清，晚年改字伯清，人又稱草廬先生。撫州崇仁

(今屬江西)人。校定過《易》《書》《詩》《春秋》《禮記》《皇極經世書》《老子》《莊子》等。著有《易纂言》《詩纂言》《書纂言》《春秋纂言》《三禮考注》等,在元代理學中具有崇高地位,與許衡並稱"南吴北許",有《草廬吴文正公全集》傳世。

⑤猥陋:鄙陋。

清代江永作《禮記訓義擇言》,能持漢宋之平,乾隆時,欽定《禮記義疏》,專取鄭注,《大學》《中庸》,鄭、朱注並存,朱彬之《禮記訓纂》繼出,於是《禮記》可讀矣。《大戴禮》,則有孔廣森補盧辯之注。汪中作《正誤》,王聘珍作《大戴禮解詁》,雖於孔氏,深致詆斥,然援據精審,抑可謂善本也。自鄭氏注《禮記》,而《小戴》孤行,豈非以多存孔門遺説,兼可考舊聞參得失哉。然如《大戴禮》中之《夏小正》,諸侯《遷廟》《釁廟》《公冠》及《曾子》諸篇,《孔子三朝記》等,何遽不若《小戴》耶?蓋禮之本出人情,器出民俗,情生而禮隨,即器以觀理,固無非法象所寓,深之,則道義所存也。宋儒致力於理,禮意稍疏,元明以來,率偏於理論,至尊《禮記》而黜《儀禮》,薄《周官》,其亦知記以解經,經既不存,記於何立。若夫廢喪禮,尙虚談,尤明清以來,科舉陋習,而宋朱子,已病其誦虚文,供應舉,《儀禮》度數,莫知其源,一有大議,率耳食①臆斷。魏鶴山②亦稱,即關洛大儒,僅與門弟子難疑答問,未及著爲全書,而疑爲學殘文闕,驅世冥行③,抑亦可徵其弊已。

①耳食:不假思索,輕信傳聞。

②魏鶴山:即魏了翁(1178—1237),字華父,號鶴山,邛州蒲江(今屬四川)人。南宋後期理學家。著有《鶴山全集》。

③驅世冥行:驅使世人夜間行路。

《禮記鄭氏注》二十卷,附張敦仁考異二卷,湖北局本。

《禮記正義》六十三卷,孔穎達等撰,汲古閣本,殿本,江西書局阮刻本,廣東局翻殿本。

《禮記集説》十卷，元陳澔撰，通行本。

《欽定禮記義疏》八十二卷，乾隆中敕撰，通行本。

《禮記訓纂》四十九卷，朱彬撰，清學部石印本。

《大戴禮記注》十三卷，周廬辯撰，廬雅雨堂本，畿輔叢書本。

《大戴禮補注》十三卷，孔廣森撰，揚州局本。

《大戴禮解詁》十三卷，王聘珍撰，江西盱江書院本。

評述：十三經中的《禮記》，便是四十九篇的《小戴禮記》，內容豐富繁雜，有的説明禮文制度的原意，有的闡釋救世拯民的道理，有的記載祭祀養老的制度，有的叙述生活行爲的規範。

禮總附（三禮附）

往聖制禮，有本有文[①]。夏忠、商質、周文[②]，因時損益，雖行有時，施有所然，非講之素明，習之素熟，要無以養民性，防民欲，以綱紀人倫，治臻隆軌[③]也。漢初，但有頌禮，河間獻王乃修學好古，禮説漸出。後蒼《雜記》得數萬言，然至東漢鄭玄，始致其精，宜乎説《禮》者，奉爲大師矣。魏晉六朝，雖習華辭[④]，尚重《禮》學。唐魏徵集成《類禮》，其書當有可觀，惜張説奏罷，書竟不行。顯慶、開元諸《禮》，則就遷説時俗，當代即殊。杜佑[⑤]《通典》，《禮》列專門，知其可重矣，然意在政典，猶難語於禮之精也。朱子《儀禮經傳通解》，匯合《三禮》，是矣，惜書未就，莫繼其聲。陳祥道[⑥]《禮書》，雖圖説並存，似爲完具，然妄生別解，究失説禮之審慎。清秦蕙田纂《五禮通考》，體大思精，可稱巨著，黄以周著《禮書通故》，尤準禮經，卓然成一家之學，後聖有作，尚其有取歟？附録諸書，皆取備説《禮》之要義云。

①本文：指禮的內容和實質，以及禮的外在形式。

②夏忠、商質、周文：夏代強調禮的誠，商代強調禮的樸素和實質，周代強

調禮的外在規範。

③隆軌：重大的規則、法則。

④華辭：華麗的文辭。

⑤杜佑(735—812)：字君卿，唐中葉宰相，史學家。京兆萬年(今陝西西安附近)人。著有《通典》，开典章制度專史的先河。

⑥陳祥道(1053—1093)：字用之，一作祐之，福州(今屬福建)人。著《禮書》。

《儀禮經傳通解》三十七卷，續二十九卷，宋朱子撰，黄餘續，乾隆時刻本，東洋字本，石印經學輯要本。

《禮書綱目》八十五卷，清江永撰，江蘇局本。

《五禮通考》二百六十二卷，秦蕙田纂，江蘇局本。

《禮書通故》五十卷，黄以周撰，浙江刻本。

《白虎通義》四卷，漢班固等輯，盧抱經堂本，湖北局本。

《禮學卮言》六卷，清孔廣森撰，學海堂本。

評述：以上先分述三禮脈絡，後總附禮的發展和損益。

爾雅類

《爾雅》之學，見於戴記，近而取正[①]。張揖[②]有云，毛公傳《詩》，多取其説。雖云周公所作，而孔子、子夏，並有增補。至漢叔孫通、梁文[③]，又有羼入[④]。文帝時，其書與《孟子》，同立博士，武帝時，犍爲舍人[⑤]，始爲之注，其末劉歆亦注焉。《孔叢子》[⑥]中有《小爾雅》一篇，要是《爾雅學》之遺，其文亦類。東漢有樊光、李巡、孫炎，作《爾雅注》[⑦]。魏張揖廣之，作《廣雅》。晉郭璞作《爾雅注》爲世所重，並作

《音義圖譜》。唐初，陸德明作《經典釋文》，博觀各家，特依郭注，至宋邢昺作疏，亦依據郭注，此學之幸而不絕者。即云簡質固陋，有所不免，然較之鄭樵、羅原[8]諸作，則爲純正矣。

①《爾雅》近而取正：意即靠近它、憑藉它，就可以得到對事物的正確理解。爾〔邇〕，近也；雅，正也。

②張揖：三國時期文字訓詁學家。精於文字訓詁，所作各書只有《廣雅》流傳至今。

③梁文：《爾雅序》疏云："三篇《爾雅》……仲尼所增，子夏所益，叔孫通所補，沛郡梁文所著……"

④羼入：攙入。

⑤犍爲舍人：公元前135年，漢武帝派遣唐蒙與夜郎王多同達成協議在夜郎地區設置犍爲郡。舍人，夷名不詳，鱉邑南郭外舍月山人，原夜郎國文臣，轉任犍爲郡文學卒史臣。舍人負責編寫了中國歷史上第一部《爾雅注》。

⑥孔叢子：三卷，二十一篇，舊題孔鮒撰。內容主要記叙孔子及子思、子上、子高、子順、子魚（即孔鮒）等人的言行，書末又附綴孔臧所著之賦和書上下兩篇，而別名爲《連叢》僞書。

⑦爾雅注：西漢舍人、劉歆注《爾雅》以後，"雅學"的研究代有傳人，如東漢樊光、李巡、鄭玄，魏孫炎，晋郭璞、徐邈、李軌，南朝梁沈旋、顧野王，陳謝嶠、施乾，隋江灌、曹憲，唐裴瑜等。除郭璞的《爾雅注》以外，均已亡佚。

⑧羅原：字端良，徽州歙縣（今屬安徽）人。曾解釋《爾雅》草木鳥獸蟲魚各種物名，以爲《爾雅》輔翼，所以名爲《爾雅翼》。

明代士習固陋，此學不講，楊慎[1]雖涉其著，究非專習，朱謀㙔著《駢雅》[2]，則又類典[3]一流也。清代治經，率先小學，以《爾雅》爲古訓之宗，是以特爲究習。邵晉涵作《爾雅義疏》，遵守郭注，仍疏不破注之例。郝懿行作《爾雅正義》，雖以郭爲本，然凡訛謬，博採漢注，以爲訂正，其即字音求字義，多得阮元之遺，在諸治《爾雅》者，抑可謂能集其成矣。又曾氏燠[④]嘗刻宋本《爾雅音圖》，尤便初學，固自可存。《廣雅》之疏證，王念孫爲大家，蓋其家世小學，通古書義例，故爾精密處，兼可補《爾雅》之疏。至《小爾雅》[⑤]，則晉有李軌之注，清宋翔鳳⑥有《訓纂》，胡承珙作《義疏》，皆可存也。

①楊慎(1488—1559)：字用修，號升庵，明代文學家。除詩文外，雜著多至100餘種。

②駢雅：解釋雙音詞的訓詁書。明代朱謀瑋撰。謀瑋，字明父，一字郁儀，豫章(今屬江西)人。所著書有112種。

③類典：爲專門類書而寫的工具書。採輯群書，以內容、文字爲類書。類書有兼收，如《藝文類聚》，在書內再分類；也有專收，如《駢字類聚》。

④曾氏燠：即曾燠(1760—1831)，字庶蕃，一字賓谷，南城(今屬江西)人。著有《賞雨茅屋詩》《駢體文》等，編選《國朝駢體正宗》(即《清駢體正宗》)《江西詩徵》等。

⑤小爾雅：《漢書藝文志》孝經家已有著録，未署明撰者。《隋書·經籍志》於《論語》類有《小爾雅》一卷，題李軌略解。《新唐書·藝文志》《舊唐書·經籍志》同隋志，亦不著撰者名氏。

⑥宋翔鳳(1779—1860)：字虞庭，一字于庭，清江蘇長洲(今吳縣)人。清代今文學家，常州學派的著名學者。著《卦氣解》《尚書略說》《周易考異》等，輯《孟子劉注》等。

《爾雅》之學，以清代爲盛，良由經學之究，古訓宜先。而《爾雅》一書，相傳最古，豈非因諸經之注，玆爲椎輪乎？陸德明所稱，《釋詁》一篇，周公所作，《釋言》以下，不免增補。實則周公所作，皆有正文，後世分目，更爲明晰，補則均補，初非獨尊《釋詁》一篇也。邵、郝二疏，均致其精，有所漏缺，不難旁證。若鄙其瑣細，以爲不屑，固蔑古恆言，即墨守終身，不由此上究經學，又安在其爲通經耶？

《爾雅郭注附釋文》三卷，清芬閣本，江蘇書局、湖南書局翻刻本均佳，經注分明，釋本作雙行小字，山西局本則經注不甚分晰。

《爾雅注疏》十卷，邢昺撰，汲古閣本，殿本，江西阮刻本，廣東局翻殿本，石印阮本，通行本。

《爾雅音圖》三卷，郭璞注，毋昭裔音、江灌圖，揚州局刻宋本，石印本。

《爾雅正義》二十卷，邵晉涵撰，家刻本，學海堂本。

《爾雅義疏》二十卷，郝懿行撰，家刻本，江蘇局本，石印本，四川刻本，學海堂本。

《廣雅疏證》十卷，王念孫撰，家刻本，學海堂本，江蘇局本，石印本。

評述：《爾雅》原爲注經而作，是我國第一部詞典，十三經中價值最低，只因漢代已入經典，且資料詳備，有助讀經，故自有其不朽之處。

孝經類

《孝經》之傳，始自戰國，魏文侯爲之作傳。漢初，顏芝以今文書之。及孔壁古簡之出，是曰古文[①]。孔安國[②]以校今文，不免違異。劉向既定其篇，凡十八章[③]，而後漢許沖，復撰其説。鄭玄亦注《孝經》，書未成，其孫小同足成之。

①古文《孝經》：《孝經》有今、古文之別。西漢顏貞所出，即今文《孝經》。許沖《上説文解字表》云："古文《孝經》者，孝昭帝時，魯國三老所獻。"則古文《孝經》乃魯國三老所獻，似非出於孔壁。

②孔安國（約前 156—前 74）：字子國，孔子十一代孫。受《詩》於申公，受《尚書》於伏生。武帝末，魯共王壞孔府舊宅，於壁中得《古文尚書》《禮記》《論語》及《孝經》，皆蝌蚪文字，當時人都不識。孔安國以今文讀之，又奉詔作書傳，

定爲五十八篇,謂之《古文尚書》,又著《古文孝經傳》《論語訓解》。

③凡十八章:劉向"典校經籍,以顔本比古文,除其繁惑,以十八章爲定"。(見《隋書·經籍志》)《孝經》的章句文字由此而定。鄭玄、馬融等鴻儒相繼爲之作注,惜均已亡佚。

東漢以後,多宗鄭注,南北朝時,河北盛行,北齊且立學官,江南亦尚鄭注,梁代並孔注,立學官,皇侃爲《義疏》三卷,其末季兵亂,孔注遂亡。至隋乃有《孔注孝經》,劉炫率意删改,作《述義》凡二十二章。唐劉知幾辯鄭注之非,欲用孔注,以司馬貞斥其妄而止。至玄宗御注,仍本十八章之舊,御書八分立石太學,元行冲奉詔作疏,而鄭注微矣。

宋邢昺作《孝經疏》,特取唐明皇本,而司馬光作《孝經指解》,以僞孔注爲主。朱子作《刊誤》,亦就古文,定經文一章,分傳爲十四章,多所删易。元吴澄因之,但以今文爲正。明代則黄道周作《集傳》,用鄭氏今文,間引史事爲釋,抑又注經之别體已。

清代自毛奇齡,排朱子、吴澄之説,於是漢學諸儒,頗綴摭[①]鄭注。臧在東[②]所輯,最著於時。阮福因之作《義疏》[③],定爲鄭小同[④]之著,時無異詞焉。

①摭:拾取,摘取。

②臧在東:清江蘇武進人,本名鏞堂,字在東,號拜經。師事盧文,並從錢大昕、段玉裁等討論學術。曾館浙江巡撫阮元署中,助其彙輯《經籍詁》。治學嚴謹,長於校勘、釋義。著有《拜經日記》《拜經文集》《月令雜説》《説詩考異》等。另校鄭玄《易注》,輯有《子夏易傳》。

③義疏:指《孝經義疏補》。清阮福撰。福字喜齋,江蘇儀徵人,阮元第三子。著有《孝經義疏》等。

④鄭小同:生卒年不詳,三國時魏人,學者鄭玄之孫。鄭玄去世後,其弟子輯

彼此問答八編，後經小同整理編次爲十一卷，名《鄭志》，後失，有清人輯本。

《孝經》文義明瞭，雅近二戴所録，雖未必果爲孔子之傳，曾子之著，要爲儒家之遺也。今文既經劉向校定，鄭氏作注，其學已有淵源。而古文孔注，亡於梁末，至隋倏[①]出，唐司馬貞已斥其謬，顧宋儒深信之，殆野言是善，舊藝斯怪[②]乎？而清世有攻鄭注爲僞，遂列《孝經》於僞書，則僻儒之見，於經何傷，亦徒見其爲悍耳。

①倏：極快地，忽然。

②野言是善，舊藝斯怪：即善野言，怪舊藝。

《孝經》一卷，唐玄宗注，通行本。

《孝經注疏》九卷，邢昺撰，汲古閣本，殿本，江西阮刻本，廣東局翻殿本，石印阮本。

《孝經義疏》一卷，阮福撰，學海堂本。

評述：《孝經》爲解釋孝道之書，爲待人處世治國之根本。以上爲《孝經》學術源流。

論語類

孔子微言，《論語》略具，蓋綜其應答君相時人，及弟子相與問辯，纂而成帙，《論語》是名。漢初書文頗出，文帝嘗以《論語》《孟子》《孝經》《爾雅》各立博士，所謂傳記博士也。武帝建元五年，置五經博士，而傳記遂微，其傳授，則魯人所傳，如今篇目，爲《魯論語》。龔奮、夏侯勝、韋賢、蕭望之等[①]爲大師。齊人所傳，別有《問王》（當是玉字，篆體極似）《知道》二篇，爲《齊論語》[②]，王陽最稱名家。又孔壁所出古文《論語》，略異齊、魯，孔安國爲傳。張禹既受《魯論》《齊論》，刪《問王》《知道》二篇，從《魯論》二十篇爲定，號《張侯論》，行於漢世。東漢馬融作《古文論語注》，鄭玄則取《張侯論》，合齊《古論語》，爲之注。同時，何休亦注《論語》，且以其義説《公羊春秋》，説者謂是《齊論》也。

①龔奮句：《漢書·藝文志》載："傳《魯論語》者，常山都尉龔奮、長信少府夏侯勝、丞相韋賢、魯扶卿、前將軍蕭望之、安昌侯張禹，皆名家。張氏最後而行於世。"

②齊論語：《漢書·藝文志》載："傳《齊論》者，昌邑中尉王吉、少府宋畸、御史大夫貢禹、尚書令五鹿充宗、膠東庸生，唯王陽名家。"

魏何晏，採輯漢以來經師之説《論語》者，成《集解》，其篇目則依《魯論》。南北朝時，江南盛行《何氏集解》。梁皇侃爲《義疏》，尤重於世。河北則仍墨守鄭注，梁、陳二代。鄭、何均立學官，鄭氏不競。隋氏統一，何、鄭並行。唐則陸德明作《經典釋文》，主何氏，韓愈號稱淳正，作《論語注》，又與李翺[①]作《筆解》，緣辭生訓，説者謂開宋儒注經先聲云。

①李翺：字習之，祖籍隴西（今甘肅一帶），唐代著名儒學家。今有《李文公集》，另有他與韓愈合著的《論語筆解》流傳於世。

宋初，邢昺作《論語正義》，後程頤表章其學，諸弟子輩皆有論列，至朱子《集注》出，而稱盛於時。元明以來，遵用朱注，固由學系之傳，而功令取士，士遂以習此爲進身之階焉。

清初，徵實經學漸尚，而空談義理之風微。乾隆間，江永作《鄉黨圖考》，援據《禮》意，最稱精確；劉臺拱[①]作《論語駢枝》，宗漢黜宋；後劉寶楠作《正義》，本何注，而雜集衆説，不取空談；劉逢祿、宋翔鳳，則取《公羊春秋》述《論語》，衍何休之緒。至黄式三作《後案》,力持漢宋之平,而漢學派頗病之,豈知他經非通訓詁不明,《詩》《禮》非究名物不悉,至《論語》,則辭旨顯明,正宜闡明其義理耳,何必沿其迹而忽其精耶,是抑學者之弊歟?

①劉臺拱(1751—1805):字端臨,一字江嶺,江蘇寶應人。清代經學家、訓詁學家。著有《論語駢枝》《經傳小記》《國語補校》《荀子補注》《淮南子補校》《方言補校》《漢學拾遺》《文集》等。

朱子稱《論語》所載,皆是事親、取友、居鄉黨,目下便用得者,所言皆對着學者一切實事;又稱《論語》一書,何嘗有懸空説話,漢儒一向尋求訓詁,更不看聖賢意思,所以二程先生,不得不發明道理,今日學者,乃捨近求遠,處下窺高,一向懸空説,兩腳不著地,其爲害反甚於向者之未知尋求道理,依舊在大路行。須知與他古本相似者,方是本分道理,若不與古本相似,儘是亂道。即是以觀,彼力詆宋儒者,誠非,而墨守朱注,爲科舉講章者,抑豈朱子所許乎?兹故列舉諸書,不敢爲門戶之拘云。

《論語集解》十卷,魏何晏撰,浙江葛氏本。

《論語皇侃疏》十卷,古經解匯函本,石印本。

《論語注疏》,宋邢昺撰,汲古閣本,殿本,江西阮刻本,廣東局翻殿本,石印阮本。

《論語集注》十卷,朱子撰,通行本。

《鄉黨圖考》十卷,清江永撰,通行本。

《論語駢枝》一卷,劉臺珙撰,家刻本,學海堂本,石印鉛印本。

《論語後案》二十卷,黄式三撰,浙江刻本。

評述:於經學贊春先生主張義理、訓詁不可偏廢,然於《論語》特主義理,皆因《論語》辭旨鮮明淺近,正應借而發揮義理。以上爲《論語》學術源流。

孟子類

《孟子》之作，擬於《論語》，與諸弟子難疑答問，又自撰法度之言。秦焚經籍，以其號稱諸子，得不淪亡。漢文帝雖立博士，而班志《藝文》[①]，猶列儒家。自揚雄爲之注解，後漢高誘、劉熙相繼有作，惟趙岐避難北海，作《孟子章句》及題詞，世儒頗重之，雖有王充刺孟之作，不能害也。三國二晉，其學略同諸子，無有專治。唐陸善經[②]，刪節趙氏章句，爲《孟子注》，張鎰[③]又作《音義》。至韓愈推崇，以繼孔子，其書以顯。宋眞宗時，孫奭[④]奉敕校刋《孟子》，因刋正張鎰《孟子音義》。丁公著《孟子手音》，並列陸善經《孟子注》，而成《孟子音義》。又《孟子正義》，亦托奭作，而特猥陋，朱子謂是邵武[⑤]士人所爲者。程顥兄弟，更爲表章。尹焞作《孟子解》。及朱子彙集諸儒之説爲《孟子集注》，傳習者益衆。元明以來，遵而不易。清初，大率因明之舊，無大違異。戴震始爲《孟子字義疏證》，不沿宋説。至焦循作《孟子正義》，原本趙氏章句，而特精深。日本山井鼎，亦作《孟子考文》，皆可存證云。

①班志藝文：《漢書》中有《藝文志》，分六藝略、諸子略、詩賦略、兵書略、數術略、方技略。其中將儒家列爲諸子之一家。

②陸善經：吴郡（今江蘇蘇州）人。唐學者，博通經史。撰《古今同姓名録》《孟子注》。

③張鎰：字季權，一字公度，吴郡崑山（今屬江蘇）人。唐經學家。撰《三禮圖》《五經微旨》《孟子音義》。

④孫奭（962—1033）：字宗古，博州博平（今山東茌平博平鎮）人。北宋學者、教育家。輯成《經典徽言》，另撰《崇祀録》《樂記圖》《五經節解》《五服制度》等。參與校定《莊子》《爾雅》釋文，考正《尚書》《論語》《孝經》《爾雅》謬誤及律音

義，是《十三經注疏》之《孟子注疏》中疏的完成者。

⑤邵武：地名，今福建省邵武市。

朱子謂《孟子》，熟讀七篇，觀其筆勢，如鎔而成，非綴輯所就，與《史記》稱《孟子》，退而與萬章之徒，序詩書，述仲尼之意，作《孟子》七篇，至韓愈推其闢異端，功不在禹下。而宋程氏兄弟，及王安石等，皆致推崇，司馬光、李觀、晁説之等，迭加以非議，則藉以難安石耳。不然，《通鑒》特著《孟子》之斥梁王言利，抑又何耶？程、朱以來，凡《孟子》之辨王霸、稱性善、明仁義，及知言、養氣諸説，更見闡明，是得程朱之説，其學益重已。顧《孟子》於詩書禮制，及井田封建，皆論其略，世儒乃不致詳，是殆空談者易衍，核實者難精乎？然有宋以來，論理之精，而尤不可無清代徵實之確也。兹舉諸書，亦務從矜慎如前云。

《孟子章句》七卷，漢趙岐撰，浙江葛氏本。

《孟子音義》二卷，宋孫奭撰，成都局本，通志堂本。

《孟子注疏》十四卷，舊題宋孫奭疏，汲古閣本，殿本，江西阮刻本，廣東局翻殿本，石印阮本。

《孟子集注》七卷，宋朱子撰，通行本。

《孟子字義疏證》三卷，清戴震撰。

《孟子正義》三十卷，清焦循撰，自刻本，學海堂本，石印鉛印本。

評述：以上爲《孟子》學術源流。

四書附

《中庸》《大學》均載《戴記》，《漢藝文志》，始有《中庸説》二篇，及梁武帝有《中庸講疏》，爲專説《中庸》之始。宋仁宗首以《大學》賜進士王拱辰等，復以《中庸》賜進士王堯佐等。後程顥兄弟遂合《論語》《孟子》,以爲之説,而傳其徒。朱子則更定《大學》,别爲《章句》,又爲《中庸章句》,雖合《論》《孟》集注,以示學者,而"四書"之名,尚未立也。三傳至趙順孫[1],始標"四書"之名,爲之纂疏,諸儒詮釋,遂因"四書"之名。元延祐中,用以取士。明永樂定《四書大全》以取士,於是以闡明理道者爲弋取功名之具。加以坊書陋説,陳陳相因,非惟孔、曾、思、孟之本旨瀰,即朱子《論語要義》目録序云:其文義名物,當求之注疏;又云:不可直廢傳注諸説,且背道而馳矣。是豈所謂宗朱乎?清代力矯其弊,漢學以興,遂欲返《大學》《中庸》於《禮記》,而《論》《孟》單行者,抑知學説既傳,積重難返,且有此名,而學者尚易循習,否則《論》《孟》雖存,《學》《庸》恐隨繁重之《禮記》以俱湮耳,是尤不可不慮也。兹故仍四書之舊,而所舉諸書,則不取空衍云。

①趙順孫(1215—1277):字和仲,號格庵,縉雲(今屬浙江麗水市)人。出生儒學世家。著有《奏草》《四書纂疏》《近思録》《精義録》《孝宗系年録》《中興名臣言行録》《文集》等。

《四書章句集注》十九卷,宋朱子撰,通行本,山西局本。

《四書釋地》一卷續一卷又續二卷三續二卷,清閻若璩撰,通行本,今湖南有合考證本亦佳。

《松陽四書義》十二卷,陸隴其撰,通行本,石印本。

《四書考異》三十六卷,翟灝撰,學海堂本,石印本。

《四書經注集證》十九卷,吳宗昌撰,通行本,石印本。

《四書説苑》十二卷,孫應科撰,江蘇局本。

評述:四書重在闡述義理,其《論》《孟》後入經學,《大》《中》更爲《禮記》篇章。

小學類(説文)

倉頡作書,文字肇始。周官保氏,乃教六書。史籀大篆,篇凡十五,其體則異于古文也。孔子刪訂六經,古文特尚。暴秦混一,小篆以興,李斯《倉頡篇》,趙高《爰歷篇》,胡毋敬《博學篇》,接踵成書,時有隸佐[①],益趨約易。漢代之興,多因秦故,隸佐之外,又有草書,而學僮猶諷籀書,更試八體[②]。司馬相如有《凡將篇》,揚雄有《訓纂篇》,大體講説文字,以曉學者。史游之作《急就篇》,後漢賈魴之作《滂喜篇》,均此旨也。許君既通五經,復稽通學,撰《説文解字》十四篇,以集諸家之成。鄭玄注經,引據其説,其學遂盛於世云。

①隸佐:隸書相傳爲秦末程邈在獄中所整理,去繁就簡,字形變圓爲方,筆劃改曲爲直,由"連筆"爲"斷筆",從線條向筆劃,更便於書寫,世稱隸書。"隸"指"胥吏",即掌管文書的小官吏,所以在古代,隸書被叫做"佐書"。

②體:許慎《説文解字》對秦書八體的概括是大篆、小篆、刻符、蟲書、摹印、署書、殳書、隸書。

評述:以上内容見《説文解字序》。

魏代張揖别著《埤倉》《字詁》諸書,以衍其緒,而晉吕忱《字林》、梁顧野王《玉篇》,並廣其流。河北則胡羯雜居,文字大壞,然猶有魏江式作《古今文字》。齊、隋二代,顔之推深疾俗書,作《書證篇》,並尊許君,斥俗學。唐人雖以《説文》《玉篇》試士,而究其學者,則無幾也。

南唐徐鍇與兄鉉,並究小學。鍇先成《説文系傳》,及《通論》,稱"小徐説文",又與鉉共撰《説文篆韻譜》。鉉入宋,始校訂《説文解字》十五卷,時稱"大徐説文”。元、明以來，率尚狂怪，大反許君。清初，其學始稍顯。乾隆嘉慶以來，大師輩出，如桂馥、段玉裁、嚴可均，並爲名家，而王筠尤能貫通二徐，苞有諸家。觀其所著《説文句讀》，及《釋例》，學者從事有余師已，後有作者，信莫外乎。

清代《説文》之學，既列專家，而出其餘，以考訂金石文字，阮元《積古齋鐘鼎彝器款識》匯爲大宗。道光時，莊述祖遂有《説文古籀疏證》之作，王筠《説文釋例》，亦多證以鼎彝諸文。光緒中，吳大澂作《説文古籀補》，叙次一依許書，尤見矜慎；又作《字説》一卷，則以古籀訂《説文》。至孫詒讓作《名原》，其流益暢。若羅振玉《殷墟書契考釋》，則但解龜甲牛骨諸文。玆述專説，許書存而不論可也。

《説文解字》，本古小學之一，理群類，解謬誤，傳後識古，無文不行。清代，此學多有名家，而性理諸儒，横加詆斥，其抑知朱子答吕伯恭書，兩稱刊刻《説文》，及所注《論》《孟》，數引許君，而語類稱述許書處，尤不一而足。蓋斤斤於文字之末，不求義理，固非語於通人，若騖於空理，弇陋不文，詎爲儒者所宜乎？惟循平正簡易之途，而通其大例，用以説字解經，斯即此學之正軌耳。

《説文系傳》四十卷，南唐徐鍇撰，壽陽祁氏刻本，江蘇局翻祁本，小學匯函本，石印本。

《説文系傳校録》三十卷，清王筠撰，自刻本。

《説文解字》十五卷，宋徐鉉校訂，陽湖孫氏仿宋本，山西書局本一篆一行尤佳，石印孫本。

《説文解字》十五卷，清桂馥撰，湖北書局本。

《説文解字》注三十卷六書音韻表二卷，段玉裁撰，蘇州局本，石印本，附《匡謬》。

《説文句讀》三十卷《説文釋例》二十卷，王筠撰，原刻本，石印本。

《説文發疑》五卷《説文揭》原二卷，張行孚撰，揚州刻本。

《文始》一册，章炳麟撰，石印本。

小學類(音韻)

虞廷[①]賡歌,始啓聲韻。周代六書之教,爰[②]有諧聲[③],經傳所垂,不一而足,《易》《詩》尤其明證也。許慎、鄭玄有作,始分讀若、讀如,王弼、孫炎反切乃興,魏李登既撰聲類,而齊沈約、周顒輩,創分四聲,隋陸法言,更撰《廣韻》,孫緬更爲《唐韻》,於是因翻譯梵書之故,而僧神珙[④]作《三十聲母》,及《反紐圖》,守溫[⑤]又廣以《六母》,其法始定,音學益加密矣。宋初重定《廣韻》,吳棫又作《韻補》,臚陳[⑥]古人用韻,以實其説。金又有《平水韻》,元則陰時夫[⑦]撰《韻府》,並合古韻。明定《洪武正韻》,又爲省並,而陳第[⑧]考求古音,著《毛詩屈宋諸古音考》。清初,顧炎武又作《音學五書》,音學益顯,及段玉裁、苗夔繼作,其學稱盛,蓋皆能精於考求古韻,一洗宋、元、明談韻之陋云。

①虞廷:亦作"虞庭",虞舜的朝廷。相傳虞舜爲上古的聖明之主,故後世亦以"虞廷"爲"聖朝"的代稱。

②爰:於是。

③諧聲:六書之一,即形聲。意符(即形符)和聲符並用的造字法。

④神珙:唐代僧人,約爲唐憲宗元和(806—820)以後的人。南宋張麟之《韻鏡》之序説:"有沙門神珙,號知音韻,嘗著《切韻圖》,載《玉篇》末。"今存《玉篇》後附《四聲五音九弄反紐圖》,相傳爲神珙所作。神珙説的紐,指紐切,即聲和韻的拼合。

⑤守溫:唐末名僧。仿照梵文創製古漢語聲類三十字母,爲宋人"三十六字母"的藍本。

⑥臚陳:逐一陳述。

⑦陰時夫:亦作時遇,字時夫,元初江西奉新人。在其父陰應夢(1224—

1314)的指導下編撰《韻府群玉》,爲類書以韻隸事之始。其兄幼達,爲之作注。陰時夫定"平水韻",原有107個韻,後並了一個韻,成爲106個韻,自元以來皆因襲之。

⑧陳第(1541—1617):字季立,號一齋,晚號溫麻山農。連江(今福建連江)人。明代音韻學家。專心研究古音,著有《毛詩古音考》《讀詩拙言》《屈宋古音義》等。陳氏徹底掃清了葉音説的謬誤,對清代古音學家有巨大影響。

韻學在今,莫衷一是,加以南北分區,清濁殊異,執雙聲叠韻通轉以求之,其庶幾乎,然究不敢確定其爲何也。蓋今世去古既遠,想像模糊,烏乎有合。況方俗淆溷,逾數千年,僅執紐弄之圖,必謂古音當如是如是,豈古音果皆如是哉!是第可通其大凡,仍不能確切無疑也。今論其凡,附録諸書,聊備小學之末焉。

《廣韻五卷》,隋陸法言原本,唐孫緬、宋陳彭年等重修,澤存堂仿宋本,小學匯函本,石印本。

《韻補》五卷《韻補》正一卷,宋吳棫撰,清初顧炎武正,福建徐氏合刻本。

《音論》三卷,《詩本音》十卷,《易音》三卷,《唐韻正》二十卷,《古音表》二卷,《合稱音學五書》,共三十八卷,顧炎武撰,湖南郭氏刻本,書院本。

《音韻闡微》十八卷,康熙敕撰,揚州局本。

《古韻標準》四卷《四聲切韻表》四卷,江永撰,奥雅堂本。

《六書音韻表》二卷,段玉裁撰,附説文注互見。

後　記

不佞草斯冊既竟而書其後曰:嗚乎!是皆所謂陳言耳,而必爲是輯録者何哉？雖然竊有深慨者在也。往聞諸長者云，清道光、咸丰間，吾晉士流[1]類皆有一經或子史之覽習。乃時多故，取士者不遑責實，始騖空文。不佞見知如齊薛仁[2]、李菊圃[3]諸先生，以身作則，主於制行[4]。王顧齋[5]先生爲諸生誦説《儀禮》及《説文解字》，率不能勝爾時禄利之文。今則不聞此諸説將三十年，潏蕩[6]新潮，人各自聖，雖有志研求國故者，將何取裁乎？

夫吾晉學風之墮落，實際如斯，鴻碩之儒，猶鄙夷陳迹而不屑道，鄉僻曲學，又以自安孤陋，益惘後生。循是以往，吾國固有者既剝喪無餘，而外人顧駸駸焉購吾書究吾學，是吾書吾學非果無用於世也審矣。然則是編之存其才，長者由斯而益於上達焉可也，否則庶不至以迷其源遏其流。吾晉有志國故者，或亦有取歟。

辛酉夏正冬至前三日榆次常贊春識於歲寒室

①士流：泛指文人。

②齊薛仁：生平未詳。

③李菊圃：即李用清（1829—1898），字澄齋，號菊圃，山西平定州人。晚清名臣。主講晉陽書院凡十年。

④制行：規定道德和行爲準則。

⑤王顧齋：即王軒（1823—1887），字霞舉，自號顧齋，洪洞縣人。清同治間進士，曾主持編纂光緒版《山西通志》。

⑥潏蕩：水蕩湧貌。此處爲蕩滌之意。

柞翰吟庵山右文學談

柞閈吟庵山右文學談序

中國文學史，導源於《後漢書·文苑傳》，及梁鍾嶸作《詩品》，劉勰作《文心雕龍》，於是綜列代時文[①]，加以品第。是後各史均列文苑一門。取而讀之，可以知其時文學之變遷，及其人之身世。然卷帙繁重，研習未易，於是有文學史之作也。夫文學史之編，大率首明其世次[②]，詳作者之人次，評騭其文之何若，使讀者具窮源竟委之識量，復增益其研究文學之興趣，是亦足矣。乃今坊行諸本，詳焉而不免蕪雜，略焉而失之滅裂，甚或選一代作者一文一詩，雖云可以知其時世所趨，究竟此一文詩，豈能概作者之全乎？是恆人[③]亦知其必不能也。至於文學史大要，孟子云"誦詩讀書，論世知人"，足盡其概。此時課本未經擇定，且就山西歷來文學系統，略爲稱述，諸生筆録成冊，稍加刪正，作爲山西文學史模型觀可，作爲一種精神談話亦無不可。

壬戌冬初榆次常贊春子襄識

①時文：流行於一個時期、一個時代的文體。

②世次：年代先後。

③恆人：常人，一般人。

評述：山右即山西省舊時別稱。山西省地理位置在地圖上爲太行山的右方，故也將山西稱爲山右。一省文學亦爲一國文學之縮影，故吾省文學亦與時進退。以下爲山西文學簡要，表現於經史子集各個方面，有世家淵源影響，有通人冠絶一時。贊春先生以時代爲脈絡，分述歷代山西文學，囿於古今地理沿革和古人論述資料所限，其中一些作家及作品論述未必精確,需讀者細心考訂。

山西文學在歷史上佔有極重要位置。上古之世,伏羲畫卦,黄帝正名,事皆傳聞,尚無文學可言。《尚書》虞、夏書所存,確是山西文字,也是中國全國最初成片斷文字,記事記言,全括中矣,或猶病其爲貴族君主之文字也。然《康衢童謡》[①]及《擊壤歌》[②],平民文字,何嘗不可誦也。商、周以來,文化流及西南,然《國語·晉語》《左傳》《檀弓》,所載晉君臣言論風采,比諸齊、魯不顯減色,至詩之唐、魏諸風,雖不免儉嗇偏急之失,然無一淫詩,其平民文學一何粹乎？至戰國三家分晉,各治其區,而魏文侯重道崇儒,注有《孝經》,子夏設教西河[③],亦有光焉。是亦文學未衰之證也。

①康衢童謡:古童謡,相傳堯治天下五十年,微服私訪於康衢(釋爲四通八達之大道),與童子對話,從而採得民謡。事見《列子》。

②擊壤歌:相傳堯時有老人擊壤而歌:"日出而作,日落而息,鑿井而飲,耕田而食,帝力于我何有哉!"見漢代王充《論衡》。

③西河:《史記》記載:"子夏居西河教授,爲魏文侯師。"此處西河似指山陝交界某地。

評述:寥寥數語,卻是我省文學源頭。

秦立國短促,且其時文學僅有貴族之標準,山西尤無特長可言。

中古則西漢之初,無暇文學,自文帝之時,賈誼、賈山[①]等文辭瓌瑋,然所見者,理論文字一種爲多。至武帝文風大起,龍門司馬談及子遷繼爲史官,其文學遂爲古今巨作,如《史記》一書,綜合《尚書》之記言,包孕黄帝以來至漢武時一切人物事實,純乎寫實文學。原本學術家法似乎貴族文學,然其刺客、遊俠、貨殖列諸傳,精神勃勃,全是以平民心理,裁貴族專横心理,宜乎後世論文者謂:

《史記》爲六經後第一大文。即今盛倡平民文學，讀上舉諸傳，當亦不棄也。此外浪漫派有司馬相如[2]等，儒學派有董仲舒等，法律派有張湯等，皆漢文學之承先啓後者，然《史記》中皆足以容之，謂史公代表山西西漢文學可，即謂代表西漢一代之文學亦無不可也。宣帝之世，不重儒學，以文列博弈，此後文品亦漸卑矣。然張敞[3]曾受古文倉頡讀，以小學世其家，而敞文亦有密栗之概[4]，是抑文學合一之效乎？

①賈山：約前 179 年前後在世，西漢政論家。潁川（郡治今河南禹縣）人。初爲潁陰侯灌嬰給事。

②司馬遷（前 145—前 87 年後），字子長。龍門（今山西河津）人，一説陝西韓城人。我國西漢史學家、文學家、思想家。

③張敞（前？—前 48）：字子高，河東平陽（今山西臨汾西南）人。西漢大臣。

④密栗之概：佛經中有"南無密栗多"句，廣積公德之意。

東漢一代，班彪及子固[1]，爲蓋代文豪，寫實、表情、韻文等，皆灼然可傳，然其人實晉産也。末季介休郭林宗[2]，名振朝野，其文學雖無專作，而後世所存言論風采，亦略可見一斑焉。

①班彪（3—54）：扶風安陵（今陝西咸陽市東北）人。專心於史學，尤好漢代史，作《後傳》數十篇。班彪祖父爲漢代雁門郡樓煩（今山西省原平寧武一帶）班況，班況生了三個兒子和一個女兒。女兒爲班婕妤，幼子爲班稚，班稚生班彪，班彪又生班固、班超和班昭，故後文指其爲晉産。

②郭泰（128—169）：字林宗，東漢大原郡介休人（今山西介休）。不求仕進，淡於名利，一介布衣，卻名震四海，爲當時奇人。

曹氏篡漢，幕府文學，吾晉雖無其人，然頌功德成篡奪，無其人亦無其文之醜，不可謂無文學爲不幸，僅河東衛氏[①]書學名家耳。

①河東衛氏：河東安邑（今山西夏縣）衛家，以書法傳世，有衛覬、衛瓘、衛瑑、衛恆、衛夫人，均載入中國書法史册。

晉代聞喜裴氏[①]，代有名德；中都孫氏[②]，才名亦盛；而郭景純[③]學博才淹[④]，文詞皆重於世，至其力抗王敦[⑤]而死，尤爲史册光榮。文學品詣[⑥]，並足冠世矣。宋裴松之注《三國誌》，該博通貫，世稱名作，與郭璞之注《爾雅》，並稱千古。雁門周續之[⑦]既與陶淵明倡和詩篇，且注《禮經》。又僧慧遠[⑧]出自樓煩，通經及玄。山西不僅有文，而且注經注子史，亦有絶作云。

①聞喜裴氏：是中國封建社會盛名久著的一大世家。自秦漢以來，歷六朝而盛，至隋唐而盛極，五代以後，餘芳猶存。

②中都孫氏：自東漢以來，孫氏即爲中都（今山西平遥）大族。孫氏一門，名家輩出，有孫楚、孫盛、孫綽等，均長於文學。

③郭景純：即郭璞（276—324），字景純，河東聞喜縣（今山西省聞喜縣）人，東晉著名學者，既是文學家和訓詁學家，又是道學術數大師和游仙詩的祖師。曾注釋《周易》《山海經》《穆天子傳》《方言》和《楚辭》《爾雅》等古籍。

④學博才淹：才學廣博。淹即廣。

⑤力抗王敦：公元 324 年，郭璞力阻駐守荆州的王敦謀逆，被殺，時年 49 歲。事後，被追賜爲“弘農太守”。

⑥品詣：猶品行。

⑦周續之（377—423）：字道祖，雁門廣武（今山西代縣）人。兼通儒道釋三學，以老莊爲主，不趨時尚，惟求知識的博深與個人精神的優游自在。

⑧慧遠（334—416）：雁門樓煩人，東晉高僧，中國佛教淨土宗初祖。作有

《江淮名山記》,爲我國方外習畫之第一人。

評述:齊、梁、陳代偏居南方,山西人有流寓數世成土著矣,兹不論及。

漢代至魏晉,經學、史學大昌,山西經學有聞喜裴氏、郭璞;史學有司馬遷、班固,均爲一代文宗,河東衛氏書法名家。

北朝出自朔漠①,本無文學可言,自太武帝②定都平城③,而後稍興文化。然山西經劉聰④、石勒⑤構亂以來,名德舊家,相率南渡。平城近乎北邊,太武乃取崔、盧世家,以樹人望,又化其貴族,使親中國文學。至末季聞喜裴敬憲⑥及其族人裴伯茂⑦等俱有文名。溫子升⑧自云"出自祁縣",或云文水,其文品之佳,爲北朝冠,以迄北齊之末,傾服者無復異詞。然是時文學皆貴族文字,高敖曹、斛律金雖無以文學著名,然其歌詩獨得雄直氣爲多,是武人文學。若平民文學,則但見之佛像題字及造像,公共猥詞而已。

①朔漠:指北方的沙漠,泛指北方。

②太武帝:即拓跋燾(408—452),字佛狸,鮮卑族。北魏世祖,太武皇帝。

③平城:今山西省大同市,北魏時期都城。北魏平城是在漢朝平城縣基礎之上擴建而成。

④劉聰:字玄明,一名劉載,生年不詳。新興(今山西忻州市)匈奴人。十六國時匈奴漢國第二代國君。

⑤石勒(274—333):十六國時期後趙建立者。公元319—333年在位,字世龍,原名訇勒。上黨武鄉(今山西榆社北)人,羯族。

⑥裴敬憲:字孝虞,北朝北魏河東聞喜人。學博才清,工隸草,解音律,五言之作,獨擅於時。清阮元《南北書派論》列裴敬憲爲北朝書家著名者。

⑦裴伯茂(約497—535):北魏學者。河東(今山西永濟)人,學涉群書,曾作《豁情賦》,表示服膺莊子哲學。撰寫《晉書》,未成而卒。

⑧溫子升(495—547):字鵬舉,北魏濟陰冤句(今山東荷澤)人。爲東晉名將祁縣溫嶠後人,故亦可屬山西籍人。文學家、詩人。

隋氏統一南北,文字漸見融合,龍門薛道衡[①]尤以詩名,文中子王通[②]巍然以儒宗自任,雖其著述存乎明道,而文詞則猶是爾時氣味,且論文亦多中六朝之失。通獻書當道,未經録用,隱居教授,門下多唐初將相,是以貴族式文學,作進化之介。此外則略同北朝,平民文學無特徵也。若山西諸作者所在,則明張溥輯《漢魏六朝百三名家集》中可取而讀已。

①薛道衡(540—609):隋代詩人。字玄卿,河東汾陰(今山西萬榮)人,在隋代詩人中藝術成就最高。今存《薛司隸集》。

②王通(584—617):字仲淹,隋絳州龍門(今山西河津)人。是隋代山西的一位私人教育家。門弟子私謚爲"文中子"。

評述:北朝至隋,文中子一人,倡明儒學,彪炳史冊。

近古唐承隋政,興於太原,佐命功臣,皆太原附近,雖云十八學士,盡文學之選,然如龍門薛收[①]、祁縣溫大雅兄弟[②],皆能文質彬彬。平民文學如龍門王績[③],詩家盛稱。及後薛氏有曜與稷[④],文辭之外,兼工書畫。薛純陀砥柱勒石[⑤],至與歐、虞並美。而王勃[⑥]以英年擅文藻,爲四杰之一,於文學上又佔高譽也。祁縣王維[⑦],詩畫音樂,名重於時,而王之渙[⑧]、盧綸[⑨]、暢當[⑩]諸詩家輩出,聞喜裴迪[⑪]與維相互唱和,《輞川》一集,見美詩家。雖汾陽宋之問[⑫]、維弟王縉[⑬]不免鄙夫希榮利,其文學則甚優美焉。河東柳宗元[⑭]出,文與韓愈並稱千古,而政治思致,特駕韓上,詩亦清超冷雋,不愧大家,世徒以其黨王伾等貶謫終身,妄興訾議,曾亦知宗元所與敵者宦官也,其斥而不擢,亦宦官爲之梗也,當閹勢滔天時,敢摧其焰,又官永州、柳州,皆有善政,信豪杰之士也。而論者多右韓絀柳,試讀韓集,其熱衷於進及不勝貶謫處與柳異乎？抑懾於閹勢，不敢一及，弊政之除，不過佛骨一端，而非根本之計也。又裴度[15]以重臣有勛望，而文學亦美優。太原白居易[16]詩名蓋代，品詣亦高。至祁縣溫庭筠[17]出，詩以清綺是尚，與李商隱同時稱詩家大宗。而河東令狐楚[18]、太原王涯[19]亦詩名。及其末季，太原王駕[20]、河東聶夷中[21]爲詩善道民間疾苦，同一爲詩，而二子則多平民氣，擺脱貴族之習矣。河中司空圖[22]作《二十四詩品》，於詩爲分派之研究，而辭尤爲妙悟，後世重之。圖自作詩，在其時亦負盛名。清代輯《全唐詩》，試取而讀之，山西人特居多數，《全唐文》亦多作者。總之，唐代文駢體多用於官僚之酬應，律賦排律則應試士爲之，所謂官樣文章者是。散文則用爲説經或著書，自韓愈大倡古文，以後古文遂爲散文家專有，而詩則無論貴族平民皆優爲之。山西既爲首義之區，又境接陝西，其文學之名譽及位置，宜乎優崇矣。

①薛收（約 591—624）：字伯褒，隋唐時蒲州汾陰（今山西萬榮縣西南）人，生父爲薛道衡，自幼過繼給本家薛孺。從小受家庭的薰陶和教育，孝於父母，刻苦治學，十二歲已能文。李世民有關軍事民政的檄文佈告，大多出自其手，三十三歲病逝。

②溫大雅（約 572—629）：即溫彦宏，一作彦弘，字大雅。并州祁（今山西祁縣）人。唐初大臣。與其兩個弟弟大臨（即溫彦博）、大有，自小飽讀經史，及至長大成人，都以學識淵博、品行高尚、能文善寫而稱著。著有《大唐創業起居注》。

③王績（約 589—644）：字無功，號東皋子，絳州龍門（今山西河津）人。文中子王通之弟，是唐代山水田園詩的先驅人物，其詩歌對唐代五律的形成有一定貢獻。

④曜與稷：薛曜與薛稷。薛曜，薛元超子，以文學知名。今存詩五首。薛稷（649—713）：字嗣通，蒲州汾陰（今山西萬榮）人。工書法，《全唐詩》中共收録其作品 14 篇。

⑤薛純陀：應屬唐初汾陰薛氏，曾任唐太宗時秘書省正字，書法家。貞觀十二年（638）嘗奉事先書砥柱銘，當時如虞世南、褚遂良號能書者，皆避而讓之。

其後柳公權愛其書,恐失其次第,則又別書於石。

⑥王勃(650—676):唐代詩人,字子安。絳州龍門(今山西河津)人。隋末大儒王通之孫。與楊炯、盧照鄰、駱賓王齊名,齊稱"初唐四杰",其中王勃是"初唐四杰"之冠。

⑦王維(701—761):字摩詰,盛唐時期詩人,官至尚書右丞,原籍祁(今山西祁縣),遷至蒲州(今山西省永濟),崇信佛教,人稱詩佛。晚年居於藍田輞川(今屬陝西)別墅,其詩、畫成就都很高,蘇軾贊他"味摩詰之詩,詩中有畫;觀摩詰之畫,畫中有詩"。

⑧王之渙(688—742):字季凌,祖籍晉陽(今山西太原),其高祖遷今山西絳縣。盛唐時期的詩人,以善於描寫邊塞風光著稱。

⑨盧綸(約737—799):字允言,唐代詩人,大曆十才子之一,河中蒲(今山西省永濟縣)人。其早年的詩,多爲贈答唱和、送別陪宴之作,後長期居軍幕,所作邊塞詩多慷慨雄壯之音,頗有名作傳世。

⑩暢當(約773年前後在世):字不詳,河東人。生卒年不詳,約唐代宗大曆中前後在世。

⑪裴迪(716—?):唐代詩人,關中(今屬陝西)人。其一生以詩文見稱。裴姓北朝時原爲河東顯姓,其郡望在河東聞喜(今屬山西),自北周之後,裴姓主支逐漸遷入關中。

⑫宋之問(约656—约712):字延清,一名少連,汾州(今山西汾陽市)人。一説虢州弘農(今河南靈寶縣)人。初唐時期詩人。

⑬王縉(700—781):字夏卿,太原祁(今山西祁縣)人。官至宰相,書法家。

⑭柳宗元(773—819):字子厚,祖籍河東(今山西省永濟市)。世稱"柳河東",因官終柳州刺史,又稱"柳柳州"。唐代文學家、哲學家、散文家和思想家。

⑮裴度(765—839):字中立。河東聞喜(今山西聞喜)人。官至宰相,以功業著稱,在文學上也有成就。《全唐文》存其文2卷。《全唐詩》存其詩1卷。

⑯白居易(772—846):字樂天,晚號香山居士,祖籍太原,出生於新鄭城西

的東郭宅村(今東郭寺)。唐代詩人、文學家,有"詩魔"和"詩王"之稱。晚年長期居住在洛陽香山,號"香山居士"。著有《白氏長慶集》。

⑰溫庭筠(約 812—866):本名岐,字飛卿,太原祁(今山西祁縣)人。唐代詩人、詞人。詩詞兼工,有《溫庭筠詩集》《金荃詞》。另著有傳奇小説集《乾巽子》。

⑱令狐楚:字慤士,以詩文卓著而名載史冊,以出將入相而飲譽中晚唐。《全唐文》收其文 5 卷,《全唐詩》收其詩 50 餘首。

⑲王涯:字廣津,太原人。其詩語言婉麗而有風骨,題材上多寫邊塞戎旅、春情閨思。

⑳王駕(851—?):唐代詩人,字大用,自號守素先生,河中(今山西永濟)人。其絶句構思巧妙,自然流暢。

㉑聶夷中(837—約 884):字坦之,河東(今山西省永濟縣)人,一作河南(今河南洛陽市)人。

㉒司空圖(837—908):字表聖,河中虞鄉(今山西省永濟市)人。晚唐詩人、詩論家。著有《二十四詩品》。

五代晉據河東,北有契丹,南鄰朱溫[①]、李茂貞[②],汲汲戰備,故山西戰事獨多,而文學特少可述。然後唐莊宗[③]能爲歌詩,每出征以教戰士爲節奏步伐,似有今軍樂號之意,致惜見弒伶人,一炬之後,無復稱述,其歌詩無徵於史籍也。晉祚不長,漢稍延世,今太原天龍山有北漢碑刻,其文尚署大官之名,體特蕪陋,字亦惡劣,雖文學略存,亦烏足述哉。

①朱溫(852—912):宋州碭山(今屬安徽)人,後梁開國皇帝。

②李茂貞(856—924):原名宋文通,字正臣,深山博野(今河北蠡縣)人。唐末至五代軍閥,官至鳳翔、隴右節度使,封岐王。

③後唐莊宗:即李存勖(885—926),生於太原,沙陀族,李克用長子。作戰勇敢,喜音聲、歌舞、俳優之戲。

評述：唐五代，山西地理位置特殊，爲龍興之地，或許由此，詩文名家代有才人，亦不乏王維、白居易、柳宗元等影響深遠之人。

宋初山西中北二區，接近邊圉，戎馬日尋，何暇文事，僅河東一區，稍得蘇息。故夏縣司馬光①《通鑒》之作，在編年史中，獨有千古，公雖自云不能爲駢文，然其文深厚爾雅，和粹可親，詩亦質實和易，不爲險怪，即文學亦不愧一代大家，況《涑水記聞》以述瑣細，《詩話》以述詩學，皆足以左右文學，而《居家》《雜儀》《家範》等，合貴族、平民均可遵守，其《書儀》所載帖式稱謂等，又有貴族、平民文學之文範也。至於《易》《書》《孝經》，皆有纂述，投壺②有格，因《太玄》而著《潛虛》③，每出一藝，皆足名世，無惑乎與龍門太史公，並稱兩司馬無間然也。公猶子康④作《通鑒考異》，尤徵家學。其後金滅遼，奄有全晉，宋室南渡，跼⑤于東南。南宋百餘年中，山西人文著於金史，其宏偉不相讓焉，孰謂山西無文哉！

①司馬光（1019—1086）：北宋陝州夏縣涑水鄉（今山西運城安邑鎮東北）人。北宋時期著名政治家、史學家、散文家。主修《資治通鑒》外，遺著還有《潛虛》《切韻指掌》《類編》等。

②投壺有格：司馬光對投壺有悖於古禮而娛樂化的趨勢頗爲不滿，著《投壺新格》“更新定格，增損舊圖”，對投法加以限制，某種程度影響了它的娛樂性。

③潛虛：北宋史學家司馬光的哲學著作，仿漢代揚雄的《太玄》而作。

④康：司馬康（1050—1090），字公休，史書記載爲司馬光惟一的兒子。司馬光修《資治通鑒》，他任檢閱文字工作，是得力的助手。此處稱司馬康爲猶子（即侄子），或爲作者記憶有誤。

⑤跼：拘束，困處。

金起東北滅遼，而後侵入宋疆，宋人倉皇南渡，金遂奄有中原，山西向爲邊鄙，今成腹地矣。及太宗、世宗以來，涵濡[①]華化，文治遂興，昔陽楊雲翼[②]文學、政事，兼負重名，又提倡風雅，於是忻州有元德明[③]及子好問[④]，太原王渥[⑤]、李汾[⑥]、渾源劉祁[⑦]、雷淵[⑧]，稷山段成己、克己兄弟[⑨]，河東李獻能[⑩]、房祺[⑪]，皆有文學盛名。元好問尤爲之冠。好問論詩云："只知詩到蘇黄盡，滄海横流卻是誰。"又云："蘇門若有忠臣在，肯放坡詩百態新。"蓋後世評好問之詩，與宋蘇子瞻、黄魯直相驂靳[⑫]，好問已自審所處矣。讀《中州集》及《河汾諸老詩》，此時山西文學，無論貴族、平民，皆有其勝，殆唐以後，此時又最盛之期云。

①涵濡：滋潤，沉浸。

②楊雲翼（1170—1228）：字之美，平定樂平（今山西昔陽）人。金代翰林學士、太常卿，文學家。

③元德明（1159—1206）：金朝平民書生，太原秀容（今山西忻州）人。著有《東壘集》，元好問之父。

④元好問（1190—1257）：字裕之，號遺山，世稱遺山先生。山西秀容（今山西忻州）人。金末元初文学家、歷史學家，文壇盟主，被尊爲"北方文雄""一代文宗"。著有《元遺山先生全集》，詞集《遺山樂府》。輯有《中州集》，保存了大量金代文學作品。

⑤王渥（1186—1232）：字仲澤，太原人。金代文學家。元好問謂其"博通經史，有文采，善談論，工書法，妙於琴事"。詞存《水龍吟》一首，見《中州樂府》。

⑥李汾（1192—1232）：字長源，太原人。長於七言和歌行。《中州集》收其詩作 25 首，《全金詩》補 1 首。

⑦劉祁（1203—1259）：字京叔，號神川遁士。山西渾源人。著《歸潛志》，另有《神川遁士集》，已佚。

⑧雷淵（1184—1231）：金代良臣，詩人。字希顔，一字季默，大同渾源人。其詞高古，傳誦一時。詩存於《中州集》中凡 30 首，《歸潛志》亦有收集。書法頗可觀。

⑨段成己、克己兄弟:段克己(1196—1254),金代文學家。字復之,號遁庵,别號菊莊,絳州稷山(今山西稷山)人。早年與弟成己(1199—1279,字誠之,號菊軒)並負才名,趙秉文目之爲"二妙"。後人編他們的合集为《二妙集》。

⑩李獻能(1192—1232):字欽叔,河中(今山西永济)人。作詩有志於風雅,又刻意樂章。

⑪房祺:平陽(今山西臨汾)人,自稱"横汾隱者"。曾擔任大同路儒學教授。編纂金末元初詩歌總集《河汾諸老集》,另著有《横汾集》。

⑫驂靳:語出《左傳·定公九年》:"吾從子,如驂之靳。"後指先後相隨。

金既滅於元,而好問既負一時重名,澤州郝天挺[①]尤爲禮重,命子經[②]從學文、詩,經遂爲元初文學鉅子。雁門薩天錫[③]爲詩以清麗爲宗,雖元祖不尚文學,天錫自販胡桃爲市易,不廢作詩,亦有盛名。後則澤州王實甫[④]、河東關漢卿[⑤]並以詞曲名世,提倡無人,文學又不爲時尚。元亡之時,寇盜遍地,山西遂不復有文學之可言矣。

①郝天挺:字晉卿,澤州陵川(今山西晉城)人。元好問嘗從學進士業。

②子经:即郝經(1223—1275),字伯常,郝天挺之子。文詩受元好問影響,今有《陵川集》存世。

③薩天錫:即薩都剌(約 1305—1355),字天錫,號直齋。答失蠻氏(回族),一説蒙古族人,生於雁門(今代縣)。元代詩人。著有《雁門集》。

④王實甫:亦作王實父,名德信,字實甫。元中書省保定路易州定興縣(今屬河北省保定市)人。所著雜劇十四種,今存《西廂記》《破窑記》《麗春堂》等。本文稱其爲澤州人,不知何據。

⑤關漢卿(約 1229—1241):元代雜劇作家。號已齋(一作一齋)。河東南路解州(今屬運城市)人。一生共寫了六十多個劇本,還有不少散曲,有十八個劇本和一百多首散曲流傳至今。

評述：北宋司馬光、金元之際元好問、元代關漢卿，均爲山西文學代表。

明祖之興，以梟雄之姿，猜忮[①]成性，恨王保保太原之守，於是削剝山西之進士及翰林，以摧其文化。蓋唐以後，文學之盛否，隨科名爲轉移，平民放棄固有文學，一例沿貴族波流，僥倖於科舉一途，其科名發達之區，尚可取外間之文化，輔吾不及，否則鄙倍[②]自安，雖日言文學，而文學日非矣。自是而後，河津薛瑄[③]出，專究朱子學説，而文詩皆能眞樸和雅。後絳州辛全[④]、安邑曹于汴[⑤]皆稱醇儒，乃末流之失則行爲，可稱衆人揚詡[⑥]，致里儒[⑦]俗士，因而談性理，著語録，纂講章，文學一途，遂日趨退化矣。中葉太原王瓊[⑧]以幹略稱，雖不以美文名家，而多適時用，明利弊。樂平喬宇[⑨]、沁水常倫[⑩]有詩名，倫年不永。末季袁繼咸[⑪]爲提學道，開三立書院[⑫]，選取一時名宿，如陽曲傅山[⑬]、祁縣戴廷栻[⑭]、高平畢振姬[⑮]、太原李中馥[⑯]等皆入講會，於是文學始有繼起之勢。而陽城張慎言[⑰]亦有文譽，且治園林，後官於福王朝，國亡殉節，爲一代完人，僅稱文學，猶小之也。

①猜忮：猜忌嫉妒。

②鄙倍：淺陋背理。倍，通背。

③薛瑄（1389—1464）：字德温，號敬軒，山西河津（今稷山縣）人。明代思想家，河東學派的創始人，尊稱他爲“薛夫子”。謚文清。著有《讀書録》《續讀書録》，有詩十卷傳世。

④辛全（1573—1628）：字複元，號天齋。絳州城内人，大約生於明代萬曆年間，卒於崇禎初年。絳陽學派的領袖人物，理學名儒。著有《養心録》《四書説》《五經管窺》《神京偶記》等。

⑤曹于汴（1558—1634）：字自梁，號直予，明解州安邑（今山西省運城市）人。理學名儒，著《共發篇》《仰節堂集》《安邑縣誌》。

⑥揚詡：讚揚，吹捧。

⑦里儒:舊指鄉里間的知識分子。

⑧王瓊(1459—1532):字德華,號晋溪,别署雙溪老人,太原人。學識淵博,崇實黜虛,明清實學啓蒙先驅之一。

⑨喬宇(1457—1524):字希大,號白岩山人,樂平(今山西昔陽)人。明朝大臣,謚莊簡。善詩文,兼通篆籀。有《喬莊簡公集》《游嵩集》等。

⑩常倫(1492—1525):字明卿,號樓居子。其先山西曲沃人,後徙居山西沁水。詩、書、畫無所不精,還精通音律,尤工於樂府小詞,作品盛傳於澤沁間。

⑪袁繼咸(1593—1646):字季通,號臨侯。江西宜春人。明代大臣,崇禎七年(1634)任山西提學使。

⑫三立書院:明嘉靖九年(1530),山西按察副使陳講,在太原侯家巷西段開辦了"晋陽書院"。萬曆初年,更"晋陽書院"名爲"河汾書院"。萬曆二十一年(1593),魏元貞擔任山西巡撫時,才以建"三立祠"爲名,另建了實質上的"三立書院",並遷址於右所街(今舊城街一帶)。雍正十一年(1733),三立書院遂正式復名爲"晋陽書院"。光緒二十九年(1902),晋陽書院和令德堂合併,成立山西大學堂。

⑬傅山(1607—1684):字青竹,後改青主,陽曲人。在詩、文、書、畫諸方面,造詣頗深,著作甚多,留存於世有《霜紅龕集》和《兩漢人名韻》等。

⑭戴廷栻(1618—1691):字楓仲,又字維吉、補岩,號符公。太原祁縣成聚村(今祁縣戴家堡)人。著有《補岩集》《半可集》《楓林一枝》等。

⑮畢振姬(1612—1681):字亮四,號王孫,又號頡雲。高平縣人。有《西北之文》傳世。

⑯李中馥(1595—1680):字晋中,號鳳石,太原晋祠鎮人。著有《詩經注疏歷考》《從好集》《鳳石詩集》《石鼓考源》等,大多已佚。

⑰張慎言(1578—1646):字金銘,號藐山,人稱藐山先生,山西陽城人。詩人、書法家。傳世有《泊水齋文鈔》《泊水齋詩鈔》。

近世溯清之初，山西文學，猶是明末遺老爲之主持，而澤州陳昌言[①]仕於明末，見時不可爲，於是大爲購書，藏於家，使其子侄讀之，子廷敬[②]遂成進士，任翰林，爲清代山西文學之開山，嘗自謂“文不如汪鈍翁[③]，詩不如王阮亭[④]”，而具二子之長處，其《午亭文編》亦不愧斯語也。高平司昌齡[⑤]，牛兆捷[⑥]、兆鼎[⑦]、汾西侯七乘[⑧]皆有文名，武鄉程康莊[⑨]、蒲州吳雯[⑩]以詩名世，而不爲授徒講學。洪洞範鄗鼎[⑪]講薛瑄之學，輯山西作者之文曰《續垂棘編》，繼其父蕓茂輯明代山西文，名《晉國垂棘》而作，然體既蕪陋，評點亦近時文。永寧州于成龍[⑫]，以进幹略清節著，而文多晰民間疾苦，雖質實而特富平民意味也。雍正、乾隆以來，盂縣王珻[⑬]工時文，亦講古文。興縣孫嘉淦[⑭]幹略爲長，其所取文學，多主質實，薄審美，而文學趨入衰歇。康紹鏞[⑮]鑒於山西文學日就黯澹也，於是刻姚鼐《古文辭類纂》、李兆洛《駢體文鈔》、張惠言《七十家賦鈔》，以示散文、駢文、作賦途徑，無如八比既投時尚，理學易於得名，其維持文學苦心，等諸虛設。榆次王系[⑯]、介休梁錫璵[⑰]皆舉經學有文名，嘉慶間黎城靳榮藩[⑱]注吳偉業詩，名《吳詩集覽》，平定張佩芳[⑲]注《陸宣公集》，皆稱名著，足資學者知人論世之益。臨汾徐崑[⑳]，洪洞王楷蘇、楷歐[㉑]皆負文名，王氏尤以詩教授。汾陽曹學閔[㉒]父子亦有文譽。及鳳臺李錫麟[㉓]輯刻《山右詩存》，上溯清初諸詩人，略存其概，而潞安一屬，亦輯有《潞安詩鈔》，後學使周系英[㉔]刻《山西試牘》，提倡雜體文章詩賦，陽城張晉[㉕]尤所特賞，於是有樊南詩派。介休董柴[㉖]等刻《綿上四山人詩》，及《綿上七子詩》，尤著稱。總之，樊南之失在粗，綿上之失在弱，皆無學術以爲之根柢，固不免華而鮮實也。徐溝蘇于沛[㉗]、于淦詩學王、韋，榆次王䜣[㉘]詩能學漢、魏、三唐，閻南圖[㉙]近體學中唐、南宋，名位不高，稱述亦不盛。安邑宋在詩[㉚]，官巡撫，有文集，子鑒[㉛]尤治漢學，疏《説文解字》，與陽城張敦仁[㉜]之校勘學、算術並稱，孫葆醇[㉝]尤金石、書、畫、文、詩，與陽曲申兆定[㉞]，並名於世。垣曲安清翰[㉟]、清翹並擅文學，清翹算術尤卓絶。靈石何氏有元烺[㊱]、道生[㊲]、耿繩[㊳]，太谷溫氏有啓封[㊴]，子忠彦、忠翰、忠善，孫紹棠，先後擅文譽，然官於京師，山西不受其益。五臺徐潤第[㊵]究心陽明學派，文亦清勁，子繼畬[㊶]作《瀛環志略》，世尤稱重。然文學以舉業特長,亦成一種風氣,陽曲張廷銓[42]、廷鑒並承其父映宿及先輩折遇蘭[43]詞章學,又受業潤第爲陽明學,闡著傅山學説。壽陽劉霈[44]於山及子眉[45]遺著,力爲刊印。祁韻士[46]以罪遣新疆,習於蒙古情勢,所著諸書爲言西北地理巨子。道光以來,子寯藻屢掌文衡,且多與文人學士交,於是平定張穆[47],樸學文辭爲特出冠時,西北地理尤勝。而曲沃張子特[48]、壽陽閻汝弼[49]之樸學,代州馮志沂[50]之古文,徐溝喬松年[51]之考訂及詩詞,洪洞董文渙之詩,皆可名家。然山西本省,仍墨守八比理學之故,致甘讓諸公以獨步而不爲繼聲。惟忻州王錫綸[52]、錫疇,武鄉程林宗[53]、範士熊[54]並有詩文集,士熊又輯《南亭詩鈔》,洪洞李時升[55]輯《古羊詩鈔》,然僅及一縣。同治、光緒以來,洪洞王軒經學、地理、天算、考訂,皆足繼張穆而起,而詩承楷蘇家學,尤具高格,見賞於聞人,鄉寧楊篤承父恩樹小學雜覽之故,精史志、金石學,工文辭、書法,聞喜楊深秀[56]尤以早慧工文、詩、書、畫,學亦賅博。張之洞撫晉,與學使王仁堪設令德堂,延王軒主講,二楊[57]分校,拔取各屬高才生,令肄業,經講《説文》《儀禮》,史講《史記》《漢書》《通鑒》,又重刻《古文辭類纂》、王士禎《古詩選》、姚鼐《今體詩鈔》、王士禎定本《唐人萬首絶句選》,與《昭明文選》並爲研習,於是山西文學,將有復興之勢。乃王病卒,二楊丁憂,及官京當道,又不爲文學之扶植,於是山西文學僅此一線之傳,尚不偏謬。其他則或慝突呌囂[58],或迂疏弇陋[59],雖亦負文學之時名,而不足樹文學之幟;抑或孤芳自賞,不逐時趨,又空山槁項,徒與草木同腐也。近頗有標識平民文學之説者,摧毁固有,自遁鄙倍,猶復爲黨同伐異一得自雄。循是道也,其文學將擴而光之乎?抑將澌而亡之乎?此時殊不敢遽下定義,是抑近世山西文學之大略也歟。

①陳昌言:清代澤州(今山西晉城市陽城縣北留鎮皇城村)人。陳廷敬的伯父,下文寫廷敬爲其子,應誤。

②廷敬:即陳廷敬(1639—1712),字子端,號説岩,晚號午亭,清代澤州(今山西晉城市陽城縣北留鎮皇城村)人。康熙朝任文淵閣大學士、吏部尚書等。生

平好學，善詩、文、樂。主持編纂《康熙字典》，著有《午亭文編》《尊文閣集》《河上集》《杜律詩》《老姥掌遊記》《三禮指要》《説岩詩集》等。

③汪鈍翁：即汪琬（1624—1691），號鈍庵，清初詩人。

④王阮亭：即王士禎，清初詩壇領袖。

⑤司昌齡（1726—？）：字靜山，高平石末村人，清學者。藏書萬卷，學富五車，高平學者多拜其爲師。著有《十一史精華》《古學精華》《泫文備徵》《紫峰集》《泫志拾遺》等。

⑥牛兆捷：字殿洋，籍貫未詳，清代學者，少年時代從師於傅山、畢振姬。著有《陶史草》十卷。

⑦兆鼎：字瀚洋，兆捷弟。與兆捷同師畢振姬。博學於文，著有《南國詩草纂輯》《左傳十國紀事本末》《叙論評騭》《莊子文選》《李義山詩集》等。繼畢振姬和牛兆捷後主持高平文壇三十餘年。

⑧侯七乘（1619—1695）：字仲輅，汾西（今山西汾陽）人。其著述今存《孝思堂集》。

⑨程康莊（1613—1679）：字坦如，一字崑崙，山西武鄉人，清代詩人。工詩、古文、詞，在江南時有"詩伯"之稱。其詞、詩、文章編入《四大家文選》。著有《日課堂集》。

⑩吳雯（1644—1704）：字天章，原籍奉天遼陽，後居山西蒲州。工於詩，有元好問之風，著有《蓮洋集》。

⑪範鎬鼎（1628—1707）：字彪西，一字漢銘，山西洪洞縣師曠里人。山西著名的理學家，著有《明儒理學備考》《廣理學備考》《國朝理學備考》《師善録》《三晉語録》《續垂棘編》《三晉詩選》《五經堂文集》《草草草》等，此外還翻印了許多前人著述。按：《晉國垂棘》爲其祖父弘嗣所輯，非其父藴茂所輯。

⑫于成龍（1617—1684）：字北溟，號于山，清山西永寧（今吕梁離石）人。謚清端。擅長書法，詩詞亦工。其著述先後由其門人和孫于準輯成《于山奏牘》和《于清端公政書》行世。

⑬王珻(1670—1742):字韞輝,號石和,盂縣芝角村人。雍正二年(1724),王珻任晉陽書院山長。掌教十餘年,從學者甚衆。所著《王石和文》收《山右叢書初編》。

⑭孫嘉淦(1683—1753):字錫公,又字懿齋,號靜軒,山西興縣人。康乾之際敢言直諫、剛直不阿的名臣,也是一位政見卓越的學者、思想家。一生勤學,精研六經,所著有《春秋義》《南華通》《詩義折中》《周易述義》《司成課程》《近思録輯要》《成均講義》《詩删》《孫文定公文録二卷》《孫文定公奏議》以及部分序論碑文。

⑮康紹鏞:字蘭臯,山西興縣人。嘉慶己未(1799)進士,官至湖南巡撫。

⑯王系:山西榆次南關人,雍正丁未(1727)進士,大同府教授。

⑰梁錫璵:字確軒,山西介休南靳屯人。清乾隆年間經學家、教育家,著作有《易經揆一》《易學啓蒙補》。

⑱靳榮藩(1726—1784):字價人,號緑溪,黎城麥倉村人。遺著有《吴詩集覽》《吴詩談藪》《緑溪語》《咏史偶稿》《潞郡舊聞》。

⑲張佩芳(1732—1793):初名汝芳,字蓀圃,亦字公路,號卜山。平定城人,著有《陸宣公翰苑集注》《平定州誌考誤》《歙縣誌》《黄山志》《公餘雜談》《社倉考》《春秋世系》《榆關考》等。

⑳徐崑(1715—?):字後山,平陽(今山西臨汾)人,著有《柳崖外編》《雨花臺》傳奇等。

㉑王楷蘇、楷歐:清嘉慶時洪洞薄村人,詳情不可考。

㉒曹學閔(1719—1787):字孝如,號慕堂,山西汾陽人。著有《紫雲山房詩文稿》。其子曹錫齡(1738—1818),字受之,別號定軒,著有《周易集萃》《四書集萃》《翠微山房詩文集》。

㉓李錫麟(1749—1813):字徵生,號鐵船,亦號牧坪。清澤州鳳台(今澤州縣)人。嘉慶時,與陽曲王桂岩、臨縣李東木輯《山右詩叢》,著《鶴棲堂詩集》。

㉔周系英:生平未詳,曾任清中期山西提學使。

㉕張晉(1754—1819):字雋山,清代山西陽城人。著有《艷雪堂詩集》。

㉖董柴(?—1777):字也愚,號惟園、愚亭。清康熙至乾隆年間山西介休人,著名詩人。著有《補恩録》《半壁山房詩集》《如蘭集》等。

㉗蘇于沛:字雨亭,一字春圃,别號棲岩山人,徐溝人。明嘉慶六年拔貢。有《賜綺堂詩集》《賜綺堂詩續集》《賜綺堂詩稿》。其弟蘇于淦。

㉘王訢:生平未詳。

㉙閻南圖:字搏風,號天池,山西榆次人。工詩畫,著《林雨蛩蜥集》。

㉚宋在詩:字雅伯,號野柏老人。安邑(今運城市夏縣)人。官至閣學。作《論語贅言》。

㉛鑒:即宋鑒(1927—1790),字元衡,通經學,長於考據,有《尚書考辨》《説文解字疏》《易見》《漢書地理考》等。其孫宋葆醇。

㉜張敦仁(1754—1834):字古愚,清藏書家、學者、數學家。山西陽城縣潤城鎮人。撰《輯古算經細草》三卷。

㉝葆醇:即宋葆醇(1748—?),字帥初,山西安邑(今運城)人,清乾隆時舉人,工書畫。

㉞申兆定:字圓南,號鐵蟾,山西陽曲人。工八分書,撰《涵眞閣漢碑文字》。

㉟安清翰(1728—1791):山西垣曲人。著有《竹草堂詩稿》。弟安清翹(1756—1829):字翼聖,號寬夫,主要著作有《數學五書》。

㊱元烺:即何元烺,山西靈石兩渡村人,工詩,善書,著有《方雪齋試帖》。

㊲道生:即何道生(1766—1806),字立之,號蘭士。工詩,善畫山水,著有《雙藤書屋詩集》。与何元烺同榜進士。

㊳耿繩:即何耿繩,清道光年间进士,著有《治學一得篇》《牧令書四種》《退學齋詩集》。

㊴啓封:即溫啓封,生於清代太谷縣官宦世家,其祖父常綬官給事,父承惠官總督,啓封本人官刑部郎中。其子忠翰中同治元年(1814)一甲第三名,官湖北按察使,著有《遺山詩髓》。忠善、紹棠,生平無考。

㊵徐潤第(1760—1827):字德夫,號廣軒,五台縣東冶鎮人。工書法,治先儒諸理學書。其子徐繼畬集輯雜著《敦艮齋遺書》十七卷,制義二百餘條,名《敦艮齋時文》。

㊶繼畬:即徐繼畬(1795—1873):字松龕,又字繼男,歷任廣西、福建巡撫,閩浙總督,總理衙門大臣,著有《瀛環志略》等。

㊷張廷銓:字叔衡,號古愚,清陽曲敦化場村人,張映宿三子,署大同府、夏縣訓導,編《陽曲縣誌》。張廷鑒:張映宿次子,字郎甫,號靜生,嘉慶六年(1801)進士,官內閣中書,著有《中庸遺語》。張映宿:字次南,乾隆三十一年(1766)進士,官河南滎陽等地知縣,有《鶴舫詩鈔》存世。張廷鑒、張廷銓兄弟在編抄六卷《傅青主語言拾遺》的基礎上,召集晉省名士張震、劉霦等,商議整理出版傅山遺著,最終由劉霦完成《霜紅龕集備存》的刊刻。

㊸折遇蘭:字佩湘,號霽山,陽曲人。乾隆庚辰(1760)進士,官揭陽知縣。有《看雲山房詩草》。

㊹劉霦:號雪崖,歲貢生,清咸丰時壽陽人,爲傅山整理其著作,成《霜紅龕集備存》。

㊺山及子眉:指傅山及其子傅眉。

㊻祁韻士(1751—1815):字鶴皋,壽陽人。乾隆間翰林院編修,文史兼優,有《蒙古四部王公表傳》《伊犁總統事略》《藩部要略》《西陲要略》,開西北史地學先河。

㊼張穆(1805—1849):初名瀛暹,字石舟,亦字石州,平定人。清代地理學家、詩人和書法家,著有《蒙古遊牧記》《俄羅斯補輯》《魏延昌地形志》等。

㊽張子特(1789—1858):字伯喬,號鶴亭,曲沃見賢村(今楊談鄉萬戶村)人,道光戊子副榜,著有《七經拾遺》等。

㊾閻汝弼:字夢岩,清咸丰六年(1857)進士,官刑部,理學家,著《周易爻徵廣義》等。

㊿馮志沂(1814—1867):字魯川,山西代州(今屬代县)人。嘗從梅曾亮

游,古文得其家法。著有《微尚齋詩文集》。

(51)喬松年:清山西徐溝人,字健侯,號鶴儕,著有《論語淺解》《蘿摩亭札記》《喬氏載記》等。

(52)王錫綸(1809—1878):字印川,忻州洪川人,貢生,官臨汾訓導,著有《怡青堂詩集》。其弟王錫疇,字子範,著《寄魂谷詩草》。

(53)程林宗:武鄉人,清初大詩人程康莊五世孫。有詩收入其友範士熊所編《南亭詩鈔》,共124首。

(54)範士熊:號悅山,清中期武鄉人,著有《瘦寒吟稿》,主編《南亭詩鈔》,收録清代順治至道光時鄉間詩人作品。

(55)李時升:清代洪洞縣人,貢生,著有《霍山詩録》,編《古羊詩鈔》。

(56)楊深秀(1849—1898):號孴孴子,字漪村或儀村,山西聞喜人。清末維新變法人士,爲"戊戌六君子"之一。精通中西數學,有《楊漪村侍御奏稿》《虛聲堂詩抄》《聞喜縣新誌》。

(57)二楊:即楊篤、楊深秀。

(58)豗突㕧囂:奔突衝撞,大聲喧嘩。

(59)迂疏弇陋:迂遠疏闊,見識淺陋。

評述:明清書院盛行,另有家學綿延,山西人物鼎盛,各有所專。

柞閈吟庵詩學談

目　録

序

壬戌冬，任進山中學教授事，值陽曆新年後，各校隨放寒假，校中授課乃改爲隨意講述，閑説詩歌。竊見近年講説詩歌者，或失之蕪淺，或失之博奥，爲青年説法，似皆未宜，加以平仄對偶失究有年，即舉世行諸詩話擇授之，恐諸生猶有未能領解者，彼夫禪喻妙悟諸説，烏乎云合哉！於是略區爲詩歌之變遷，詩歌之格法[①]，俾明其概。繼録翁氏方綱之《五七言詩舉隅》爲詩歌之聲調；吴氏汝綸之《古近體詩選》、姚氏鼐之《唐絶句詩選》爲詩歌之程式。共區四目，初學究心，庶易得門而入乎。諸生撮録既竟，將付梓人[②]，於是踵向諸撰述之例，命曰《柞閈吟庵詩學談》云。

嘉平下澣榆次常贊春子襄識。

①格法：成法，法度。

②梓人：指印刷業的刻版工人。

一、詩歌之變遷

我國詩歌其成爲章段者，以《詩經》爲最完全。然試讀《論語·堯曰》篇首章首節，堯命舜辭即完全用韻。蓋以簡單之辭，事過旋忘，押之以韻，乃可常爲，念誦記憶亦便。次則舜之作歌[①]，皋陶賡歌[②]，見於《書經》，此爲最初詩歌之確有可考者，非其他僞書，或諸子寓言所存者可比也。

①舜之作歌：傳云歌名《韶樂》。《書·益稽》云："簫韶九成，鳳皇來儀。"

②皋陶賡歌：據《尚書·虞書·益稷谟》記云："元首明哉，股肱良哉，庶事康哉。"

既有詩歌，須講作意。《書經》舜曰："詩言志[1]，歌永言[2]。"聲依韻律和聲，是確爲詩歌入樂之定解，亦即吾國講詩法、詩格律、聲調之敎最先者乎？

①詩言志：詩是用來表達人的志意的。《史記·五帝本紀》作"詩言意"。

②歌永言：指詩歌是延長詩的語言，徐徐咏唱，以突出詩的意義。永，長。

夏商以來，詩歌存者不過單辭片語。至周之興，文王系易卦詞，周公續爻詞，即往往用韻。及國基既定，習爲尚文。於是首及王畿[1]，次及各國，並由太史採録，區以風（列國歌詩）、雅（王畿歌詩）、頌（廟祭歌詩），而詩體用備，大概風則多平民之作，雅多士夫之作，頌則既歌且舞，出於史官，完全官樣辭章也。

①王畿：古指王城周圍千里的地域。後泛指帝京。

周轍既東，天子不能統禦列國，又朝多失政，士民不平，於是有變風及變雅[1]諸詩。及孔子適周，觀書於太史，乃整齊其聲韻，刪汰其繁蕪，並各明其由合，收輯詩歌，討論詩歌，考證詩歌，匯而爲一，即今《詩經》。取其無論何人，可以常爲誦説，一則可以識古，一則可以藉助述情也。

①變風及變雅：一般是指反映周政衰亂的作品，盛世爲正聲，亂世爲變聲。變風指《詩經》"國風"中邶至豳等十三國的作品。變雅指《詩經》中《小雅》《大雅》的部分內容，與"正雅"相對，具體指那些篇章，仍有待考證。

戰國以來,詩歌無復採録。惟楚屈原去《詩經》比興體格[1],衍爲曼聲[2]長篇,一變前此三言四言之舊,其徒宋玉、景差相續流傳。又趙人荀卿亦有《賦篇》《成相篇》[3]等,皆用韻語,狀物或述事,即秦代、楚漢之交,所有詩歌,猶是此一派耳。

①體格:指詩文或字畫等的體裁格調,體制格局。

②曼聲:詩歌舒緩而長的聲音。

③成相篇:《荀子》中的《成相篇》和《賦篇》,都是四言賦體。

漢初有唐山夫人[1]《房中歌》,變曼聲促調[2]反爲四言,頗見肅穆之概。及武帝喜文學,淮南王、梁王亦多招養文士,所尚者多近楚調[3]。司馬相如、枚乘等,衍其辭爲長賦。於是楚詞中名詞,混入通用文中,惟蘇武、李陵爲五言詩[4],述情寫景並有其勝,而《十九首》等亦雜出其間,自是五言古詩乃在詩歌中佔重要位置。雖有四言七言諸詩,未能爭勝於五言,此時期可稱五言歌詩始盛時代,亦詩樂分離時代。

①唐山夫人:漢高祖劉邦的寵姬,生平事迹不詳,作有《房中祠樂》(又名《安世房中歌》)十七章,最早見録於班固《漢書·禮樂志》,一般傾向於屬宗廟歌詩。也有學者認爲作者不是高帝唐山夫人,而是武帝時代所創製的歌詩,亦非宗廟歌詩。

②促調:節奏急促的曲調。

③楚調:楚地的曲調。常與吴弦、燕歌對舉。後爲樂府相和調之一。

④蘇武、李陵爲五言詩:傳於詩壇的李陵、蘇武詩,有評論家認爲是五言詩之祖,經歷代多位文化人共考,應爲六朝人僞作。

漢武帝既重文臣,又興樂府[1],使其時用知樂儒者講明其故,何至詩樂分離,乃用閹人李延年掌樂府,製爲新聲,無復古意。雖河間獻王奏上雅樂,亦不過視爲一種潤色承平之具，自是樂府亦列於詩歌之一種，其詞多述民間事實，或借物取興，尚有《詩經》國風之遺。惟間用方俗語入詞，則戾[2]於大雅，以故不能爭五言詩之席也。

①樂府：是管理音樂的官府機構，樂即音樂，府即官府，這是它的最初含義。根據《漢書·禮樂志》記載，漢武帝時，設有採集各地歌謡和整理、製訂樂譜的機構，名叫"樂府"。後來，人們就把這一機構收集並製譜的詩歌，稱爲樂府詩，或者簡稱樂府。到了唐代，這些詩歌的樂譜雖然早已失傳，但這種形式卻相沿下來，成爲一種沒有嚴格格律、近於五七言古體詩的詩歌體裁。魏晉六朝將樂府所唱的詩，漢人原叫"歌詩"的也叫"樂府"，於是所謂樂府便由機關的名稱一變而爲一種帶有音樂性的詩體的名稱。至唐代，所謂樂府又一變而爲一種批判現實的諷刺詩。宋元以後，也有稱詞、曲爲樂府的。

②戾：違背，違反。

自是以後，士大夫多五言詩，間或按樂府聲律作樂府詩。而民間又有一種謡諺，以詞之長短，而分界乎詩與樂府間，自是而至後漢、魏、晉、宋諸代，可謂詩歌統一時代。

蕭齊以來，始尚琢句[1]。其時境内平静，君臣漸溺聲色，樂府諸詞，流於淫靡[2]。梁陳繼之，其君臣且以淫靡詩歌互爲唱和。隋氏並陳，南方人文漸及北土，煬帝君臣雖有邊塞蒼涼之作，淫靡之風猶不能免也。

①琢句：推敲詩文的字句。

②淫靡：謂文辭浮華艷麗。

北朝詩歌自魏文趨向華風[1]，而後又與南朝互爲通使，其文士歌詩濡染南習，而武人所爲尚不失豪邁氣象。樂府中《木蘭辭》篇尤著於世，北齊沿之，北周則頗厭其淫靡，矯以古雅。隋篡周猶承其風，惟煬帝文詞華妙，能兼南習耳。

①華風：浮華的文風。

李唐繼起，文風雖因於隋，然因樂府中有雜言體，遂變爲七言古風。間有用樂府原題作唐七言古風。而五言詩承琢句之餘，乃裁爲八句，平仄須調，虛實須對，是爲五言律詩，以別於前此五言。再廣之爲七言律詩，亦八句，其意有不盡多爲句者，曰排律。以樂府中四句歌詩名曰絶句。五言、七言，分劃不混，蓋自晉而後，至此爲詩歌最發達時代，亦樂府與詩漸爲合一時代。

唐之盛時，以詩賦取士。上所偏重，下易成風。於是五言律特多，初猶沿陳、隋以來華辭浮響，及後則寓禪意妙悟、悲慨蒼涼。七律隨以俱盛，七古亦多爲浩瀚發皇[①]之勢，幾駕五古之上，其中葉尤爲極盛。迄宋以來猶沿其波。

①發皇：發達興盛。

唐代詩人大率以五七古爲古體詩，五七律絶句爲近體詩。又有詞曲小令一體，由蕭梁樂府小詩蜕化而成。南唐君臣特善此體，及宋詩家亦多間作，南宋此體大興，幾與詩家抗席，於是又有長調、中調、小調區分，而成詩與詞分立之時代。

元興，不重文學，文人緣宋、金詩學之餘，於是化分爲合，組以史事，或借意傳達隱曲[①]，於是詞之外又蜕化戲曲，始獨短折，後乃衍爲長本，登場扮演。明清以來，其風更盛，至是詩歌一體中，有古體、近體、詞學、曲學之區分，詩與詞性質稍近，若曲則必協歌曲，且雜用方俗語言，以助其聲容及表情。以故近所有新詩一派，雖云由翻譯他國歌詩所蜕化，其黠者或取材於詞曲以助作意，此詩歌遞爲轉變之大略也。

①隱曲:鮮爲人知的苦衷,難言之隱。

總之自漢五言詩興,樂府分離以來,大率寫意者,或文人多作詩叙事,或民間猥積[①],多在樂府。唐人合之,則概歸文人,而民俗歌唱但有七言絶句,五七律多屬之應用酬贈,五絶作者較爲少數,詞則多爲叙述兒女情事,如齊、梁樂府。宋以後,詞亦有如唐人古風之筆仗[②],然是變格[③],若曲則般演[④]愛情哀情等適用,蕭梁以來一派般演忠義激烈者適用。唐人七古一派,雖云别於詩歌,其精神非工詩詞者不能爲是,又略辨其所爲同異之故,而爲之辭也乎。

①猥積:聚集,多而集中。

②筆仗:謂書畫詩文的風格。

③變格:定格變化後形成的譜式。變格往往使詞或曲在句式、平仄等方面發生增減變化。變格有時形成新的詞牌或曲牌。

④般演:即搬演。把某一事實或故事用戲劇或其他文藝形式表現出來。

評述:以上爲詩歌變遷,隨時代而有文體内容的差異。

二、詩歌之格法

詩歌之學,第一步須明體格。蓋無論何種學術,必須明其質性[①],然後乃能供吾所用。詩歌之在上古,本無所謂體格也,自周代文化大進,於是詩乃有風、雅、頌之分。漢以來則五言既成,其樂府中有曰《琴操》[②],用之琴歌[③];曰謡,率寫一方景物;曰吟、曰詞,半爲述情;曰引、曰咏、曰曲、曰篇諸名者,大率長篇爲多,唐人七言古詩多用之;或曰歌、或曰行,體皆相近;至於口號[④]則在七絶,用於臨時而成者曰漫與。宋以來訛與爲興，相沿不易；曰怨、曰嘆、曰思，則五七絶之古體近樂府者用之。此皆初學者不可不以爲讀詩學時明辨之助也。五七長律及排律有顯標賦得[⑤]字者，或取樂府及其他成語，借以達意者用之。外如和韻，則依人示我之詩之韻。如用韻則我用古人或近人成詩之韻，此體唐白居易、劉禹錫詩中爲多。宋蘇軾尤喜爲之。或倒和者，用原詩之末韻，用之起韻。凡有此類，其題目大率唱和者爲多。

①質性：資質，本性。即性質。

②琴操：爲解説琴曲標題的著作。傳爲東漢末年蔡邕所撰，二卷。它是現存介紹早期琴曲作品最爲豐富而詳盡的專著。原書已佚，經後人輯録成書。

③琴歌：即撫琴而歌，是古琴藝術的重要表現形式之一，能夠較好地表現古琴富於歌唱性的特點。

④口號：古詩標題用語。表示隨口吟成，和"口呫"相似。

⑤賦得：凡是指定、限定的詩題例在題目上加"賦得"二字。這種作法起源於應製詩，後來廣泛用於科舉試帖詩。

評述：讀詩先明其體，方知其意。古詩詩題一般有所揭示，如琴操、謡、吟、詞、引、咏、曲、篇、歌、行、口號、漫興、怨、嘆、思、賦得、和韻、用韻、倒和等，皆書於詩題以示讀者，以明其寫詩緣由及成例，故不可不審。

唐杜詩中，有近乎樂府之古質述情者，自定題目[①]，即白居易新樂府之起源。蓋其詞未必能入樂，而意實大近，且便吟諷。楊維禎[②]因其體以咏史事，可謂别開生面。明李東陽[③]遂歷檢史事成語爲目，貫串事實，爲咏史樂府。清初尤侗[④]又採明史事，因李之制，後有漢、唐、南唐、南漢諸作，又有金源本事詩，實皆此一派。又有小樂府[⑤]，題同上述，而詩則用五絶，是爲别派。至於宫詩分代，則專述帝王雜事，分代則兼述民間瑣屑，率用七言絶句，凡此皆所謂變體也。

①唐杜詩中句：指杜甫繼承了漢魏樂府“感於哀樂，緣事而發”的精神，擺脱樂府古題的束縛，創作了不少“即事名篇，無復依傍”的新題樂府。

②楊維禎（1296—1370）：字廉夫，號鐵崖、東維子。元文學家、書法家。原籍浙江諸暨。其詩作稱“鐵崖體”。著有《東維子集》《鐵崖先生古樂府》《春秋合題著説》《史義拾遺》《麗則遺音》《復古詩集》等。

③李東陽（1447—1516）：字賓之，號西涯，明朝長沙府茶陵州（今屬湖南）人。明代中後期，茶陵詩派的核心人物，詩人、書法家、政治家。

④尤侗（1618—1704）：清代文學家。字同人，一字展成，號悔庵，又號艮齋，晚自號西堂老人。江南長洲（今江蘇蘇州）人。其詩有《擬明史樂府》。

⑤小樂府：意爲樂府詩之篇幅短小者，常爲五言四句。

評述：以上述詩歌變體，在唐以後不再拘於題目所限，以内容分爲咏史、宫體。

漢以來，有自述身世之詩。至於六朝，大率用四言或五言者爲多。唐杜甫七歌①，則變爲歌行體矣。至後則或有用近體五七律者，又有專一卷詩作七絶體，以當叙述身世遭逢，如自編年譜，然此又咏史諸詩之變者耳。

詩歌之作法，章法爲第一。要如述情，必有遠因近况，或借物作比，借古爲證等。叙事必有來由，究竟或叙中夾議，或事外有意，或取旁觀反振等。寫景必按時間事物，或遠眺，或近矚，或借景動情、因時感事等。狀物必依其物之形狀性質，或加以形容，或借爲感嘆，或引古事，或寓己情等。至於一題數首爲聯，章法更宜分虚實前後，發之筆墨，自然成章不紊。不然，前後失序，虚實失宜，呼應不通，重複不免，無論古體近體，有一於是，皆不成詩。且長篇中須有頓挫波瀾，短篇中須要含蓄不盡，次第分明，情致允當，皆而此章法之究之效也。

①唐杜甫七歌：是唐代大詩人杜甫的組詩，作於窮愁絶境之時，展示詩人當

時複雜不平的心態，眞切感人。因作詩時寓居同谷縣，故也稱“同谷七歌”。

章法既定，再講句法。如四言、五言概爲絶體。若擬樂府，則三、四、五、六、七言等相間而成。甚或八言、九言以取壯其勢。七言古則較五言範圍稍寬，因其源由樂府蛻化而成也。但以七言爲主，絶體固佳，用雜言以作波瀾，亦往往而見也。若夫古體近體之分，則古詩句宜勁直，近體句宜華婉；古體句平仄有變通，近體句平仄難假藉；以及慷慨詩不宜有浮艷句，高尚詩不宜有富麗句，富貴詩不宜有貧苦句，邊塞詩不宜有閨閣句。古詩之對句，多主於意，律詩之對句，多審乎辭。絶句則有前二對後二不對者，亦有前二不對後二對者，或四句皆對，或四句皆不對者，則在平日讀詩留神。及三編之聲調舉例，四編之各體程式，詳加討論可知其故，非此諸語所能盡也。

詩歌章法、句法既定，亦可以告成矣，而字法尤爲重要也。譬之畫圖，輪廓格局着色等事，雖云完備，然其時物也、陰陽向背也、疵病補救也，必賴此而圖乃可觀。字法之於詩歌，何不然乎？其有用字於通體章法者，自揭明後，須處處跟定，反正開合，不離其宗。有用以表時序者，四季景物字樣，不容含混，有用以表在地者，山水村邑各有其字，不容雜厠；有用以表物態者，飛潛動植，各依其類之字，必用得其當，乃見精神。若夫絶句，僅有四句，必須注意其精神，得此一字則活，不得則死。律詩則宜字整，而用散字、宜字，而用渾字，則神氣全非。諸如此類，讀詩歌能留得神，他日作詩，自然各歸所指，不至漫漫一片，致讀者不知所云也。

以上所云，皆字之見於特别者也。而尤有響啞之分，亦不可不知其略。蓋平韻詩，上句尾多用上去聲字便浮飄，必須間用入聲字，以爲音節頓挫。仄韻詩上不當如此，其句尾雖多用平聲字，然韻在入聲者，間用上、去聲字，在上去聲間用入聲，讀之令人神往。若魚、虞等韻，是近乎啞，必配以上、去聲之響字。灰陽等韻是近乎響，即配以啞字或入聲字亦能激揚。若東、冬、蒸、龍等韻音近濁，眞、先、蕭、麻、庚等韻音較清，作詩之講檢韻，亦最要事。然必審乎其用，題目正大，以響及近濁等爲宜，否則清輕爲宜，此均臨時審擇之功。至其聲調，則三編所舉皆屬古體。此於絶律，亦略述之：仄起平接式，五言：（仄）仄（平）平仄，平平（仄）仄平；（平）平平仄仄，（仄）仄（仄）平平。凡畫括弧者，可參活。平起仄接者，以後二移前即是也。七言之式，每句加二字，仄起者上加二平，平起者加上二仄。若律詩之首句押韻者，第三字與五字一換即是；七言則五字與七字一換即得。俗傳"一、三、五不論，二、四、六分明"，是唐人七律聲調參活法，五律則僅一二參活，然皆須上下句互爲補救乃見音節。凡此皆是讀詩時比較自得也。

洪洞董研秋文渙著《聲調四譜》，與王顧齋軒研詩而得者。曾文正國藩選有《十八家詩鈔》，講詩之風格。山東李青萍锳[①]有《詩法易簡録》，亦多主格律且明白確當。吾輩他日可以之而證格法，若侈言性情不究格律，彼田夫野老亂歌無序，豈可云詩乎？其佳者雖云自鳴天籟，然必與詩歌洽合爲多。吾輩學者詩歌，乃例於田夫野老，是求進乎？求退乎？總之詩歌固重性靈，然必範性靈以格律。捨性靈而講格律，未免虛器[②]；合格律而言性靈，何所裁成。必具有詩之才，以運用性靈。詩之字，以究心格律；詩之識，以論古道今。不然則江湖游士，浮薄小儒，固往往爲詩矣。嗚呼!詩歌豈若輩所解者哉!

①李青萍锳（1719—1768）：字青萍，名锳，號端麯，清山東掖縣（今萊州）人，官揚州通判，廣信知府，右江兵備道。所著《漫遊草》等，多散佚。詩法論著《詩法易簡全録》，爲初學詩者讀本。

②虛器：虛設器物，此處指只講格律，内容空洞無物。

評述：《五言詩平仄舉隅》《七言詩平仄舉隅》爲翁方綱所撰，贊春先生借以論詩之聲韻。以下爲翁書原文。

三、詩歌之聲韻

五言詩平仄舉隅

二十年前，在粵東使院九曜池上，與學侶論詩，偶識此兩卷，不足示人也。今因著録漁洋先生[①]平仄論，不得已而附此於後，良用恧然[②]。壬子十月二日大興翁方綱撰。

①漁洋先生：清初詩人王士禛，别號漁洋山人。

②恧然：慚愧貌。

《咏懷》録七[①]

阮嗣宗[②]

①録七：爲輯録七首之意。以下括號内楷仿宋字爲翁氏原文。

②阮嗣宗：即阮籍(210—263)，字嗣宗。陳留尉氏(今屬河南)人。三國魏詩人。

夜中不能寐，起坐彈鳴琴。
薄帷鑒明月，清風吹我襟。
孤鴻號外野，翔鳥鳴北林。
徘徊將何見，憂思獨傷心。

(第四句"我"字，末句"獨"字，皆必須用仄者，"清風""風"字則提起之健筆也。)

平生少年時，輕薄好弦歌。
西游咸陽中，趙李相經過。
娛樂未終極，白日忽蹉跎。
驅馬復來歸，反顧望三河。
黃金百鎰盡，資用常苦多。
北臨太行道，失路將如何。

（阮亭先生以五言出句第三字與對句第三字相乘，然對句第三字之平仄亦必兼合。七句煞尾，一字節拍定之，其似變調而實非變調，以此有謂五平之句對必五仄；五仄之句，對必五平者。有謂對句全似律，則其出句必極拗；出句全似律，則其對句必極拗者，此皆閱歷之言，而究非平心定氣之論。若此篇"西游咸陽中"五平句也，其對句反用一仄三平，何嘗五平必對五仄乎？"白日忽蹉跎"，對句全似律也。其出句既用仄字，煞尾仍用第二字仄，第四字平，與五律起句亦相似，何嘗對句似律，出句必拗乎？豈但已哉！其下又有仄韻"望三河"一句，全似律者而其氣又勁，其節轉何，是何故哉！）

昔聞東陵瓜，近在青門外。
連畛距阡陌，子母相鈎帶。
五色曜朝日，嘉賓四面會。
膏火自煎熬，多財爲患害。
布衣可終身，寵禄豈足賴。
灼灼西隤日，餘光照我衣。
回風吹四壁，寒鳥相因依。
周周尚銜羽，蛩蛩亦念飢。（此一亦字十倍之勁。）
如何當路子，磬折忘所歸。
豈爲夸譽名，憔悴使心悲。
寧與燕雀翔，不隨黃鵠飛。

黄鵠游四海，中路將安歸。

步出上東門，北望首陽岑。

下有採薇士，上有嘉樹林。

良辰在何許，凝霜沾衣襟。（霜字平聲在第二字尤勁。）

寒風振山岡，玄雲起重陰。

鳴鴈飛南征，鶗鴂發哀音。

素質游商聲，悽愴傷我心。

（即五平五仄句，亦各自有變化，歸宿如前篇。“西游咸陽中”是出句，則筋脈在“咸”字、“中”字。此篇“凝霜沾衣襟”是對句，則筋節全一概而論也。）

湛湛長江水，上有楓樹林。

皋蘭被徑路，青驪逝駸駸。

遠望令人悲，春氣感我心。

三楚多秀士，朝雲進荒淫。

朱華振芬芳，高蔡相追尋。

一爲黄雀哀，淚下誰能禁。

（平對仄，仄對平，此乘除闔闢之理也；平因平，仄因仄，此乘除變化之理也。）

徘徊蓬池上，還顧望大梁。

緑水揚洪波，曠野莽茫茫。

走獸交横馳，飛鳥相隨翔。

是時鶉火中，日月正相望。

朔風厲嚴寒，陰氣下微霜。

羈旅無儔匹，俛仰懷哀傷。

小人計其功，君子道其常。

豈惜終憔悴，咏言著斯章。

《雜詩》録三

張景陽①

①張景陽：即張協(?—307?)，字景陽。安平(今屬河北省)人。與其兄張載、其弟張亢，均是西晉有名的文人，時稱"三張"。

秋夜涼風起，清氣蕩暄濁。
蜻蛚吟階下，飛蛾拂明燭。
君子從遠役，佳人守煢獨。
離居幾何時，鑽燧忽改木。
房櫳無行迹，庭草萋以緑。
青苔依空墻，蜘蛛網四屋。
感物多所懷，沉憂結心曲。

（此則阮亭先生所講仄韻詩之正調也，然"萋"字必平，以上句仄在尾也。）

述職投邊城，羈束戎旅間。
下車如昨日，望舒四五圓。(第三四字亦必上去相扭。)
借問此何時，胡蝶飛南園。
流波戀舊浦，行雲思故山。
閩越衣文蛇，胡馬願度燕。
風土安所習，由來有固然。
結宇窮岡曲，耦耕幽藪陰。
荒庭寂以間，幽岫峭且深。(第三四字亦以上去相扭。)
淒風起東谷，有渰興南岑。
雖無箕畢期，膚寸自成霖。

澤雉登壟雊，寒猿擁條吟。

溪壑無人迹，荒楚郁蕭森。

投耒循岸垂，時聞樵採音。

重基可擬志，回淵可比心。

養眞尚我爲，道勝貴陸沈。

游思竹素園，寄辭翰墨林。

《咏史》録二

左太冲[①]

①左太冲：即左思（约250—305），字太冲，臨淄（今山東淄博）人，生卒年不詳，西晉文學家。今存賦2篇，詩14首。《三都賦》與《咏史》詩是其代表作品。贊春先生録其《咏史》二首、《招隱》二首。

弱冠弄柔翰，卓犖觀群書。

著論準過秦，作賦擬子虛。

邊城苦鳴鏑，羽檄飛京都。

雖非甲胄士，疇昔覽穰苴。（第三字變化排蕩。）

長嘯激清風，（"風"字平聲排蕩。）

志若無東吳。

鉛刀貴一割，夢想騁良圖。

左眄澄江湘，右盼定羌胡。

功成不受爵，長揖歸田廬。

鬱鬱澗底松，離離山上苗。

以彼徑寸莖，蔭此百尺條。

世胄躡高位,英俊沉下僚。
地勢使之然,(此極勁之筆,非律句也)
由來非一朝。
金張借舊業,七葉珥漢貂。
馮公豈不偉,白首不見招。
(經以中間第三字一連四仄作收,其勢一往無前。)

《招隱》二首

左太冲

杖策招隱士,荒塗横古今。
岩穴無結構,丘中有鳴琴。
白雲(一作雪)停陰岡,丹葩曜陽林。
石泉漱瓊瑤,纖鱗亦浮沉。
非必絲與竹,山水有清音。
何事待嘯歌?灌木自悲吟。
秋菊兼糇糧,幽蘭間重襟。
躊躇足力煩,聊欲投我簪。(亦有樞紐轉在第四字者,
經始東山廬,果下自成榛。如“非必絲與竹”四句是也。)

前有寒泉井,聊可瑩心神。
峭茜青葱間,竹柏得其眞。
弱葉棲霜雪,飛榮流餘津。(此五字皆平,則怡愉恬適
爵服無常玩,好惡有屈伸。之至矣。又與阮公篇中不
結綬生纏牽,彈冠去埃塵。同,其歸宿則仍在第三字,
惠連非吾屈,首陽非吾仁。所以至和且平也。)

相與觀所尚，逍遙撰良辰。

（“飛榮流餘津”五字皆平而彌諧和者，以其上七句第二字皆仄也。所以每句第二字最爲音節關鍵。）

重贈盧諶

劉越石①

①劉越石：即劉琨(271—318)，字越石，中山魏昌(今河北無極東北)人，西漢中山靖王劉勝後裔。西晉詩人、音樂家和愛國將領。《隋書·經籍志》有《劉琨集》9 卷，又《別集》12 卷，均佚。明代張溥輯爲《劉中山集》，收入《漢魏六朝百三家集》。

握中有玄璧，本自荆山璆。
惟彼太公望，昔在渭濱叟。（此句“渭”字在第三字間
鄧生何感激，千里來相求。以一仄。）
白登幸曲逆，鴻門賴留侯。
重耳任五賢，小白相射鈎。
苟能隆二伯，安問黨與仇。
中夜撫枕嘆，想與數子游。
吾衰久矣夫，何其不夢周。（此以下皆一氣卷制而下，
誰云聖達節，知命故不憂。不復可以變化名之。）
宣尼悲獲麟，西狩涕孔丘。
功業未及建，夕陽忽西流。
時哉不我與，去乎若雲浮。
朱實隕勁風，繁英落素秋。
狹路傾華蓋，駭駟摧雙輈。
何意百煉鋼，化爲繞指柔。

（性情之愉戚，事景之舒慘，聲調之正變，蓋各有當也。阮亭先生固亦云，山水閑適宜王韋，敘述鋪張宜老杜。原非盡以楊夢山皇甫兄弟概天下之作者。而今之論者，或執其一，以爲先生云爾，不亦誤乎！）

游斜川

陶靖節[①]

①陶靖節，即陶潛（約365年—427），又名陶淵明，字元亮，別號五柳先生，卒後親友私謚靖節，世稱靖節先生，柴桑（今江西省九江市）人。東晉末期南朝宋初期詩人、文學家、辭賦家、散文家。

開歲倏五日，吾生行歸休。
念之動中懷，及辰爲兹游。
氣和天惟澄，班坐依遠流。
弱湍馳文魴，閑谷矯鳴鷗。
迥澤散游目，緬然睇曾丘。
雖微九重秀，顧瞻無匹儔。
提壺接賓侶，引滿更獻酬。
未知從今去，當復如此不？
中觴縱遥情，忘彼千載憂。
且極今朝樂，明日非所求。

（陶詩琴聲也，王孟韋柳皆自此出，而原非句句三平耳。其筋搖脈動轉以第四字生發之。）

五月旦作和戴主簿

虚舟縱逸棹，回復遂無窮。（“遂”字妙仄。）
發歲始俯仰，星紀奄將中。
南窗罕悴物，北林榮且豐。
神萍寫時雨，晨色奏景風。（三四字上去互扭。）
既來孰不去，人理固有終。
居常待其盡，曲肱豈傷冲。
遷化或夷險，肆志無窊隆。
即事如已高，（“高”字妙平。）
何必升華嵩。

於南山往北山經湖中瞻眺

謝康樂[①]

①謝康樂：即謝靈運（385—433），東晉末年劉宋初年的文學家，詩人。祖籍陳郡陽夏（今河南太康），出生於會稽始寧（今浙江上虞）。山水詩的開創者。贊春先生輯録其诗三首。

朝旦發陽崖，景落憩陰峯。
捨舟眺迴渚，停策倚茂松。
側徑既窈窕，環洲亦玲瓏。
俛視喬木杪，仰聆大壑潨。
石横水分流，林密蹊絶踪。
解作竟何感，升長皆豐容。
初篁苞緑籜，新蒲含紫茸。

海鷗戲春岸，天鷄弄和風。
撫化心無厭，覽物眷彌重。
不惜去人遠，但恨莫與同。
孤游非情嘆，賞廢理誰通？

（謝詩密麗，其平仄於掩映顧盼出之。昔敖臞翁謂如東海揚帆，風日流麗，雖言天藻之工，亦備依永之理，而或者謂爲不肖，其亦不知審音者矣。）

猿鳴誠知曙，谷幽光未顯。
岩下雲方合，花上露猶泣。
逶迤傍隈隩，迢遞陟陘峴。
過澗既厲急，登棧亦棱緬。
川渚屢徑復，乘流玩回轉。
蘋萍運深沉，菰蒲昌清淺。
企石挹飛泉，攀林摘葉卷。
想見山阿人，薜蘿若在眼。
握蘭勤徒結，折麻心莫展。
情用賞爲美，事味竟誰辨。
觀此遺物慮，一悟得所遣。

廬陵王墓下作

謝康樂

曉月發雲陽，落日次朱方。
含凄泛廣川，灑淚眺連崗。
眷言懷君子，沈痛結中腸。
道消結憤懣，運開申悲涼。

神期恆若在，德音初不忘。

徂謝易永久，松柏森已行。

延州協心許，楚老惜蘭芳。

解劍竟何及，撫墳徒自傷。

平生疑若人，通蔽互相妨。

理感深情慟，定非識所將。

脆促良可哀，夭枉特兼常。

一隨往化滅，安用空名揚？

舉聲泣已灑，長嘆不成章。

（不字必仄乃可收也。此首入律者凡十三句，而純以正調開合頓挫，豈得謂之變哉！）

述　懷

魏鄭公[①]

①魏鄭公：即魏徵（580—643），字玄成。唐鉅鹿（今河北邢臺市）人，唐初政治家，封鄭國公，以直諫敢言著稱。《述懷》又作《出關》，是魏徵的代表作，也是初唐抒情詩的名篇。

中原還逐鹿，投筆事戎軒。

縱橫計不就，慷慨志猶存。

策杖謁天子，驅馬出關門。

請纓羈南越，憑軾下東藩。

郁紆陟高岫，出沒望平原。

古木吟寒鳥，空山啼夜猿。

既傷千里目，還驚九折魂。

豈不憚艱險，深懷國士恩。

季布無二諾，侯嬴重一言。

人生感意氣，功名誰復論。

（對句一連五句皆第二字仄第四字平，又一連五句皆第二字平第四字仄，而欲崚嶒之極，又諧和之極。讀此一首，則上而六朝，下而三唐，正變源流，無法不備矣，豈其必於對句末用三平耶？愚故於唐人五言特舉此篇，以見法不可泥乃眞法耳。）

望　嶽

杜少陵[①]

①杜少陵：即杜甫（712—770），字子美，號少陵野老，世稱杜少陵、杜工部。原籍襄陽（今屬湖北），生於鞏縣（今屬河南）。其詩顯示了唐代由盛轉衰的歷史過程，被稱爲“詩史”。後世尊爲“詩聖”。贊春先生輯録其詩二首。

南嶽配朱鳥，秩禮自百王。

欻吸領地靈，鴻洞半炎方。

邦家用祀典，在德非馨香。

巡守何寂寥，有虞今則亡。

洎吾隘世網，行邁越瀟湘。

渴日絶壁出，漾舟清光旁。

祝融五峰尊，峰峰次低昂。

紫蓋獨不朝，爭長業相望。

恭聞魏夫人，群仙夾翱翔。

有時五峰氣，散風如飛霜。

牽迫限修途，未暇杖崇岡。

歸來覬命駕，沐浴休玉堂。
三嘆問府主，曷以贊我皇。
牲璧忍衰俗，神其思降祥。

秋行官張望督促東渚秏稻向畢清晨遣女奴阿稽豎子阿段往問

東渚雨今足，佇聞粳稻香。
上天無偏頗，蒲稗各自長。
人情見非類，田家戒其荒。
功夫競搰搰，除草置岸旁。
谷者命之本，客居安可忘。
青春具所務，勤墾免亂常。
吳牛力容易，並驅動莫當。
豐苗亦已穊，雲水照方塘。
有生固蔓延，靜一資堤防。
督領不無人，提攜頗在綱。
荊揚風土暖，肅肅候微霜。
尙恐主守疏，用心未甚臧。
清朝遣婢僕，寄語逾崇岡。
西成聚必散，不獨陵我倉。
豈要仁里譽，感此亂世忙。
北風吹蒹葭，蟋蟀近中堂。
荏苒百工休，郁紆遲暮傷。

（杜詩無一首非譜也，略舉兩篇以見其概，即《北征》《南山》可推矣，即元、白、蘇、黃可推矣。）

七言詩平仄舉隅

箜篌引

王龍標①

①王龍標：即王昌齡（690—756），字少伯，唐古原人。因其曾任龍標尉，世稱王龍標，又有“詩家夫子王江寧”之稱。邊塞詩人，後人譽爲“七絶聖手”。今存詩一百七十餘首。

盧溪郡南夜泊舟，夜聞兩岸羌戎謳。
其時月黑猿啾啾，微雨沾衣令人愁。
有一遷客登高樓，不言不寐彈箜篌。
彈作薊門桑葉秋，風沙颯颯青冢頭。
將軍鐵驄汗血流，（汗字妙仄，若非此字之仄，則不得勢矣。）
深入匈奴戰未休。（此以似律句作開宕。）
黄旗一點兵馬收，亂殺胡人積如丘。
瘡病驅來配邊州，仍披漠北羔羊裘。
顔色飢枯掩面羞，（此非律句。）眼眶淚滴深兩眸。
思還本鄉食牦牛，欲語不得指咽喉。
或有强壯能噫呦，意説被他邊將仇。
五世屬藩漢主留，碧毛氈帳河曲遊。
橐駝五萬部落稠，敕賜飛鳳金兜鍪。
爲君百戰如過籌，静掃陰山無鳥投。（此非律句。）
家藏鐵券特承優，黄金千斤不稱求。
九族分離作楚囚，深溪寂寞弦苦幽。

草木悲感聲颼飀，僕本東山爲國憂。
明光殿前論九疇，篾讀兵書盡冥搜。
爲君掌上施權謀，洞曉山川無與儔。
紫宸詔發遠懷柔，搖筆飛霜如奪鈎。（此非律句。）
鬼神不得知其由，憐愛蒼生比蚍蜉。
朔河屯兵須漸抽，盡遣降來拜御溝。
便令海內休戈矛，何用班超定遠侯，
史臣書之得已不？

（古詩音節以律句爲抽放，凡有長句叠句者皆然，而"柏梁體"尤不可不和轉筋脈，讀此可知其概。簳石云，七言"柏梁體"，尤以第五字之仄見筆力。）

麗人行

杜少陵

三月三日天氣新，長安水邊多麗人。
態濃意遠淑且眞，（五六字入上互扭，於中間作推拓。）
肌理細膩骨肉勻。
綉羅衣裳照暮春，（裳字平聲開筆。）
蹙金孔雀銀麒麟。
頭上何所有？翠微盍葉垂鬢脣。
背後何所見？珠壓腰衱穩稱身。（五六字亦以上去互扭。）
就中雲幕椒房親，賜名大國虢與秦。（五六入上互扭。）
紫駝之峰出翠釜，水晶之盤行素鱗。
犀箸厭飫久未下，鸞刀縷切空紛綸。
黄門飛鞚不動塵，（五六字之仄皆因塵字叠入一句故也，
御廚絡繹送八珍。下句送八二字亦然。）

簫鼓哀吟感鬼神，(此亦非律句也。須要細看其筋搖脈轉之妙。)
賓從雜沓實要津。(應上不動送八兩句也，下句乃放出正聲。)
後來鞍馬何逡巡，當軒下馬入錦茵。(五六用仄搖曳之上
楊花雪落覆白蘋，青鳥飛去銜紅巾。入互扭。)
炙手可熱勢絶倫，(第五字用仄又一勒。)
愼莫近前丞相嗔。

哀王孫

杜少陵

長安城頭頭白烏，夜飛延秋門上呼。
又向人家啄大屋，屋底達官走避胡。
金鞭斷折九馬死，骨肉不得同馳驅。
腰下寶玦青珊瑚，可憐王孫泣路隅。
問之不肯道姓名，但道困苦乞爲奴。
已經百日竄荆棘，身上無有完肌膚。
高帝子孫盡隆準，龍種自與常人殊。
豺狼在邑龍在野，王孫善保千金軀。
不敢長語臨交衢，且爲王孫立斯須。
昨夜東風吹血腥，東來槖駝滿舊都。
朔方健兒好身手，昔何勇鋭今何愚。
竊聞天子已傳位，聖德北服南單于。
花門剺面請雪耻，愼勿出口他人狙。
哀哉王孫愼勿疏，五陵佳氣無時無。

(篇中叠入一韻者凡三句，"青珊瑚""臨交衢"二句，皆以三平正調叠入，所以下句緊接"泣路隅""立斯須"句。皆以第五字微變以承其勁勢。第六字"路"字

仍仄，“斯”字乃漸放平，此則自有淺深次第之不同矣。至末句“愼勿疏”，則必以仄字叠入方可，用三平正調作收，此一定之勢也。“問之不肯道姓名，昨夜東風吹血腥”二句，皆以出句用平煞尾，然皆在三平叠韻極勁之勢，方接之下，此可以司其乘除轉變之理矣。阮亭先生謂：七言平韻到底者，出句不可用平聲字煞尾，此蓋言其大略，而未及於潤澤爾。）

韋諷録事宅觀《曹將軍畫馬圖》

杜少陵

國初已來畫鞍馬，神妙獨數江都王。
將軍得名三十載，（此定是三字有作四字者不知音節者人也。
人間又見眞乘黃。若作四字則第一句畫鞍馬畫字既仄而此第
三句之第五字又用仄，則是印板文字矣。）
曾貌先帝照夜白，龍池十日飛霹靂。
內府殷紅瑪瑙盤，婕妤傳詔才人索。
盤賜將軍拜舞歸，輕紈細綺相追飛。
貴戚權門得筆迹，始覺屏障生光輝。
昔日太宗拳毛騧，近時郭家獅子花。
今之新圖有二馬，復令識者久嘆嗟。（五六字上去互扭。）
此皆騎戰一敵萬，縞素漠漠開風沙。
其餘七匹亦殊絶，迥若寒空動煙雪。
霜蹄蹴踏長楸間，馬官厮養森成列。
可憐九馬爭神駿，顧視清高氣深穩。
借問苦心愛者誰，後有韋諷前支遁。（第四字用仄，第五字
憶昔巡幸新豐宮，翠華拂天來向東。用平，此正調之互換
處，皆必然之勢也。）

騰驤磊落三萬匹，皆與此圖筋骨同。

自從獻寶朝河宗，無復射蛟江水中。（朝字平，江字又平，

君不見金粟堆前松柏裏，　　　　　　犟石云此兩句要得

龍媒去盡鳥呼風。　　　　　　　　　崚嶒之勢。然後結

句放平，來超超然，

和而暢有遠神矣。）

（"內府殷紅馬腦盤，婕妤傳詔才人索。"雙律句也。"盤賜將軍拜舞歸"，以單句律句承接之，而"霜蹄蹴踏長楸間，馬官廝養森成列。"此二句亦以"可憐九馬爭神駿"單句律句承接之，而"霜蹄"句卻已換一"長"字，蓋正當中間勁氣橫空而來，風利不得泊也。至於"金粟堆前"二句，則"新豐宮"句以下堂堂之陣壁壘精勁之極，勢不得不和以收之矣。益可見贈鄭虔"醉時""歌末"二句，有云結以律甚不健者，是未定之論也。犟石云，初唐朝古詩多諧似律句，然不可以律句目之。盛唐朝諸公不肯諧，所以健其諧者亦是，恰應如是。"更聞臺閣求"三語，遙想風流第一人，"自惜蔡邕今已老，更將書籍與何人。"此皆對而諧以作結也。但通首諧者，結句之出句第二字即與上字第二句相粘亦可，否則結句之第二字，必要不與上句第二字相粘爲更妙。如此首"自從""無復"二句如駿馬騰踏而來，"金粟"之"粟"字與上句"復"字卻已粘矣，而妙在用。君不見則粘而不粘，末二句之直放出更爲和暢也。）

丹青引

杜少陵

將軍魏武之子孫，於今爲庶爲清門。

英雄割據雖已矣，文采風流今尚存。

學書初學衛夫人，但恨無過王右軍。

丹青不知老將至，富貴于我如浮雲。

開元之中常引見，承恩數上南燻殿。

凌煙功臣少顔色，將軍下筆開生面。
良相頭上進賢冠，猛將腰間大羽箭。
褒公鄂公毛髮動，英姿颯爽猶酣戰。
先帝天馬玉花驄，畫工如山貌不同。
是日牽來赤墀下，迥立閶闔生長風。
詔謂將軍拂絹素，意匠慘淡經營中。
斯須九重眞龍出，一洗萬古凡馬空。
玉花卻在御榻上，榻上庭前屹相向。
至尊含笑催賜金，圉人太僕皆惆悵。
弟子韓幹早入室，亦能畫馬窮殊相。
幹惟畫肉不畫骨，忍使驊騮氣凋喪。
將軍畫善蓋有神，偶逢佳士亦寫眞。
即今漂泊干戈際，屢貌尋常行路人。（"行"字必平，與猶尚塗窮反遭俗眼白，世上未有如公貧。存句同非律句。）
但看古來盛名下，終日坎壈纏其身！

（此七古之名篇，杜集之杰作。而中間近律之句凡十餘句，此何説乎？則説者必曰其氣格雄渾，令人不覺也。如是則必規摹其字句，以爲氣格雄渾矣。故凡評杜公之氣格雄渾者，其必從事於字句。盛唐字句杜無疑也，又安可以塞李何輩之口耶？蓋杜公初不僅以句句三平而後謂之正調，其換韻入仄者亦初不僅以句句仄平仄而後謂之正調，爾有神氣在第六字者，有神氣在第四字者，有神氣並在第二字者，有神氣並在上句者，有神氣並遙唱在前段者。句句勁放，實句句迴合。必無純以硬語盤空者也。擇石云此篇乃杜之大篇，而整飭者四韻一轉，凡五韻兩仄三平，蓋即四句之常調，而加一倍，遂乃大而整，洗兵馬大韻一轉，凡四韻兩平兩仄，而洗兵馬篇一以諧句見排拓之力。）

冬狩行

杜少陵

君不見東川節度兵馬雄,校獵亦似觀成功。
夜發猛士三千人,清晨合圍步驟同。
禽獸已斃十七八,殺聲落日回蒼穹。
暮前生致九青兕,駱駝壘委垂玄熊。
東西南北百里間,彷彿蹴踏寒山空。
有鳥名鴝鵒,力不能高飛逐走蓬。(“逐走”入上互扭。)
肉味不足登鼎俎,(此二句兩不見音節。)
何爲見羈虞羅中?(“羈虞”兩個平聲,此逼極無可轉身之字。)
春蒐冬狩侯得同,使君五馬一馬驄。(五馬下又着一馬字,
況今攝行大將權,號令頗有前賢風。音節之至妙也。)
飄然時危一老翁,十年厭見旌旗紅。
喜君士卒甚整肅,爲我回轡擒西戎。
草中狐兔盡何益?天子不在咸陽宫。
朝廷雖無幽王禍,(“幽”字逼極,無可轉身,此平聲之極盡處。)
得不哀痛塵再蒙!
嗚呼!得不哀痛塵再蒙。

(雖有一直放出三字之正調處,而無垂不縮,無往不收,全以五六之抽掣變轉,與上句之提空挺起,相爲對襯。此韻等皆可當杜之七言平韻到底。又其《瘦馬行》末句“明”後二字既平,“春”字又平,亦正其撐掛不放處,與篇内“三軍”“毛暗”二句相爲接應收束,初非律句收平者比也,然杜公固未嘗以七言平韻到底之作,句句對用三平爲正耳。)

觀公孫大娘弟子舞劍器行

杜少陵

昔有佳人公孫氏，一舞劍器動四方。
觀者如山色沮喪，天地爲之久低昂。
霍如羿射九日落，矯如群帝驂龍翔。
來如雷霆收震怒，罷如江海凝清光。
絳脣珠袖兩寂寞，晚有弟子傳芬芳。
臨潁美人在白帝，妙舞此曲神揚揚。
與余問答既有以，感時撫事增惋傷。(此句第六字仄即是節拍。)
先帝侍女八千人，公孫劍器初第一。
五十年間似反掌，風塵澒洞昏王室。
梨園弟子散如煙，女樂餘姿映寒日。
金粟堆前木已拱，(此第五字又仄，如往而復。)
瞿唐石城草蕭瑟。
玳筵急管曲復終，樂極哀來月東出。
老夫不知其所往，足繭荒山轉愁疾。

(結處一氣不可收轉之音也，前半收處猶略用惋字，變轉以作節拍，至後半收處，更無復節拍之可言矣。此皆各因情景而生節奏，非可劃定此首爲上下兩半篇之式也。)

八月十五日夜贈張功曹

韓文公[①]

①韓文公：即韓愈(768—824)，唐代文學家、哲學家、思想家。字退之，河陽

（今河南省焦作孟州市）人，祖籍河北昌黎，世稱韓昌黎。晚年任吏部侍郎，又稱韓吏部。謚號“文”，又稱韓文公。

纖雲四卷天無河，清風吹空月舒波。
沙平水息聲影絶，（第五字平，爲轉韻也。）
一杯相屬君當歌。
君歌聲酸辭且苦，不能聽終淚如雨。
洞庭連天九疑高，蛟龍出沒猩鼯號。
十生九死到官所，幽居默默如藏逃。
下床畏蛇食畏藥，海氣濕蟄熏腥臊。
昨者州前搥大鼓，嗣皇繼聖登夔皋。
赦書一日行萬里，罪從大辟皆除死。（第五字平聲開宕。）
遷者追回流者還，滌瑕蕩垢清朝班。
州家申名使家抑，坎軻只得移荆蠻。
判司卑官不堪説，未免捶楚塵埃間。
同時輩流多上道，（第五字平，爲轉韻也。）
天路幽險難追攀。
君歌且休聽我歌，我歌今與君殊科。
一年明月今宵多，人生由命非由他，
有酒不飲奈明何？（末句第五字必仄方能收得住。）

謁衡嶽廟遂宿岳寺題門樓

韓文公

五嶽祭秩皆三公，四方環鎮嵩當中。
火維地荒足妖怪，天假神柄專其雄。

噴雲泄霧藏半腹，雖有絶頂誰能窮？
我來正逢秋雨節，陰氣晦昧無清風。
潛心默禱若有應，豈非正直能感通！
須臾靜掃衆峰出，仰見突兀撐青空。
紫蓋連延接天柱，石廩騰擲堆祝融。
森然魄動下馬拜，松柏一逕趨靈宫。
紛墻丹柱動光彩，鬼物圖畫填青紅。
升階傴僂薦脯酒，欲以菲薄明其衷。
廟内老人識神意，睢盱偵伺能鞠躬。
手持杯珓導我擲，云此最吉餘難同。
竄逐蠻荒幸不死，衣食才足甘長終。
侯王將相望久絶，神縱欲福難爲功！
夜投佛寺上高閣，星月掩映雲曈曨。
猿鳴鐘動不知曙，杲杲寒日生於東。

（此始以句句第五字用平矣，是阮亭先生所講七言平韻到底之正調也，蓋七古之氣局至韓蘇而極其至耳。）

石鼓歌

韓文公

張生手持石鼓文，（須此文字平聲撐空而起，所以三句石
勸我試作石鼓歌。字皆仄。）
少陵無人謫仙死，才薄將奈石鼓何。
周綱凌遲四海沸，宣王憤起揮天戈。
大開明堂受朝賀，諸侯劍佩鳴相磨。
蒐於岐陽騁雄俊，萬里禽獸皆遮羅。

鐫功勒成告萬世，鑿石作鼓隳嵯峨。

從臣才藝咸第一，揀選撰刻留山阿。

雨淋日炙野火燎，鬼物守護煩撝呵。

公從何處得紙本，毫髮盡備無差訛。

辭嚴義密讀難曉，字體不類隸與蝌。（此句五六上去互扭，

年深豈免有缺畫，快劍砍斷生蛟鼉。是篇中小作推宕。）

鸞翔鳳翥衆仙下，珊瑚碧樹交枝柯。

金繩鐵索鎖鈕壯，古鼎躍水龍騰梭。

陋儒編詩不收入，二雅褊迫無委蛇。

孔子西行不到秦，（此句末句用平聲峙起，此是中間頓宕，

掎摭星宿遺羲娥。全以撑拄爲能。）

嗟余好古生苦晚，對此涕淚雙滂沱。

憶昔初蒙博士徵，其年始改稱元和。

古人從軍在右輔，爲我度量掘臼科。

濯冠沐浴告祭酒，如此至寶存豈多。

氈包席裹可立致，十鼓只載數駱駝。

薦諸太廟比郜鼎，光價豈止百倍過。

聖恩若許留太學，諸生講解得切磋。

觀經鴻都尚填咽，坐見舉國來奔波。

剜苔剔蘚露節角，安置妥帖平不頗。

大廈深檐與覆蓋，經歷久遠期無陀。

中朝大官老於事，詎肯感激徒媕婀。

牧童敲火牛礪角，（此句乃雙層之句，在韓公最爲婉轉矣，

誰復著手爲摩挲。所以下句僅換第五字，亦與篇中諸句之

換仄者不同。）

日銷月鑠就埋沒，六年西顧空吟哦。

羲之俗書趁姿媚,數紙尚可博白鵝。
繼周八代爭戰罷,無人收拾理則那。
方今太平日無事,柄任儒術崇丘軻。
安能以此上論列,願借辯口如懸河。
石鼓之歌止於此,嗚呼吾意其蹉跎。
(平聲正調長篇一韻到底之正式。)

韓　碑

李義山[①]

①李義山:即李商隱(約812—約858),字義山,號玉谿生,又號樊南生、樊南子,晚唐詩人。祖籍懷州河內(今河南沁陽市),祖輩遷至滎陽(今河南鄭州)。

元和天子神武姿,彼何人哉軒與羲。
誓將上雪列聖耻,坐法宫中朝四夷。
淮西有賊五十載,封狼生貙貙生羆。
不據山河據平地,長戈利矛日可麾。
帝得聖相相曰度,賊斫不死神扶持。
腰懸相印作都統,陰風慘澹天王旗。
愬武古通作牙爪,儀曹外郎載筆隨。
行軍司馬智且勇,十四萬衆猶虎貔。
入蔡縛賊獻太廟,功無與讓恩不訾。
帝曰汝度功第一,(中間頓宕迂迴,於此第五字用平處見之。)
汝從事愈宜爲辭。
愈拜稽首蹈且舞,金石刻畫臣能爲。
古者世稱大手筆,此事不係於職司。

當仁自古有不讓，言訖屢頷天子頤。
公退齋戒坐小閣，濡染大筆何淋灕。
點竄堯典舜典字，塗改清廟生民詩。
文成破體書在紙，清晨再拜鋪丹墀。
表曰臣愈昧死上，咏神聖功書之碑。
碑高三丈字如斗，負以靈鰲蟠以螭。
句奇語重喻者少，讒之天子言其私。
長繩百尺拽碑倒，粗砂大石相磨治。
公之斯文若元氣，先時已入人肝脾。
湯盤孔鼎有述作，今無其器存其辭。
嗚呼聖王及聖相，相與烜赫流淳熙。
公之斯文不示後，曷與三五相攀追。
願書萬本誦萬遍，口角流沫右手胝。
傳之七十有二代，以爲封禪玉檢明堂基。

（第四字變换者二句，皆極力韓公之撐拄也。而前句以二“貔”字相磨戛出之尚不自覺，後句以“功”字撐出，又以“書”字硬接，則勁勢到二十分矣。此句内五平兼有二仄，而其勢較前句之七平者更勁，是豈得以七仄七平之例泥之乎？）

游徑山

蘇文忠[①]

①蘇文忠：即蘇軾（1037—1101 年），字子瞻，又字和仲，號“東坡居士”。眉州（今四川眉山，北宋時爲眉山城）人，謚文忠。北宋文學家、書畫家、詩人，豪放派詞人代表。

衆峰來自天目山，勢若駿馬奔平川。

中途勒破千里足，（此字所以不遞用仄者，以第一句山字

金鞭玉鐙相迴旋。之勢高起也，此所以和其氣。）

人言山住水亦住，下有萬古蛟龍淵。

道人天眼識王氣，結茅宴坐荒山巔。

精誠貫山石爲裂，天女下試顏如蓮。

寒窗暖足來樸渥，夜钵咒水降蜿蜒。

雪眉老人朝叩门，（此句末字平以伸其气，方不是呆板声调。）

愿为弟子长参禅。

尔来废兴三百载，（此句第五字平，与前句“来”字皆因中

奔走吴会输金钱。间横插入“门”字一声也。）

飞楼涌殿压山谷，朝钟暮鼓惊龙眠。

晴空偶见浮海蜃，落日下数投林鸢。

有生共处覆载内，扰扰膏火同烹煎。

近来愈觉世路隘，每到宽处差安便。

嗟余老矣百事废，却寻旧学心茫然。

问龙乞水归洗眼，欲看细字销残年。

（在韩则势愈挺进者，在苏则气愈圆和，其舒散回环全于正調見之，則其他作之可以不句句正調，並及其知之一也。）

和蔣夔寄茶

蘇文忠

我生百事常隨緣，四方水陸無不便。（第六字用小變，因第

扁舟渡江適吳越，三年飲食窮芳鮮。一句三平也。）

金齏玉膾飯炊雪，海螯江柱初脱泉。

臨風飽食甘寢罷，（第五字用平，以舒和其氣，此在首段也。）

一甌花乳浮輕圓。

自從捨舟入東武,沃野便到桑麻川。

剪毛胡羊大如馬,誰記鹿角腥盤筵。

廚中蒸粟埋飯瓮,(此句第五字用平,以開其氣,此在篇之

大杓更取酸生涎。中展開也。)

柘羅銅碾棄不用,脂麻白土須盆研。

故人猶作舊眼看,謂我好尚如當年。

沙溪北苑強分別,水脚一線爭誰先。

清詩兩幅寄千里,紫金百餅費萬錢。

吟哦烹噍兩奇絶,只恐偷乞煩封纏。

老妻稚子不知愛,一半已入姜鹽煎。

人生所遇無不可,(此第五字用平以舒和其氣,此在篇末也。)

南北嗜好知誰賢。

死生禍福久不擇,更論甘苦爭蚩妍。

知君窮旅不自釋,因詩寄謝聊相鐫。(氣之舒和圓轉必隨其段落之勢,亦不止於句法相應。)

書韓幹《牧馬圖》

蘇文忠

南山之下,汧渭之間,

想見開元天寶年。(此正調之領句也,全與律句不同。)

八坊分屯隘秦川,(此句第二字第四字用平最要緊。)

四十萬匹如雲煙。

騅駓駰駱驪騮騵,白魚赤兔騂皇鶬。

龍顱鳳頸獰且妍,

奇姿逸態隱駑頑。(此亦似律之句駘宕。)

碧眼胡兒手足鮮,(又以律句接轉,亦以“開元”句未成律

歲時剪刷供帝閑。句,所以讓出此等句。)

柘袍臨池侍三千,(此與“八坊”句同。)

紅妝照日光流淵。

樓下玉螭吐清寒,往來蹙踏生飛湍。

衆工舐筆和朱鉛,(多少層重樓叠翠,方頓出先生句。)

先生曹霸弟子韓。(“弟子”二字重按氣緊。)

廄馬多肉尻脽圓,(此第五字用平接開,以舒其氣。)

肉中畫骨夸尤難。

金羈玉勒綉羅鞍,(又以律句駘宕。)

鞭箠刻烙傷天全,

不如此圖近自然。(此句乃“八坊”之變也。所以拍將接之勢。)

平沙細草荒芊綿,驚鴻脱兔爭後先。

王良挾策飛上天,何必俯首服短轅。

(此結一句之五六字入上互扭,所以緊拍一篇之音節。)

書王定國所藏《煙江叠嶂圖》

蘇文忠

江上愁心千叠山,浮空積翠如雲煙。

山耶雲耶遠莫知,(第一句既押平起,此句又裝平於尾,通

煙空雲散山依然。篇所以必用長句動蕩之也。)

但見兩崖蒼蒼暗絶谷,中有百道飛來泉。

縈林絡石隱復見,下赴谷口爲奔川。

川平山開林麓斷，(林字必平，以舒緩其氣。)

小橋野店依山前。

行人稍度喬木外，(此句第五字再以平聲舒緩之，亦因實景到

漁舟一葉江呑天。此二句末盡也。不然則無可轉身矣。)

使君何従得此本，點綴毫末分清妍。

不知人間何處有此境，徑欲往買二頃田。(第五字仄，變換開紐之妙。)

君不見武昌樊口幽絶處，(才過開紐，所以要開之於此，第

東坡先生留五年。　　五字必平也。)

春風搖江天漠漠，(第五字平聲，再開亦以對不覺。)

暮雲卷雨山娟娟。

丹楓翻鴉伴水宿，長松落雪驚醉眠。

桃花流水在人世，武陵豈必皆神仙。

江山清空我塵土，雖有去路尋無緣。

還君此畫三嘆息，山中故人應有招我歸來篇。

(此與七言到底者雖同，一三平之正調微有不同，蓋有長句伸縮其間，則句句皆帶動蕩之勢矣。)

聽宋宗儒摘阮歌

黄文節[1]

①黄文節：即黄庭堅(1045—1105)，字魯直，自號山谷道人，晚號涪翁，又稱黄豫章，洪州分寧(今江西修水縣)人。謚號"文節"。後人因稱其"文節公"。北宋詩人、詞人、書法家，江西詩派開山之祖。

翰林尙書宋公子，文采風流今尙爾。

（擇石云，第二句“今”字平聲，空裹縮得好，下皆叠此音節也。蓋此篇第一句是韻，而其下出句皆以平聲揚起，揚到“鴻”字聲音已大矣，又一“秋”字又一“年”字對，對險峻之勢以撐拄之，不如是不足以言絶技也。一路排壓到無可轉身，妙極矣，然後轉平韻，則自然不得不字字句句衝出去矣。）

自疑耆域是前身，囊中探丸起人死。

（擇石云，此句最見節奏。）

貌如千歲枯松枝，落魄酒中無定止。

（擇石云，此句即囊中句之音節而叠上去。）

得錢百萬送酒家，一笑不問今餘幾。

（擇石云，此句又叠上去。）

手揮琵琶送飛鴻，促弦聒醉驚客起。
寒蟲催織月籠秋，獨雁叫群天拍水。
楚國羈臣放十年，漢宫佳人嫁千里。
深閨洞房語恩怨，紫燕黄鸝韻桃李。
楚狂行歌驚市人，漁父拿舟在葭葦。
問君枯木著朱繩，何能道人意中事。
君言此物傳數姓，玄璧庚庚有横理。
閉門三月傳國工，身今親見阮仲容。
我有江南一丘壑，安得與君醉其中，
曲肱聽君寫松風。

（此篇之文采風流今尚爾，“自疑耆域是前身”，“落魄酒中無定止”，“寒蟲催織月籠秋，獨雁叫群天拍水”，“楚國羈臣放十年”，“問君枯木著朱繩”，皆不可以律句目之，蓋山谷之平仄其似極順處，乃皆其極逆處，此於阮亭先生所講三平正調之理之外，別闢洞天，詩家音節必到此乃極其矯變。而此篇乃其最平正通達之作，其於仄韻不肯輕放出仄平仄之正調，則拗怒之中轉其圓勁，故録此以見七言之體段音節必至蘇黄而極其致。而蘇之圓折如意，與黄之變轉而不失，其正途雖殊而理則一也。然古詩中所插平仄適均之句，亦原是恰好度尖爾，原皆不可謂之律句，又不但山谷已也。撵石云，“曲肱聽君寫松風”，“寫”字必要仄，此一仄字抵得百十個平聲字之響也，有此一仄字之筆力聲響，而後上句其中二字之節奏始足，而前半仄韻之對句縮上去不放下來之神理，一齊於平韻償還矣。）

四、詩歌之程式

五言古詩鈔目

古詩八首、古詩一首、古詩二首、蘇武詩一首、李陵二首、古詩《爲焦仲卿妻作》一首、《雙白鵠》《枯魚過河泣》、曹植《雜詩》六首、陶潛《擬古》四首、杜甫《寫懷》、韓愈《寄崔二十六立之》。

七言古詩鈔目

《東門行》《西門行》《戰城南曲》、李白《將進酒》、杜甫《兵車行》《醉時歌》、韓愈《劉生詩》、蘇軾《戲子曲》、蘇軾《送沈逵赴廣南》。

五言絶句詩鈔目

韋承慶《南行别弟》、王維《山中送别》、李白《静夜思》、孟郊《古别離》、白居易《問劉十九》。

七言絶句詩鈔目

韋應物《休日訪人不遇》、劉方平《月夜》、劉禹錫《聽舊宫人穆氏唱歌》、李華《春行寄興》、白居易《暮江吟》、司空圖《華下》、韓偓《寒食夜》。

五言律詩鈔目

王勃《送杜少府之任蜀州》、宋之問《扈從登封途中作》二首、王維《終南別業》、王維《漢江臨泛》、王維《觀獵》、王維《送孟六歸襄陽》、王維《喜祖三至留宿》、孟浩然《萬山潭作》、孟浩然《與諸子登峴山作》、孟浩然《過故人莊》、李白《塞下曲》三首、李白《贈孟浩然》、李白《金陵》二首、杜甫《九日登梓州城》、杜甫《江漢》、杜甫《歷歷》、韋應物《淮上喜會梁州故人》、戴叔倫《除夜宿石頭作》、司空曙《雲陽館與韓仲宿別》。

七言律詩鈔目

杜甫《送路六侍御入朝》、杜甫《客至》、杜甫《野人送櫻桃》、韋應物《寄李儋元錫》、白居易《與夢得沽酒閑飲且約後期》、杜牧《商山麻澗》、吳融《偶題》、吳融《閑望》、宋郊《眞定述事》、歐陽修《戲答元珍》、蘇軾《和劉道原咏史》、黃庭堅《次韻裴仲謀同年》、陸游《冬夜讀書忽聞鷄唱》、陸游《書憤》一首、元好問《眼中》。

五言古詩

古　詩

青青陵上柏，磊磊澗中石。
人生天地間，忽如遠行客。
斗酒相娛樂，聊厚不爲薄。
驅車策駑馬，遊戲宛與洛。
洛中何鬱鬱，冠帶自相索。
長衢羅夾巷，王侯多第宅。
兩宮遙相望，雙闕百餘尺。（以上皆涉想之辭，並未眞往,故筆意至爲靈妙,極想其盛,以反形己之窮蹙也。)

極宴娱心意,戚戚何所迫。(微露本意,而以反筆出之,不落平直。)

今日良宴會,歡樂難具陳。
彈箏奮逸響,新聲妙入神。
令德唱高音,識曲聽其眞。
齊心同所願,含意俱未伸。(意重下文,不肯輕出,故先作盪漾之筆,以倒攝之。)
人生寄一世,奄忽若飆塵。
何不策高足,先據要路津。
無爲守窮賤,坎坷長苦辛。
(以詭譎之詞致其冤憤。)

迢迢牽牛星,皎皎河漢女。
纖纖擢素手,札札弄機杼。
終日不成章,泣涕零如雨。(伏下。)
河漢清且淺,相去復幾許。(跌一句。)
盈盈一水間,脈脈不得語。
(此首以淡逸微妙擅場,情韻深美,視他篇獨異,乃得陰柔之美。)

回車駕言邁,悠悠涉長道。
四顧何茫茫,東風搖百草。
所遇無故物,焉得不速老。

盛衰各有時,立身苦不早。
人生非金石,豈能長壽考。
奄忽隨物化,榮名以爲寶。
（此首最爲驅邁蒼涼。）

東城高且長,逶迤自相屬。
回風動地起,秋草萋以緑。
四時更變化,歲暮一何速。
晨風懷苦心,蟋蟀傷侷促。
蕩滌放情志,何爲自結束。（轉筆奇妙,開後來詩文無限奇境。）
燕趙多佳人,美者顔如玉。
被服羅裳衣,當戶理清曲。
音響一何悲,弦急知柱促。
馳情整巾帶,沉吟聊躑躅。（再頓一句,以取曲勢。）
思爲雙飛燕,啣泥巢君屋。（此亦情韻之美。）

驅車上東門,遙望郭北墓。
白楊何蕭蕭,松柏夾廣路。
下有陳死人,杳杳即長暮。
潛寐黄泉下,千載永不寤。
浩浩陰陽移,年命如朝露。
人生忽如寄,壽無金石故。
萬歲更相送,賢聖莫能度。
服食求神仙,多爲藥所誤。
不如飲美酒,被服紈與素。

（千回百轉乃始折落。此下二首蒼涼沉鬱，十九首中之杰出者。）

去者日已疏，來者日已親。
出郭門直視，但見丘與墳。（氣勢蒼茫雄直。）
古墓犁爲田，松柏摧爲薪。
白楊多悲風，蕭蕭愁煞人。
思還故里閭，欲歸道無因。（悲壯激烈，神氣哀奮。）

生年不滿百，常懷千歲憂。（破空而來，名論千古。）
晝短苦夜長，何不秉燭游。（冤憤之極，幻作奇想。）
爲樂當及時，（挺接。）何能待來兹。
愚者愛惜費，但爲後世嗤。（牢騷不平。）
仙人王子喬，難可與等期。（又變一意作收。）

古　詩

上山採靡蕪，下山逢故夫。
長跪問故夫，新人復何如。
新人雖云好，未若故人姝。
顔色類相似，手爪不相如。
新人從門入，故人從閤去。（轉筆超雋而詞旨深遠。“手爪不相如”與“織縑織素”二句相屬，此乃憑空横接，故爲奇妙。）
新人工織縑，故人工織素。
織縑日一匹，織素五丈餘。

將縑來比素，新人不如故。

（十九首多悲憤激烈之詞，此章乃極閑雅，以夫婦喻君臣也。）

古　詩

橘柚垂華實，乃在深山側。

聞君好我甘，竊獨自雕飾。

委身玉盤中，歷年冀兒食。

芳菲不相投，青黄忽改色。

人儻我欲知，因君爲羽翼。（余意又作一波。）

十五從軍徵，八十始得歸。

道逢鄉里人，家中有阿誰。

遥看是君家，松柏冢纍纍。（一路接寫凄涼之景，蒼莽淋灕。）

兔從狗竇入，雉從樑上飛。

中庭生旅谷，井上生旅葵。

烹谷持作飯，採葵持作羹。

羹飯一時熟，不知貽阿誰。

出門東向看，淚落沾我衣。

（極寫遠征乍歸之苦，乃見天下擾攘兵革不休之害，此因小見大也。）

蘇武詩

結發爲夫妻，恩愛兩不疑。

歡如在今夕，燕婉及良時。

征夫懷遠路，起視夜何其。
參辰皆已沒，云去從此辭。
行行在戰場，相見未有期。
握手一長嘆，淚爲生别滋。
努力愛春華，莫忘歡娛時。（情致纏綿。）
生當復來歸，死當長相思。
（此等痛切淋灕，杜公之本。）

李陵與蘇武詩

良時不再至，（劈空喝起，精神百倍。）
離别在須臾。（第二句跳躍而接，一絲不懈。首句逆起，次句逆接。）
屏營衢路側，執手野躑躕。
仰視浮雲馳，奄忽互相逾。
風波一失所，各在天一隅。（四句將其生平不得已委曲降敵之苦衷曲曲繪出。借浮雲作波折，筆勢不平，且心中抑鬱難言，非借景無由抒發也。）
長當從此别，且復立斯須。（婉轉纏綿於斯乃極。）
欲因晨風發，送子以賤軀。

（收也奮厲，要和其滿腹苦懷盤旋胸中，不能直吐而委曲隱約在言外，能將太史公《報任安書》，無窮感憤冲天動地之洪濤，斂之於咫尺之內。）

攜手上河梁，游子暮何之？

徘徊蹊路側,悢悢不能辭。(句句斷,無端而來,滿腔冤憤郁然如見。)

行人難久留,各言長相思。

安知非日月,弦望自有時。(凄戀感愴,蓋決非知無再見之期,而勉作無聊之慰藉,所以悽婉而深風也。)

努力崇明德,皓首以爲期。

(每字每句皆千回百轉,細繹而出,鈍根人不能窺其飄忽,凡裝頭蓋面語一字不要,所謂剝落膚見髓也。)

古詩爲焦仲卿妻作

漢末建安中,廬江府小吏焦仲卿妻劉氏,爲仲卿母所遣,自誓不嫁。其家逼之,乃没水而死。仲卿聞之,亦自縊於庭樹。時傷之,爲詩云爾。

孔雀東南飛,五里一徘徊。“十三能織素,十四學裁衣。十五彈箜篌,十六誦詩書。十七爲君婦,心中常苦悲。君既爲府吏,守節情不移。賤妾留空房,相見常日稀。鷄鳴入機織,夜夜不得息。三日斷五匹,大人故嫌遲。非爲織作遲,君家婦難爲。妾不堪驅使,徒留無所施。便可白公姥,及時相遣歸。”府吏得聞之,堂上啓阿母:“兒已薄禄相,幸復得此婦。結髮同枕蓆,黄泉共爲友。共事二三年,始爾未爲久。女行無偏斜,何意致不厚?”阿母謂府吏:“何乃太區區!此婦無禮節,舉動自專由。吾意久懷忿,汝豈得自由!東家有賢女,自名秦羅敷。可憐體無比,阿母爲汝求。便可速遣之,遣之愼莫留!”府吏長跪答,伏惟啓阿母:“今若遣此婦,終老不復取!”阿母得聞之,搥床便大怒:“小子無所畏,何敢助婦語!吾已失恩義,會不相從許!”府吏默無聲,再拜還入户。舉言謂新婦,哽咽不能語:“我自不驅卿,逼迫有阿母。卿但暫還家,吾今且報府。(報古赴字。)不久當歸還,還必相迎取。以此下心意,愼勿違吾語。”新婦謂府吏:“勿復重紛紜!往昔初陽歲，謝家來貴門。奉事循公姥，進止敢自專？晝夜勤作息，伶俜縈苦辛。謂言無罪過，供養卒大恩。仍更被驅遣，何言復來還？妾有綉腰襦，葳蕤自生光。（開拓出情景，奇思異采，宛轉翩躚。）紅羅復斗帳，四角垂香囊。箱簾六七十，緑碧青絲繩。物物各自異，種種在其中。人賤物亦鄙，（頓挫處宛心轉百折。）不足迎後人。留待作遺施，於今無會因。時時爲安慰，久久莫相忘。"鷄鳴外欲曙，新婦起嚴妝。著我綉夾裙，事事四五通。足下躡絲履，頭上玳瑁光。腰若流紈素，耳著明月璫。指如削葱根，口如含朱丹。纖纖作細步，精妙世無雙。上堂拜阿母，母聽去不止。"昔作女兒時，生小出野里。本自無教訓，兼愧貴家子。受母錢帛多，不堪母驅使。今日還家去，念母勞家里。"卻與小姑别，淚落連珠子。（插入小姑一段，與上言綉腰襦皆事外曲致，文情旁溢之處，在古文中此景最高。左丘明史公最工此等，後人所不能及。）"新婦初來時，小姑始扶床。今日被驅遣，小姑如我長。勤心養公姥，好自相扶將。初七及下九，嬉戲莫相忘。"出門登車去，涕落百餘行。府吏馬在前，新婦車在後。隱隱何甸甸，俱會大道口。下馬入車中，低頭共耳語："誓不相隔卿，且暫還家去。吾今且赴府，不久當還歸。誓天不相負。"新婦謂府吏："感君區區懷。君既若見録，不久望君來。君當作盤石，妾當作蒲葦。蒲葦紉如絲，盤石無轉移。我有親父兄，性行暴如雷。恐不任我意，逆以煎我懷。"舉手長勞勞，二情同依依。入門上家堂，進退無顔儀。阿母大拊掌："不圖子自歸！十三教汝織，十四能裁衣。十五彈箜篌，十六知禮儀。十七遣汝嫁，謂言無誓違。汝今無罪過，不迎而自歸？"蘭芝慚阿母："兒實無罪過。"阿母大悲摧。還家十餘日，縣令遣媒來。云有第三郎，窈窕世無雙。年始十八九，便言多令才。阿母謂阿女："汝可去應之。"阿女含淚答："蘭芝初還時，府吏見丁寧，結誓不别離。今日違情義，恐此事非奇。自可斷來信，徐徐更謂之。"阿母白媒人："貧賤有此女，始適還家門。不堪吏人婦，豈合令郎君？幸可廣問訊，不得便相許。"媒人去數日，尋遣丞請還。説"有蘭家女，承籍有宦官"。云"有第五郎，嬌逸未有婚。遣丞爲媒人，主簿通語言。"直説"太守家，有此令郎君。既欲結大義，故遣來貴門。"阿母謝媒人："女子先有誓，老姥豈敢言？"阿兄得聞之，悵然心中煩。舉言謂阿妹:“作計何不量!先嫁得府吏,後嫁得郎君。否泰如天地,足以榮汝身。不嫁義郎體,其往欲何云?”蘭芝仰頭答:“理實如兄言。謝家事夫婿,中道還兄門。處分適兄意,那得自任專?雖與府吏要,渠會永無緣。登即相許和,便可作婚姻。”(逆探決死之志。)媒人下床去,諾諾復爾爾。還部白府君:“下官奉使命,言談大有緣。”府君得聞之,心中大歡喜。視歷復開書,“便利此月內,六合正相應,良吉三十日,今已二十七,卿可去成婚。”交語速裝束,駱驛如浮雲。青雀白鵠舫,四角龍子幡,(長篇直敘之文必有此等藻飾然後生色。然如後世所爲雕琢太甚,則反傷氣,不可不察耳。)婀娜隨風轉。金車玉作輪,躑躅青驄馬,流蘇金鏤鞍。賫錢三百萬,皆用青絲穿。雜彩三百匹,交廣市鮭珍。從人四五百,鬱鬱登郡門。阿母謂阿女:“適得府君書,明日來迎汝。何不作衣裳?莫令事不舉!”(逆映後事。)阿女默無聲,手巾掩口啼,淚落便如瀉。移我琉璃榻,出置前窗下。左手持刀尺,右手執綾羅。朝成綉夾裙,晚成單羅衫。晻晻日欲暝,愁思出門啼。(過脈語。)府吏聞此變,因求假暫歸。未至二三里,摧藏馬悲哀。新婦識馬聲,躡履相逢迎。悵然遙相望,知是故人來。舉手拍馬鞍,嗟嘆使心傷。“自君別我後,人事不可量。果不如先願,又非君所詳。我有親父母,逼迫兼弟兄。以我應他人,君還何所望!”府吏謂新婦:“賀卿得高遷!(錐心刻骨之言,如此乃爲沉痛。)盤石方且厚,可以卒千年。蒲葦一時紉,便作旦夕間。卿當日勝貴,吾獨向黃泉。”新婦謂府吏:“何意出此言!同是被逼迫,君爾妾亦然。黃泉下相見,勿違今日言!”執手分道去,各各還家門。生人作死別,恨恨那可論!念與世間辭,千萬不復全。(忽横接四語,以爲文中頓挫節奏。)府吏還家去,上堂拜阿母:“今日大風寒,寒風摧樹木,嚴霜結庭蘭。兒今日冥冥,令母在後單。故作不良計,勿復怨鬼神。命如南山石,四體康且直。”阿母得聞之,零淚應聲落:“汝是大家子,仕宦於臺閣。慎勿爲婦死,貴賤情何薄?東家有賢女,窈窕艷城郭。阿母爲汝求,便復在旦夕。”府吏再拜還,長嘆空房中。作計乃爾立,轉頭向戶里,漸見愁煎迫。其日馬牛嘶,(接筆有神工鬼斧之妙。)新婦入青廬。菴菴黃昏後,寂寂人定初。“我命絶今日,魂去屍長留。”攬裙脫絲履,舉身赴清池。府吏聞此事,心知長别離。徘徊庭樹下，自挂東南枝。（叙述處特别有纏綿情致。）兩家求合葬，合葬華山傍。東西植松柏，左右種梧桐。（以下皆精神旁溢泛爲異彩，幻作雙鳥尤奇妙。）枝枝相覆蓋，葉葉相交通。中有雙飛鳥，自名爲鴛鴦。仰頭相向鳴，夜夜達五更。行人駐足聽，寡婦起彷徨。多謝後世人，戒之慎勿忘！（收束極爲淋灕酣姿。）

雙白鵠

飛來雙白鵠，乃從西北來。
十十將五五，羅列行不齊。
忽然卒（同猝。）疲病，不能飛相隨。
五里一返顧，六里一徘徊。
吾欲銜汝去，口噤不能開；
吾欲負汝去，羽毛日摧頹。（逆接探後一句。）
樂哉新相知，憂來生别離。
躊躇顧群侶，淚落縱横垂。
今日樂相樂，延年萬歲期。

枯魚過河泣

枯魚過河泣，何時悔復及。
作書與魴鱮，相教慎出入。
（此詩亦因鈎黨而作，詞旨深矣。）

雜詩六首

曹植

高臺多悲風，朝日照北林。
之子在萬里，江湖迥且深。
方舟安可及，離思故難任！
孤雁飛南遊，過庭長哀吟。
翹思慕遠人，願欲托遺音。
形影忽不見，翩翩傷我心。（此亦愛君而不見酬答之意。）

轉蓬離本根，飄搖隨長風。
何意回飈舉，吹我入雲中。
高高上無極，天路安可窮？（此憂生在帝王家也。）
類此遊客子，捐軀遠從戎。
毛褐不掩形，薇藿常不充。
去去莫復道，沉憂令人老。（收牢騷。）

西北有織婦，綺縞何繽紛。
明晨秉機杼，日昃不成文。
太息終長夜，悲嘯入青雲。
妾身守空房，良人行從軍。
自期三年歸，今已歷九春。
孤鳥繞樹翔，嗷嗷鳴索群。
願爲南流景，馳光見我君。

南國有佳人，容華若桃李。
朝游江北岸，夕宿瀟湘沚。
時俗薄朱顔，誰爲發皓齒？
俯仰歲將暮，榮耀難久恃。（懼修名之不立也。）

僕夫早嚴駕，吾行將遠游。
遠游欲何之？吳國爲我仇。（發端奇警，意固不在吴國。）
將騁萬里途，東路安足由？
江介多悲風，淮泗馳急流。
願欲一輕濟，惜哉無方舟。（無限感觸俱在其外。）
閑居非吾志，甘心赴國憂。

飛觀百餘尺，臨牖御櫺軒。
遠望周千里，朝夕見平原。
烈士多悲心，小人偷自閑。
國仇亮不塞，甘心思喪元。（此惜太祖經營天下而不能善其後也，言之特慷慨激昂。）
撫劍西南望，思欲赴太山。
弦急悲聲發，聆我慷慨言。（言欲登太山鳴弦，令天下聞之。）

《擬古》四首

陶潛

迢迢百尺樓，分明望四荒。
暮作歸雲宅，朝爲飛鳥堂。

山河滿目中，平原獨茫茫。
古時功名士，慷慨爭此場。
一旦百歲後，相與還北邙。
松柏爲人伐，高墳互低昂。
頹基無遺主，游魂在何方！
榮華誠足貴，（拗折一句極妙。）
亦復可憐傷。
（陶詩多幽微澹遠，此獨極雄峻蒼涼。）

蒼蒼谷中樹，冬夏常如茲；
年年見霜雪，誰謂不知時。（四語自喻。）
厭聞世上語，結友到臨淄。
稷下多談士，指彼決吾疑。
裝束既有日，已與家人辭。
行行停出門，還坐更自思。（頓挫絶佳。）
不怨道里長，但畏人我欺。
萬一不合意，永爲世笑嗤。
伊懷難具道，爲君作此詩。

少時壯且厲，撫劍獨行游。
誰言行游近？張掖至幽州。
飢食首陽薇，渴飲易水流。
不見相知人，惟見古時丘。
路邊兩高墳，伯牙與莊周。
此士難再得，吾行欲何求！（亡國孤憤。）

種桑長江邊，三年望當採。
枝條始欲茂，忽値山河改。
柯葉自摧折，根株浮滄海。
春蠶既無食，寒衣欲誰待！
本不植高原，今日復何悔。

（此惜晉武有天下而不能長保也，末言本無遠大之圖，其覆亡自意中事，尤悲憤之極。）

寫懷（二首録一）

杜甫

夜深坐南軒，明月照我膝。
驚風翻河漢，梁棟已出日。
群生各一宿，飛動自儔匹。
吾亦驅其兒，營營爲私實。
天寒行旅稀，歲暮日月疾。
榮名忽中人，世亂如蟣虱。
古者三皇前，滿腹志願畢。
胡爲有結繩，陷此膠與漆。
禍首燧人氏，厲階董狐筆。
君看燈燭張，轉使飛蛾密。
放神八極外，俯仰俱蕭瑟。
終契如往還，得匪合仙術。

寄崔二十六立之

韓愈

西城員外丞，心迹兩屈奇。
往歲戰詞賦，不將勢力隨。
下驢入省門，左右驚紛披。
傲兀坐試席，深叢見孤羆。
文如翻水成，初不用意爲。
四座各低面，不敢捩眼窺。
升階揖侍郎，歸舍日未欹。
佳句喧衆口，考官敢瑕疵。
連年收科第，若摘頷底髭。
回首卿相位，通途無他歧。
豈論校書郎，袍笏光參差。
童稚見稱説，祝身得如斯。
儕輩妒且熱，喘如竹筒吹。
老婦願嫁女，約不論財貲。
老翁不量分，累月笞其兒。
攬攬爭附托，無人角雄雌。
由來人間事，翻覆不可知。
安有巢中鷇，插翅飛天陲。
駒麛著爪牙，猛虎借與皮。
汝頭有韁繫，汝腳有索縻。
陷身泥溝間，誰復稟指撝。
不脱吏部選，可見偶與奇。
又作朝士貶，得非命所施。

客居京城中，十日營一炊。
逼迫走巴蠻，恩愛座上離。
昨來漢水頭，始得完孤羈。
桁挂新衣裳，盎棄食殘糜。
苟無飢寒苦，那用分高卑。
憐我還好古，宦途同險巇。
每旬遺我書，竟歲無差池。
新篇奚其思，風幡肆逶迤。
又論諸毛功，劈水看蛟螭。
雷電生睒暘，角鬣相撑披。
屬我感窮景，抱華不能摛。
唱來和相報，愧嘆俾我疵。
又寄百尺彩，緋紅相盛衰。
巧能喻其誠，深淺抽肝脾。
開展放我側，方餐涕垂匙。
朋交日凋謝，存者逐利移。
子寧獨迷誤，綴綴意益彌。
舉頭庭樹豁，狂飆卷寒曦。
迢遞山水隔，何由應塤篪。
別來就十年，君馬記騧驪。
長女當及事，誰助出帨縭。
諸男皆秀朗，幾能守家規。
文字銳氣在，輝輝見旌麾。
摧腸與戚容，能復持酒卮。
我雖未耋老，發禿骨力羸。
所餘十九齒，飄颻盡浮危。

玄花著兩眼，視物隔褷褵。
燕席謝不詣，游鞍懸莫騎。
敦敦憑書案，譬彼鳥黏黐。（雖平鋪直叙而句句造出奇偉，不落凡境。）
且吾聞之師，不以物自隳。
孤豚眠糞壤，不慕太廟犧。
君看一時人，幾輩先騰馳。
過半黑頭死，陰蟲食枯骴。
歡華不滿眼，咎責塞兩儀。
觀名計之利，詎足相陪裨。
仁者耻貪冒，受祿量所宜。
無能食國惠，豈異哀癃罷。
久欲辭謝去，休令衆睢睢。
況又嬰疹疾，寧保軀不貲。
不能前死罷，內實慚神祇。
舊籍在東郡，茅屋枳棘籬。
還歸非無指，灞滻揚春澌。
生兮耕吾疆，死也埋吾陂。
文書自傳道，不仗史筆垂。
夫子固吾黨，新恩釋銜羈。
去來伊洛上，（去來來字語呼，令同去也。）
相待安罛箄。
我有雙飲盞，其銀得朱提。
黃金塗物象，雕鐫妙工倕。
乃令千里鯨，幺麽微螽斯。
猶能爭明月，擺掉出渺瀰。

野草花葉細，不辨資菉葹。
綿綿相糾結，狀似環城陴。
四隅芙蓉樹，擢艷皆猗猗。
鯨以興君身，失所逢百罹。
月以喻夫道，黽勉勵莫虧。
草木明覆載，妍醜齊榮萎。
願君恆御之，行止雜燧觿。
異日期對舉，當如合分支。

（長篇氣勢，揮浩流轉，而時有蛟龍光怪，出沒其間，最是韓公勝境。）

七言古詩

東門行

出東門，不顧歸；來入門，悵欲悲；盎中無斗儲，還視架上無懸衣。（一解。）

拔劍東門去，兒女牽衣啼。他家但願富貴，賤妾與君共哺糜。（二解。）

共哺糜，上用倉浪天故，下爲黄口兒。今時清廉難犯，教言君復自愛莫爲非。（三解。）

今時清廉難犯，教言君復自愛莫爲非。行吾去爲遲，平慎行，望吾歸。（四解。起處至爲凄涼。杜詩《三吏》《三別》諸詩所自出。）

西門行

出西門，步念之，今日不作樂，當待何時？（一解。）

夫爲樂，爲樂當及時。何能坐愁怫郁，當復待來兹。（二解。）

飲醇酒，炙肥牛，請呼心所歡，可用解愁憂。（三解。）

人生不滿百,常懷千歲憂。晝短苦夜長,何不秉燭游。(四解。)

自非仙人王子喬,計會壽命難與期。人壽非金石,年命安可期。貪財愛惜費,但爲後世嗤。(五解。)

戰城南曲

戰城南,死郭北,野死不葬烏可食。爲我謂烏:且爲客豪!野死諒不葬,腐肉安能去子逃?(意態横甚。)水深激激,蒲葦冥冥;梟騎戰鬥死,駑馬徘徊鳴。梁築室,何以南?何以北?禾黍不獲君何食?願爲忠臣安可得?思子良臣,良臣誠可思:朝行出攻,暮不夜歸!

將進酒

李白

君不見黄河之水天上來,奔流到海不復回。
君不見高堂明鏡悲白髮,朝如青絲暮成雪。
人生得意須盡歡,莫使金樽空對月。
天生我材必有用,千金散盡還復來。
烹羊宰牛且爲樂,會須一飲三百杯。
岑夫子,丹丘生,將進酒,君莫停。
與君歌一曲,請君爲我傾耳聽。
鐘鼓饌玉不足貴,但願長醉不願醒。
古來聖賢皆寂寞,惟有飲者留其名。
陳王昔時宴平樂,斗酒十千恣歡謔。
主人何爲言少錢?徑須沽取對君酌。
五花馬,千金裘,呼兒將出换美酒,與爾同銷萬古愁。

兵車行

杜甫

車轔轔，馬蕭蕭，行人弓箭各在腰。
爺娘妻子走相送，塵埃不見咸陽橋。
牽衣頓足攔道哭，哭聲直上干雲霄。
道旁過者問行人，行人但云點行頻。
或從十五北防河，便至四十西營田。
去時里正與裹頭，歸來頭白還戍邊。
邊亭流血成海水，武皇開邊意未已。
君不聞漢家山東二百州，千村萬落生荆杞。
縱有健婦把鋤犁，禾生隴畝無東西。
况復秦兵耐苦戰，被驅不異犬與鷄。
長者雖有問，役夫敢申恨？
且如今年冬，未休關西卒。
縣官急索租，租税從何出？
信知生男惡，反是生女好。
生女猶得嫁比鄰，生男埋沒隨百草。
君不見，青海頭，古來白骨無人收。
新鬼煩冤舊鬼哭，天陰雨濕聲啾啾。

劉生詩

韓愈

（氣體雄直是韓公本色，字句亦以拗煉見長。）

生名師命其姓劉，自少軒輊非常儔。

棄家如遺來遠遊，東走梁宋暨揚州。

遂凌大江極東陬，洪濤舂天禹穴幽。

越女一笑三年留，(極意雕琢成奇句。)南逾橫嶺入炎州。

青鯨(矜煉怪警)高磨波山浮，怪魅炫曜堆蛟虬。

山獠(音騷)讙噪猩猩游，毒氣爍體黃膏流。

問胡不歸良有由，(逆折拗甚。)美酒傾水炙肥牛。

妖歌慢舞爛不收，倒心回腸爲青眸。

千金邀顧不可酬，(逆折。)乃獨遇之盡綢繆。

瞥然一餉成十秋，昔須未生今白頭。

五管歷遍無賢侯，回望萬里還家羞。

陽山窮邑惟猿猴，手持釣竿遠相投。

我爲羅列陳前修，芟蒿斬蓬利鋤耰。

天星迴環(頓挫)數才周，文學穰穰囷倉稠。

車輕禦良馬力優，咄哉識路行勿休，往取將相酬恩讎。

戲子由

蘇軾

宛丘先生長如丘，宛丘學舍小如舟。

常時低頭誦經史，忽然欠伸屋打頭。

斜風吹帷雨注面，先生不愧旁人羞。

任從飽死笑方朔，肯爲雨立求秦優。

眼前勃谿何足道，處置六鑿須天遊。

讀書萬卷不讀律，致君堯舜知無術。

勸農冠蓋鬧如雲，送老齏鹽甘似蜜。

門前萬事不挂眼,頭雖長低氣不屈。
餘杭別駕無功勞,畫堂五丈容旂旄。
重樓跨空雨聲遠,屋多人少風騷騷。
平生所慚今不耻,坐對疲氓更鞭箠。(眼前事寫出便有妙趣。)
道逢陽虎呼與言,心知其非口諾唯。
居高忘下眞何益,氣節消縮今無幾。
文章小技安足程,先生別駕舊齊名。
如今衰老俱無用,付與時人分重輕。

郭祥正家醉畫竹石壁上,郭作詩爲謝,且遺二古銅劍(小引轉折甚奇。)

空腸得酒芒角出,肝肺槎枒生竹石。
森然欲作不可回,吐向君家雪色壁。
平生好詩仍好畫,書墻涴壁長遭駡。
不嗔不駡喜有餘,世間誰復如君者。
一雙銅劍秋水光,兩首新詩爭劍铓。
劍在床頭詩在手,不知誰作蛟龍吼。

送沈逵赴廣南

苏轼

嗟我與君皆丙子,四十九年窮不死。
君隨幕府戰西羌,夜渡冰河斫雲壘。
飛塵漲天箭灑甲,歸對妻孥眞夢耳。
我謫黄岡四五年,孤舟出沒煙波裹。
故人不復通問訊,疾病飢寒疑死矣。

相逢握手一大笑,白髮蒼顏略相似。
我方北渡脫重江,君復南行輕萬里。
功名如幻何足計,學道有涯眞可喜。
勾漏丹砂已付君,汝陽瓮盎吾何耻。
君歸趁我鷄黍約,買田築室従今始。

五言絶句詩

南行別弟

韋承慶

萬里人南去,三春雁北飛;未知何歲月,得與爾同歸。

山中送別

王維

山中相送罷,日暮掩柴扉;春草明年綠,王孫歸不歸?

夜思

李白

床前明月光,疑是地上霜;舉頭望明月,低頭思故鄉。

古別離

孟郊

欲別牽郎衣,郎今向何處;不恨歸來遲,莫向臨邛去。

問劉十九

白居易

綠螘新醅酒，紅泥小火爐；晚來天欲雪，能飲一杯無？

七言絶句詩

休日訪人不遇

韋應物

九日馳驅一日閑，尋君不遇又空還；
怪來詩思清人骨，門對寒流雪滿山。

平月夜

劉方

更深月色半人家，北斗闌干南斗斜；
今夜偏知春氣暖，蟲聲新透綠窗紗。

聽舊宮人穆氏唱歌

劉禹錫

曾隨織女渡天河，記得雲間第一歌；
休唱貞元供奉曲，當時朝士已無多。

春行寄興

李華

宜陽城下草萋萋，澗水東流復向西；
芳樹無人花自落，春山一路鳥空啼。

暮江吟

白居易

一道殘陽鋪水中，半江瑟瑟半江紅；
誰憐九月初三夜，露似珍珠月似弓。

花　下

司空圖

故國春歸未有涯，小闌高檻別人家；
五更惆悵回孤枕，猶有殘燈照落花。

寒食夜

韓偓

側側輕寒翦翦風，杏花飄雪小桃紅；
夜深斜搭鞦韆索，樓閣朦朧細雨中。

五言律詩

送杜少府之任蜀州

王勃

城闕輔三秦，風煙望五津；
與君離別意，同是宦遊人。
海內存知己，天涯若比鄰；
無爲在歧路，兒女共沾巾。

扈從登封途中作

宋之問

帳殿郁崔嵬,仙游實壯哉;
曉雲連幕卷,夜火雜星回。
谷暗千旗出,山鳴萬乘來;
扈從良可賦,終乏掞天才。

終南別業

王維

中歲頗好道,晚家南山陲;
興來每獨往,勝事空自知。
行到水窮處,坐看雲起時;
偶然值林叟,談笑無還期。

漢江臨泛

王维

楚塞三湘接,荆門九派通;
江流天地外,山色有無中。
郡邑浮前浦,波瀾動遠空;
襄陽好風景,留醉與山翁。

觀　獵

王维

風勁角弓鳴,將軍獵渭城;
草枯鷹眼疾,雪盡馬蹄輕。
忽過新豐市,還歸細柳營;

回看射雕處，千里暮雲平。

送孟六歸襄陽

王维

閉門不復出，久與世情疏；
以此爲長策，勸君歸舊廬。
醉歌田舍酒，笑讀古人書；
好是一生事，無勞獻子虛。

喜祖三至留宿

王维

門前洛陽客，下馬拂征衣；
不枉故人駕，平生多掩扉。
行人返深巷，積雪帶余暉；
早歲同袍者，高車何處歸。

萬山潭作

孟浩然

垂釣坐盤石，水清心亦閑；
魚行潭樹下，猿挂島藤間。
游女昔解佩，傳聞於此山；
求之不可得，沿月棹歌還。

與諸子登峴山作

孟浩然

人事有代謝，往來成古今；

江山留勝迹，我輩復登臨。
水落魚梁淺，天寒夢澤深；
羊公碑尚在，讀罷淚霑襟。

過故人莊

孟浩然

故人具鷄黍，邀我至田家；
緑樹村邊合，青山郭外斜。
開軒面場圃，把酒話桑麻；
待到重陽日，還來就菊花。

《塞下曲》三首

李白

五月天山雪，無花只有寒；
笛中聞折柳，春色未曾看。
曉戰隨金鼓，宵眠抱玉鞍；
願將腰下劍，直爲斬樓蘭。
駿馬似風飆，鳴鞭出渭橋；
彎弓辭漢月，插羽破天驕。
陣解星芒盡，營空海霧銷；
功成畫麟閣，獨有霍驃姚。
塞虜乘秋下，天兵出漢家；
將軍分虎竹，戰士臥龍沙。
邊月隨弓影，胡霜拂劍花；
玉關殊未入，少婦莫長嗟。

贈孟浩然

李白

吾愛孟夫子，風流天下聞；
紅顔棄軒冕，自首臥松雲。
醉月頻中聖，迷花不事君；
高山安可仰，徒此揖清芬。

金陵二首

李白

地擁金陵勢，城回江水流；
當時百萬戶，夾道起朱樓。
亡國生春草，王宫沒古邱；
空餘後湖月，波上對江洲。
六代興亡國，三杯爲爾歌；
苑方秦地少，山似洛陽多。
古殿吳花草，深宫晉綺羅；
並隨人事滅，東逝與滄波。

九日登梓州城

杜甫

伊昔黄花酒，如今白髮翁；
追歡筋力異，望遠歲時同。
弟妹悲歌裏，朝廷醉眼中；
兵戈與關塞，此日意無窮。

江　漢

杜甫

江漢思歸客,乾坤一腐儒;
片雲天共遠,永夜月同孤。
落日心猶壯,秋風病欲蘇;
古來存老馬,不必取長途。

歷　歷

杜甫

歷歷開元事,分明在眼前;
無端盜賊起,忽已歲時遷。
巫峽西江外,秦城北斗邊;
爲郎從白首,臥病數秋天。

淮上喜會梁州故人

韋應物

江漢曾爲客,相逢每醉還;
浮雲一別後,流水十年間。
歡笑情如舊,蕭疎鬢已斑;
何因不歸去,淮上對秋山。

除夜宿石頭驛

戴叔倫

旅館誰相問,寒燈獨可親;
一年將盡夜,萬里未歸人。
寥落悲前事,支離笑此身;

愁顔與衰鬢，明日又逢春。

雲陽館與韓紳宿別

司空曙

故人江海別，幾度隔山川；
乍見翻疑夢，相悲各問年。
孤燈寒照雨，深竹暗浮煙；
更有明朝恨，離杯惜共傳。

七言律詩

送路六侍御入朝

杜甫

童稚情親四十年，中間消息兩茫然；
更爲後會知何地，忽漫相逢是別筵。
不分桃花紅勝錦，生憎柳絮白於綿；
劍南春色還無賴，觸忤愁人到酒邊。

客　至

杜甫

舍南舍北皆春水，但見群鷗日日來；
花徑不曾緣客掃，蓬門今始爲君開。
盤飧市遠無兼味，尊酒家貧祗舊醅；
肯與鄰翁相對飲，隔籬呼取盡餘杯。

野人送朱櫻

杜甫

西蜀櫻桃也自紅,野人相贈滿筠籠;
數回細寫愁仍破,萬顆匀圓訝許同。
憶昨賜沾門下省,退朝擎出大明宫;
金盤玉箸無消息,此日嘗新任轉蓬。

寄李儋元錫

韋應物

去年花裏逢君别,今日花開又一年;
世事茫茫難自料,春愁黯黯獨成眠。
身多疾病思田里,邑有流亡媿俸錢;
聞道欲來相問訊,西樓望月幾回圓。

與夢得沽酒閑飲且約後期

白居易

少時猶不憂生計,老後誰能惜酒錢;
共把十千沽一斗,相看七十欠三年。
閒徵雅令窮經史,醉聽清吟勝管弦;
更待菊黄家釀熟,與君一醉一陶然。

商山麻澗

杜牧

雲光嵐彩四面合,柔桑垂柳十餘家;
雉飛鹿過芳草遠,牛巷鷄塒春日斜。
秀眉老父對樽酒,茜袖女兒簪野花;

征車自念塵土計，惆悵溪邊書細沙。

偶　題

吳融

賤子曾承國士知，登門倒屣憶當時；
西州酌盡看花酒，東閣編成咏雪詩。
莫道精靈無伯有，尋聞任俠報袁絲；
烏衣舊宅猶能認，粉竹金松一兩枝。

閑　望

吳融

三點五點映山雨，一枝兩枝臨水花；
蛺蝶狂飛掠芳草，鴛鴦對浴翹暖沙。
闕下新居非已業，江南舊隱是誰家；
東還西去俱無計，卻羨暝歸林上鴉。

眞定述事

宋祁

莫嫌屯壘是邊州，試聽山河説上游；
帳下文書三幕府，馬前韃靺五諸侯。
王藩故社經除國，俠窟餘風解報仇；
四十年來民緩帶，使君何事不輕裘。

戲答元珍

歐陽修

春風疑不到天涯，二月山城未見花；

殘雪壓枝猶有橘，凍雷驚笋欲抽芽。
夜聞歸雁生鄉思，病入新年感物華；
同是洛曙花下客，野芳雖晚不須嗟。

和劉道原咏史

蘇軾

仲尼憂世接輿狂，臧谷雖殊竟兩亡；
吴客漫陳豪士賦，桓侯初笑越人方。
名高不朽終安用，日飲無何計亦良；
獨掩陳編吊興廢，窗前山雨夜浪浪。

次韻裴仲謀同年

黄庭堅

交蓋春風汝水邊，客床相對卧僧氈；
舞陽去葉才百里，賤子與公俱少年。
白髮齊生如有種，青山好去坐無錢；
煙沙篁竹江南岸，輸與鸕鷀取次眠。

冬夜讀書忽聞鷄唱

陸游

齷齪常談笑老生，丈夫失意合躬耕；
天涯懷友月千里，燈下讀書鷄一鳴。
事去大床空獨卧，時來竪子或成名；
春蕪何限英雄骨，白髮蕭蕭未用驚。

書憤一首

陸游

鏡裏流年兩鬢殘，寸心自許尚如丹；
衰遲罷試戎衣窄，悲憤猶爭寶劍寒。
遠戍十年臨的博，壯圖萬里戰皋蘭；
關河自古無窮事，誰料如今袖手看。

眼　中

元好問

眼中時事亦紛然，擁被寒窗夜不眠；
骨肉他鄉各異縣，衣冠今日是何年。
枯槐聚蟻無多地，秋水鳴蛙自一天；
何處青山隔塵土，一庵吾欲送華顛。

柞閑吟庵字學談

目　録

序

我國書法由篆變隸變楷，序次秩然不容含混，今雖通行楷書，然其源流不可不知也。前清講究金石不少專家，甚至一拓本也，而紙色、墨色、殘畫、缺字、斤斤細究。然此爲收藏及專門習字，而家中饒給者言尚可，今爲變通説法學者，又家不盡給，故所舉諸碑帖，均易得購，筆性的近，各購一本固佳，否則同齋共購傳閲，尤爲費省而益大。甚或結同齋團體，依所舉諸碑分購之，輾轉借閲，所益更多，有志者幸勿自誤，以入迷途也。

榆次常贊春子襄識於晉垣

一、篆書

周公毛鼎放大本[①]

此鼎文字篆法，前人均推爲吉金[②]第一，今用放大，尤覺精神赫奕。且石刻字口，尚有模糊，金文果出精拓，悉無其病，又影印放大，尤便臨仿。

①毛鼎：即毛公鼎，西周晚期青銅器，清道光末年出土於陝西岐山。銘文四百九十七字，記述周宣王誥誡和褒賞其臣下毛公之事，還反映了西周統治不穩定的情形，爲現有銘文最長的青銅器。現藏臺灣臺北故宫博物院。

②吉金：猶言善金，古指適於鑄造鐘鼎器的金屬。《子璋鐘銘》："擇其吉金，自作和鐘。"後因以爲鐘鼎器的統稱。清代著録古器之書多稱"吉金録"。

散氏盤[①]、盂鼎[②]放大本

此二種文字，散盤雄厚，盂鼎奇嬌，在篆書中已開北派書雄強茂密之宗，其文字皆型鑄而非刻也。

①散氏盤：西周後期表銅器，也作夨人盤。清乾隆中葉出土。盤口飾龍紋，足飾獸面紋，附耳，圖案精美，形制雄偉。銘文十九行，三百五十七字，記失散兩族分田事，爲盤中銘文最長的一件，參閲清阮文《積古齋鐘鼎器款識》八，郭沫若《兩周文辭大系圖録》改釋夨人盤。

②盂鼎：即大盂鼎。西周初期青銅器，高一米，重一百五十三點五公斤，銘文十九行二百九十一字。清道光年間出土於陝西岐山禮村。現藏中國歷史博物館。另有一器，即“小盂鼎”，系同人之器，原器已失，僅流傳銘文拓本。

三頌拓本[①]放大本

右爲頌鼎、頌敦、頌壺三種。頌鼎字勢渾勁；頌敦字勢峻峭，略近南派書，猶殷商之遺；頌壺字茂密，則周京穆穆之風焉。

①三頌拓本：西周早期青銅器拓本，鼎文一百四十九字。字體腴潤流美，富於變化。另有頌敦，與此器同辭，蓋亦同時所作。清阮元《積古齋鐘鼎器款識》、吳大澂《恪齋集古録》，近人郭沫若《兩周金文辭大系圖録考釋》著録。

虢季子盤[①]放大本

此盤文類雅詩，字亦渾勁，亦奇矯，爲周金[②]精品，習此數種，參以石鼓文可得籀書[③]正軌。前人僅據拓本臨寫，且得之不易，或據摹刻款識，則不免失眞，今則字形放大，結構分明，精心仿之，較前人程功尤易也。

①虢季子盤：西周晚期傳世最大的青銅器，長方形，長一百三十點二厘米，

寬八十二點七厘米，銘文一百十一字。清道光年間出土於陜西寶鷄虢川司。現藏中國歷史博物館。此盤字迹出於大篆而不盡相似，論者以爲《石鼓文》之濫觴。近代攻篆者多取以爲法。民國時，有正書局曾有影印本行世。

②周金：爲周朝金文。

③籀書：籀書亦叫籀文，爲大篆，因著録於《史籀篇》而得名，字體多重叠。春秋戰國間通行於秦國，今存石鼓文即這種字體的代表。

周石鼓文[①]

此爲我國石刻之最古者，觀其下筆，方圓並用，不煩整截，神采天然，雖歷有三千餘年，殘壞十分之六七，而其清朗者字字可寶也。吾晉楊秋湄先生學篆於此，用功最深，所以能冠絶一世，學者果得此筆法二三，便卓然可立矣。至清儒辨此爲後魏、周之作，固毫無根據，即謂爲秦文公時作亦附會穿鑿，且論字確非秦漢以來刻石所能比，豈得謂一手書遮天下目乎？

①石鼓文：石鼓文亦稱獵碣。其形似鼓而得名，共十件。唐杜甫、韋應物、韓愈作《石鼓歌》以後，始顯於世，藏故宫博物館。石上文多殘損，北宋歐陽修《集古録》所載僅存四百六十五字，天一閣範氏藏宋拓本僅四百六十二字，今其中一鼓上已一字無存。書體在籀篆之間，唐張懷瓘《書新·書斷中》："石鼓文開闔古文，暢其纖説，但折直勁迅，有如鏤鐵，而端姿旁逸，又婉潤焉。"存世墨拓善本有明代安國藏"中權本""先鋒本"（亦稱前茅本）"石勁本"以及徐坊藏"'□'字"不損本等，均曾影印行世，參見郭沫若《石鼓文研究》。

秦泰山石刻[①]

此刻今僅存十字，且殘缺矣。我國古刻兹爲第二，向猶有琅邪臺石刻[②]，今墮入海中，拓本珍同球璧，故不敢舉。秦刻石相傳出李斯[③]手。玩其篆法，皆趨科省，且勢較石鼓爲圓，此即變古之迹之可尋者乎？

①泰山石刻：秦代小篆碑刻，亦稱《秦山篆》《封泰山碑》。李斯書，始皇二十八年（前219）立於泰山。二世元年（前209）加刻詔辭。石爲四面刻。原石已毁，僅存九字殘石，現在泰安岱廟。傳世原拓以明代安國所藏宋拓一百六十五字本爲最早，有影印本行世。

②琅邪臺石刻：秦代篆書遺迹。秦始皇二十六年（前219）刻於今之山東諸城，碑後有二世詔辭，據傳爲李斯書。清光緒（1875—1908）中葉沒於海中，僅餘一殘石。存字十三行，行八字。今存於北京歷史博物館，文字雖已磨損過甚，而用筆勁秀圓健，結體謹嚴仍依稀可見。主要翻刻本有"江文勛模刻本""宋莒公刻本"等。

③李斯：字通古，楚上蔡，（今河南上蔡西南）人。相秦滅六國，被趙高構陷，腰斬於咸陽市。精大篆，創爲小篆，後世稱爲"小篆之祖"，著有《倉頡》七篇，已佚。傳世書迹有《泰山刻石》《琅邪臺刻石》。

秦繹山刻石[1]

此刻爲宋徐鼎臣鉉所摹，圓勁清疏是其好處，宋人謂之玉筋，今人模仿，則加以峻峭，呼曰鐵線。鄙謂臨此種刻石，第一大病是枯，因其筆書圓潔，全用圓筆中鋒，筆不能提，腕不能活，勉強寫出，猶如枯樹無枝，毫無生氣；第二大病是僞，元吾邱衍論作篆，以長鋒筆用火去尖，明清以來相因不變，自鄧完白[2]始以隸法上窺篆旨，前此僞體一掃而空。惜小學未深，故往往筆誤，受人詆斥。楊秋湄具小學根柢，由《石鼓》以下窺各篆，因源及流，所臨界繹山刻，特爲絶品。此外所臨本，率一形蹶張，便失原旨，斯詣原未易言也。

①繹山刻石：秦代小篆碑刻，或稱《繹山碑》，傳爲李斯書。始皇二十八年（前219）刻，碑爲秦二世加刻的詔辭，歷代摹拓，以爲楷則。傳魏太武（曹操）登山，使人排倒，邑人疲於奔命，聚薪其下，因野火焚之，由是殘缺不堪。宋徐鉉晚

年得見原石舊拓，師其筆力，自謂得思於天人之際，後以此拓授門人鄭文寶。宋淳化四年(993)重刻於今之西安。文九十一行，滿行二十一字。此碑翻刻甚多，有長安、紹興、浦江、應天、府學、青社、蜀中、鄒縣本等。

②鄧完白：清代書法家鄧石如，字完白。

吴天發神讖碑[①]

此刻純用方筆，是篆含隸法，其偏旁亦不盡合法，蓋習隸既久，忘其本來，又極意求新，致有斯弊。清阮文達學此極佳，由氣魄尤厚，運筆斬截圓健，重得其妙。金科心作字，下筆取此尤多，而施之隸書，便覺改觀。近世趙撝叔、徐袖海所作篆書，尤多此意，故紅墨峭可喜，初學既不易仿此，且所見印本亦極模糊，略爲説及，非強同人以必臨也。

①天發神讖碑：篆書，一名《吴天璽紀功碑》，近人馬宗霍在《書林藻鑒》中評此碑："以秦隸之方，參周籀之圓，勢險而局寬，鋒廉而韻厚，得陷復出，若郁還伸。此則東都諸石，猶當遜其瑰偉，即此偏師，足以陵轢上國。徒以壁壘太峻，攀者卻步，故嗣音少耳。"康有爲也稱讚此碑"奇偉驚世"。

清鄧石如篆心經

此刻筆法稍軟，而章法極佳。鄧篆京城刻者不少，弟子職程子言動二箴屏條尤佳。今省垣既不易見，故不舉列，僅於此附存。其他鄧篆，見到果價不昂，均可購置。因欲作篆書，看帖不易領悟，得此可事半功倍，且作字間架安排亦好。

吴讓之[①]、趙撝叔[②]、胡亥甫[③]三家篆書冊

三家以吴最平正，不矜才，不使氣，且筆法分明而又謹嚴，初學習此萬無流弊。趙撝叔才氣有餘，而失之野。胡亥甫規矩謹守，而失之拘。不可不知。

①吴讓之(1799—1870):原名廷颺,五十後以字行,號讓之、讓翁、晚學居士,清江蘇儀徵人,包世臣弟子,工書畫、篆刻,影響頗大。著有《通鑒地理今釋稿》《晉銅鼓齋印存》《師慎軒印譜》。

②趙撝叔(1829—1884):名趙之謙,初字益甫,號冷君,後改字撝叔,號悲庵、無悶、鐵三、憨寮、梅庵。清會稽(今浙江紹興)人。官江西鄱陽、奉新、南城知縣。著有《補寰宇訪碑録》《六朝别字記》《悲庵居士詩剩》《二金蝶堂印存》等,杭州西泠印社集其十集,名爲《悲庵剩墨》。

③胡亥甫(1825—1872):名胡澍,字亥甫,號石生,安徽績溪人,咸丰九年(1859)中舉人,官至戶部郎中。工書法,尤精篆、隸,得秦、漢人遺意。著有《黄帝内經素問校義》《説文解字部目》《止觀輔行傳宏訣》等。

吴清卿説文建首[①]

吴氏鐘鼎古文,爲清代絶詣,如所書《孝經》、《論語》價重一時,爲初學説法先求平正,故舉此冊,其佳處是筆法分明,字法嚴密,尤學篆入門之金科玉律也。

①吴清卿(1835—1902):即吴大澂,字清卿,號恆軒,意齋。江蘇蘇州人,俞樾的弟子,同治七年(1881)進士,官至湖南巡撫。善用籀體作書,開創書法史上的先例。題跋行楷方正流麗,獨樹一幟,並兼長刻印,作山水、花卉,用筆秀逸,嘗仿惲壽平山水花卉冊,臨黄易《訪碑圖》尤妙,還精通鑒别,喜收藏,尤能審釋古文奇字。著有《説文古籀補》等。

清代篆書,初承明派,率尚圓勁,至王蒻林[①]以篆書名,而氣體單薄。錢獻之[②]深於六書,字亦勁挺,惜少變化。張臯[③]文雅以篆名,觀其稱篆書之妙,如千年古鐵深入石壁,則是仍嗣響大徐局於嶧山刻石也,此爲一派。至鄧完白作篆,筆法一新,趨向則古鐘鼎、古籀各有所長,其高弟包吴[④]繼起,於是鄧篆屹然爲一代宗工矣。雖詆之者不少其人,即其末流,亦不免江湖惡習,然而大體要可以一振陳俗，此派至今猶盛。至何子貞[⑤]力與鄧派爭勝，而驪珠已失，妄取碔砆[⑥]，於是籍口趙寒山[⑦]草篆，益爲率易，甚且稱石鼓琅邪臺一諸刻，不及漢嵩山石闕諸衛語，是亦不可以已乎。於是左文襄篆書，一以雄彊摶捥爲工，上追李少溫[⑧]，而益以伉健，時賢以有董宣強項之喻也。莫子偲[⑨]亦以分篆名，而篆沿李派，此亦一派。近代如趙撝叔，或摹漢《孔彪碑》[⑩]額，滲合吴國山刻石諸垂筆，以爲鄧法作倒□勢，王廉生[⑪]尤喜爲之。王孝禹[⑫]允爲後勁，此派雖不及前諸家之盛，亦可存也。至於陳東[⑬]之筆作悍獷氣，與時賢吴昌碩以陶器諸文参合，而臨石鼓則滿紙粗豪，尤難語篆書之正軌歟？

①王蒻林（1668—1743）：名王澍，字若霖，又字蒻林，號虚舟、竹雲、二泉寓居、金匱山旁、恭壽老人、良常山人。清江蘇金壇人，官吏部員外郎。康熙時以善書，特命充五經篆文館總裁官。工書、善刻印，尤擅鑒定古碑刻。著有《淳化閣帖考正》《古今法書考》《論書剩語》《竹雲題跋》《虚舟題跋》《禹貢譜》《程朱格物法》等。

②錢獻之（1741—1806，一作 1744—1806）：名錢坫，字獻之，號十蘭、篆秋或自署“泉站”，錢大昕侄。清嘉定（今屬上海市）人，官乾州州判。工書畫篆刻，著有《十六長樂堂古器款識考》《浣花拜石軒鏡銘集録》《説文解字釋詮》《篆人録》《朝邑縣誌》《論語後録》等。

③張臬：按標準的意思。

④包吴：包世臣與吴讓之。包世臣（1775—1855），字慎伯，號倦翁，小倦游閣外史。涇縣古名安吴，人稱“包安吴”，清安徽涇縣人。工詩文書畫，能篆刻，著有《藝舟雙楫》《清朝書品》《安吴四種》等。

⑤何子貞（1799—1873）：何紹基，清書法家。

⑥碔砆：像玉的石塊。

⑦趙寒山：名趙環光，字凡夫，一字水臣，明太倉（今屬江蘇省）人，國學生。卜居寒山。工書，善刻印。著有《篆書指南》《寒山帚談》《刻符經》《劫草篆》等。

⑧李少温:李陽冰,字少温。唐趙郡(今河北趙縣)人,官將作監,乾元時爲縉雲縣令。唐竇蒙《述書賦·注》稱:"陽冰工於小篆,初師李斯《繹山碑》,後學仲尼《吴季札墓誌》。"存世書迹以《三墳記》《城隍廟碑》等爲勝。

⑨莫子偲:名莫友芝,字子偲,清貴州獨山人,道光舉人,官知縣。工詩書,深諳金石考據之學。工篆、隸、正、行書,與遵義、鄭珍齊名。著有《金石筆識》等。

⑩孔彪碑:漢隸碑,篆額題"漢古博陵太守孔府君碑"。建寧四年(171)建於今山東曲阜孔廟,有碑陰題名。文凡十八行,滿行四十五字。隸法秀逸似《曹全碑》。傳世拓本以"膺""命""位""遺""辯"等字未損者爲舊。

⑪王廉生:晚清福山(今屬山東)人,古物收藏家。

⑫王孝禹(1847—?),名瓘,字孝禹,四川銅梁人,工於篆隸書。

⑬陳東:生平不詳。

二、分書

黄小松[①]藏漢碑五種

各碑並爲世間罕見本,中如"朱龜"[②]一種,刻入實漢齊法帖,筆意渾古;"成陽靈臺"[③],筆勢圓渾;魏"元丕碑"[④]似遒古,而乏勁健;"譙敏碑"[⑤]出自宋翻,神采頗失;"範式碑"[⑥]則魏青龍時刻仿蔡中郎書,今人多訛爲蔡作也。

①黄小松(1744—1802):清錢塘人,字小松,以字行,官山東運河通知。善繪畫、篆刻,藏有碑多種,其中朱龜碑等較爲罕見。

②朱龜:汉幽州刺史朱龜之碑,东汉光和六年(184)刻,隶书。原石在亳州(今屬安徽),已佚。

③成陽靈臺:汉建宁五年(172),记颂尧母功德,石已佚,有宋拓本留存至今。

④魏元丕碑：汉凉州刺史魏元丕碑，刻於东汉光和四年(181)，石已佚，有拓本留传。

⑤譙敏碑：东汉中平四年(187)刻於冀州(今江苏连云港)，全名“小黄门譙敏碑”。

⑥範式碑：全称“故庐江太守範府君之碑”，刻於三国魏青龙三年(235)。

漢西嶽華山廟碑[①]三種

此碑用筆多有近楷及唐人者，世傳爲蔡中郎書，雖無確證，然其時代則是也。朱錫鬯尊彝極力推崇，詡爲碑王，以罕而珍，實則古意漸瀰，衹謂之能品可耳。

①華山廟碑：原在陝西省華陰西嶽廟中，漢延熹八年(165)立。明嘉靖三十四年因地震碑毁。傳世拓本有《長垣本》《華陰本》。

漢隸四種[①]

首“張公方表頌”[①]確爲精品，其筆意古勁，結體方整，漢人分書中實得古健端厚之趣，如楷書中顔魯公乎？次“鄭固碑”[②]字極勁健，翁覃溪謂爲歐書導源，其筆勢雅健暢達，“皇甫”“虞恭”諸神味可以訴合也。次“鄭季宣碑”[③]則模糊太甚，不便臨仿。次“武榮碑”[④]則方整和雅，在漢分之中有度可取者。

①張公方表頌：全稱《漢故谷城長蕩陰令張公表頌》分書碑，東漢中平三年(186)立。明代出土，今在山東東平市。

②鄭固碑：額題《漢固郎中鄭君之碑》。清乾隆四十三年(1778)，全碑掘現。

③鄭季宣碑：東漢中平三年(186)立，名已殘缺。舊在濟寧州學，宋時碑已殘缺，現存洪氏《隸辨所録》，二百六十餘字。

④武榮碑：全名《漢執金吾丞武榮碑》。隸書、陽文，石存濟寧州學。

漢魯相乙瑛碑[①]

此碑筆意，其下筆轉接，傅青主先生多所取裁，清腴精整，實具有士大夫之格，前人稱褚河南、顏魯公學書，多得此碑之妙。然則其優遊寬博，漢分中亦罕見品也。

①乙瑛碑：即《魯相乙瑛請置百石卒史碑》。東漢隸書碑刻，永興元年(153)立。

史晨饗孔廟碑[①]

此碑筆意修潔匀齊方正，在唐楷中如王敬客諸家規模雖不甚廓張，而紀律則嚴明，可取能品，斷宜首屈一指也。

①史晨饗孔廟碑：東漢隸書碑刻，刻於東漢建寧二年(169)，刊刻魯相史晨關於祭祀孔子而上呈朝廷的奏章，爲兩面碑，故又名"史晨前後碑"。

孔宙碑[①]

此碑筆勢圓暢，行筆頗長，學者稍不經意，最易剽滑散漫。翁覃溪品題，擬以唐虞永興，蓋其德器充腴，非寒者所能彷彿於萬一。清代諸家，臨此者頗少，亦以其宕逸之致不易幾及也。至碑陰另出一手，蟠屈遒功，較"史晨"更饒筋節，則亦可重也。

①孔宙碑：孔宙(104—164)，字季將，孔子十九世孫。漢時爲泰山都尉，孔融之父。死後門人爲其立碑，世稱《孔宙碑》。石存曲阜孔廟。

禮器碑[①]和碑陰

此碑亦功健，亦暢朗，筆意方圓並用如唐褚河南，古意今情，奔赴腕下，得其一節均可自豪。近世或仿其碑側字,以取險功之勢,雖意境一新,然發露無餘蘊亦其失也,不可不知。

①禮器碑:全稱《魯相韓勒造孔廟禮器碑》。東漢隸書刻石,永壽二年(156)立。

漢石經殘字

是刻爲阮文達舊藏,雖寥寥數篇,要自可重。至筆意則方正謹嚴,雅有"史晨""武榮"碑之勝。

劉熊碑[①]

此碑向有寶漢齋刻本筆意,近"曹全""孔彪"二碑望堂金石刻本,則鋒芒全失。今石印本當是原石,其筆意清暢容夷,似不甚著力,風神獨遠。

①劉熊碑:即《漢酸棗令劉熊碑》,又名《劉夢陽碑》,後碑斷成兩塊,已不全,現存河南延津縣文化館。

魯峻碑

翁覃溪稱"魯峻碑"爲顔書所祖,其充實處誠是元次山"郭家廟""殷夫人"諸碑風概,細玩筆意,亦於楷爲近,且有通行草者數字,楷分變化之迹,是則可尋乎?

曹全碑[①]

此碑筆意圓婉,臨仿者衆,率流於諧媚,然細繹其下筆之斬截,承接之嚴密,柔而有剛,固不得以海棠春睡顔如舜華作品題也。姚伯昂元[②]之臨此,大有是處,而出筆稍弱,往往不能自舉。錢梅溪[③]《大攀雲閣帖》中,有摹臨一段,則遒逸有神,庶稱得髓,而筆法尚多未是也。

①曹全碑:全稱《郃陽令曹全碑》,東漢隸書碑刻,中平二年(185)立。用筆秀麗又不失骨力。

②姚伯昂元之:即姚元之(1773—1852),清安徽桐城人,官左都御史,內閣學士,工書畫。

③錢梅溪(1759—1844):名泳,字立群,號台仙,一號梅溪,清江蘇金匱(今屬無錫)人。著有《履園叢話》《梅溪詩鈔》等。

魏黃初修孔子廟碑

魏代分書鋒芒四射,較之漢分大有安勉之別,此碑何嘗不是方整家法,然無漢"張遷""史晨""武榮"之渾厚,故未免板刻,傅青主先生"壁斗"之譏,豈漫然哉!

王基斷碑

此碑筆勢跳拔,大開唐人之派,觀其波磔雖分明,然清而近刻。玩其筆勢,以補救顢頇尚無不可,以專臨仿,則自有家鷄無須野鶩也。

好大王碑

此碑僻在東陲,而風神猶似東漢,其佳處尤近《張遷》《武榮》,間作變體,亦北齊《經石峪》風神也。近四川杜德興氏[①]專門臨仿,亦往往得其筆意云。

①杜德興氏:晚清川籍官员,似任过度支部主事,参与过四川保路运动。

清鄭谷口書《姜敬亭傳》

鄭氏在清初頗以分書名,然運筆結體乏古趣,且時失之剽滑。此冊佳處是

"曹全碑"法,惟宕筆討厭,則明末氣習然也。

陳曼生隸書《許大夫墓誌》

曼生分書,得神於漢銅刻銘及摩崖諸石,故遒逸有神。在清代諸書家中,獨佔一席此志原刻,壞於杭城兵燹,同治中有翻刻本亦佳。今石印據云出於墨迹,以校石刻本無甚殊特,殆假石刻覆影者乎?

鄧石如書《司馬溫公家訓》

此冊筆意遒厚,具《史晨》《華岳》《白石神君》諸漢碑之長,初學觀其筆法,可以入漢分之門,其結體則多有失格,不可不知。

鄧石如隸書冊　又楷書、隸書三種墨迹

此二冊風神䵷滯,氣勢亦不甚厚實,或出上海影摹。然玩其筆勢,究比閲時人所書爲佳,亦不可輕棄也。

鄧石如隸書《張子西銘》

此冊筆致俊逸,與李申耆刻本集鄧書中之揚雄傳贊筆意爲近,時賢學鄧分者亦多效此派,惟其失之流易諸處,則學者不察易成習氣。

鄧石如隸書《樂志論》

此冊爲就刻石而印者,其神采雖遜墨迹,而結體尚平正可學,故自可貴。

何子貞書《石門頌》《禮器碑》

此冊爲何氏隨意肄書所作,古功透闢,雖不似《石門頌》之長槍大戟,力破餘地,然方正可喜,且用筆不作傴促態,尤爲可貴。後半《禮器碑》乃不全本,而筆勢遒逸處,於碑爲近。惟其參入行書意,則不可妄效耳。

何子貞臨《張遷碑》

何氏於此碑用功頗深,刻石刻木者,有第八十餘至九十二通二種,均有佳勝。此本爲寶熙氏家藏,原分二册裝裱,筆筆謹嚴,知非隨便作者。學者臨此,可無流弊。至上海又有一種石印,則一片粗率氣象,爲近來惡書之導線,不可存也。

翁相國隸書三種

翁氏曾摹刻海豐吳氏藏本《張君表頌》,詡爲宋拓,且於分書,亦殊自矜尚,此册中所臨《衡方》《張遷》二碑,結體多失之率易,於初學非宜。至《婁壽》碑則失其從容靜穆之神。雖負書家重名,謂爲別派,則可謂是正格,則未敢附和也。

俞曲園隸書

俞氏分書,多得力於《郙閣頌》《西峽頌》,参校官碑法,故多豐整,然超逸之致則稍遜也。此册從石刻影印,玩其古穆之氣,較翁氏爲佳,運筆則又不逮。俞氏本非專門書家,兹特餘技耳。

《李梅庵[①]臨禮器碑》

李氏在今,頗負書名,且工各體,惟有失之獃板,則是不及前人眞力處也。此册好處是古功峭拔,悉依原碑。初學臨仿,易得其間架及筆力,故自可存。

①李梅庵(1867—1920):李瑞清,號梅庵,外號清道人。晚清江西南昌進賢縣人。教育家、美術家、書法家,中國近現代教育奠基人、改革者。

清初八分,沿明人餘習,多短促之筆,其波磔亦故作翹勢,中用搖曳之筆,即其習氣也。鄭谷口[①]簠固然,即朱錫鬯彝尊亦沿其失,此爲一派。自鄧完白如石出(安徽人),而取多用閎,所作分書遙合北碑,而得其精詣,分行布白不必斤斤效某碑某刻,而神致自合,此可稱一變復古,其意境直在六朝上,非唐、宋、元、明人所可望也。此派沾漑肄書爲功不細,然其無理拗折處,後來學者妄效,亦何敢遂云無流弊耶? 何子貞紹基以功健雄厚是尚,取楷書中松姿石骨,連以八分,於方整一派尤爲得髓。曾文正極力推崇,誠有見地,至翁松禪同俞曲園樾二家,多作方整一派,然翁氏之失在率略,俞氏之失在獃滯,節取其長,亦有可存。近李梅庵瑞清書詣,雖不及前此諸公,然謹守規律,於初學習之,尚少流弊。此外猶有石琴館臨本分篆,則腴而不清,故不列述。若夫錢梅溪泳[②]雖以分書名一時,而深染唐人習氣,結體方板。今有攀雲閣問經堂諸刻帖,識者不甚珍重。翁覃溪方綱古功可存,所臨《華山廟碑》尤爲得髓,刻石石印均所未見,亦不述及。桂未谷馥[③]、姚伯昂[④]之元亦分書能品,惜波礫重濁,而堅強不足。姚氏較桂又稍清腴,其刻本屏條,臨百石卒史碑,故可存也。他若陳曼生鴻壽[⑤]上追金刻,伊墨卿綬秉博採摩崖,古峭渾樸,各擅勝槩。遇其刻石或石印均可甄收,附以及之,廣同人臨池之益,兼可藉爲談藝之資也乎。

①鄭谷口:名簠,字汝器,清上元(今屬江蘇)人,書法家,善書隸書大字。

②錢泳(1759—1844):江蘇人,字立群,號仙臺、梅溪。嘉慶進士,工篆、隸、詩、畫,學識淵博。

③桂未谷馥(1733—1802):桂馥,字冬卉,號未谷。山東曲阜人,乾隆進士,曾任雲南永平知縣,著有《説文解字義證》《晚學集》等。

④姚伯昂之元:姚之元,字伯昂,清代安徽桐城人,官至左都御史,著有《竹葉亭雜記》等。

⑤陳曼生鴻壽(1768—1822):陳鴻壽,字子恭,號曼生,清錢塘(今浙江杭州)人,嘉慶拔貢,善書畫、篆刻。

三、南碑

匋齋藏《瘞鶴銘》合册

此刻爲南碑神品第一，原拓失之用墨過濃，而神味古厚，實非明清二代諸翻刻可比。後附翁覃溪攷證，亦精核，在汪秋泉士鋐[①]上；至評論書法，則張叔未廷濟[②]題跋一段，尤爲可存。

①王秋泉士鋐（1658—1723）：字文升，號退谷，又號秋泉居士，清長洲（今江蘇蘇州）人，書法家、收藏家。

②張叔未廷濟（1768—1848）：名廷濟，字順安，號叔未，清浙江嘉興人，金石學家、書法家。

水前拓本《瘞鶴銘》

此本較前頗模糊，然神味特勝，由用墨未沁入字口，特顯風骨。然在初學，恐難得其精神，徒爲臃腫，且勉強臨摹亦難云有合也。

晉《爨寶子碑》

此碑今稱"小爨"，純用方筆，大有行行如也之槩。其佳處近於漢分，樸而有鋒，尤与北魏"解伯達""孫秋生""魏靈藏""楊大眼"諸造像，具同一神理，其失處則別體坌集，所謂驕野樸陋，難列諸衣冠士夫者乎？

宋《爨龍顔碑》

此碑今稱"大爨"，其運筆較小爨爲圓，結體則同一雄強茂密也。學者能筆勢穩厚，臨此愈增古秀，否則惡札僞體，操筆即來，畫虎不成，伏波致誚[①]。雖好奇者極力張皇，究之孫虔禮庭過所云，平正之餘乃求險絶。吾人當服膺勿失耳。

①畫虎不成，伏波致誚：語出“伏波誡侄書，豪俠慮畫虎”，指東漢伏波江軍馬援誡侄子輩馬嚴、馬敦，要他們學習杜季良、龍伯高。如學不成，反如畫虎不成反成狗，爲世人遺笑。

四、北碑

大代《華嶽廟碑》　魏《嵩高靈廟碑》

二刻神理相近，均以分書作眞楷，而分意特多，至嵩高靈廟碑陰尤是。分書神理，時賢雖極稱之，究爲魏分，非漢分之比。

《刁惠公墓誌》

此志字體爲方意，圓筆不善。學者易流諂媚，然能多用頓筆挫筆爲之，則拓而如鄧文公可也，肆而爲蕭梁五種刻石牓書亦無不可也。若僅拘拘於是，則俗態愈增，骨力愈薄弱，反不若徑學趙吳興甘爲女郎書也。

《劉懿墓誌》

此志出於忻縣，其筆純用藏鋒不露圭角，字勢亦多渾穆圓穩，較之刁志尤爲難學，然則刁志學之不成尚有間架，此志學之不成，則間架亦鬆懈不可收拾矣。須學字能立間架後叅看，尙無不可。

《崔敬邕墓誌》

此志筆致極佳，其字勢亦剛柔得中，能以方筆徐書，叅看《鄧文公碑》以觀匯通，既可免劍拔弩張，兼可免委靡不振，文質彬彬，信士君子之度哉！

《鄭文公碑》

此碑在魏代諸刻中極有姿勢，褚河南同州《聖教序》，蘇東坡豐樂亭醉筆、翁亭諸刻均得此碑意，極可玩味。學魏碑者大弊有二：一爲獷，過用方筆棱角暴露，怒氣滿紙，殊非士夫；一爲匠，描頭畫腳，減短添長，形式不無可觀，眞氣全無存在。免此二弊，則鄧碑信爲可法矣。書碑者鄧述祖，乃爲其父紀述功德，文槩既爾雅，書法亦雅健雄深，北朝士夫書法當以是爲正軌。

《張猛龍碑》《賈使君碑》

此二碑筆意極爲相近，其碑額之鋒厲廉悍，尤爲警快絶倫，學此種書斷無疲苶惡習，蓋其方筆之中，處處用提，轉接諸處，尤迴環用意。近來工北派書者，多取法此二碑。

魏墓誌三種

冊内第一種爲《李超墓誌》，其意態似《崔敬邕》，而加以功節，説者所以有體骨峻美方圓益備之説歟。止此一種，已饒勝槩，至餘二種則槩取備數。《鄭道忠墓誌》此志頗見模糊，其筆意已開《隋龍藏寺碑》、唐褚河南書諸派，在北朝書中信爲特别，學者能取其清功冲和之致最佳，否則模糊難看，反不若取《鄭文公》《張猛龍》《李超》諸刻臨仿爲便也。

《孝昌石窟碑》

此碑筆多方勢，是北朝本色。且筆意分明，尤便臨仿，綦玫購置，原不可少。但字無多，仿臨時惜尚少變化耳。

《張黑女志》

此志今印本有二種：一爲何子貞藏原刻拓本，筆致翩翩，兼有《崔敬邕》《李超》諸志之勝。筆法方圓並用，腕法極宜虚靈，知此可以仿書也；又一種則樸拙爲多,且顯滯相,説者謂東坡獨肖其體,殊非無見,近翁松禪草書,其疏樸處尤多肖也。

《李璧碑》

是碑於光緒年間出土,字畫鋒芒分明,其用筆與《張猛龍》《賈使君》諸碑相近,更饒故致。學者玩其筆勢,較其他模糊魏碑自勝多多矣。今原石移山東省之金石保存會,北方人士較易購買。

《龍門二十品》

是碑今市間拓本最多,石印本尚據舊拓,自比拓本爲佳,且價亦廉。其中如《魏靈藏》《解伯達》《楊大眼》《鄭長猷》《孫秋生》《始平公》六種,筆勢雄強茂密,全用方意,學者易於得解。至餘別種,如《元詳》《一弗》《惠感》《慈香》《元燮》等筆致亦佳,惟優塡王近於弛俗,學之恐疲苶不振,宜戒之勿犯也。

《魏齊造像二十品》

原冊乃趙撝叔爲沈韻初審定者,故每種均有鈐章及題字,首爲慧影造像,原出蕭梁,可稱精品,次如《一弗》《解伯達》均見龍門刻外,有《趙變哲》《孫永安》,筆亦挺健方嚴杜遷等二十三人造像,法勝造像。齊之雋修羅碑額,張思文維衛等佛,諸拓均不失剛功之氣,餘則稍性弱,且雜入隋開皇時之造像一則。魏齊造像之云亦難徵信矣,學者但擇其佳者爲楷式,蘊味求之盡已。

《何子貞臨張黑女墓誌》

此冊寥寥無幾,而筆式絶佳,跋識謂何氏書此汗濕重衣,衹用回腕懸肘作之,其功力洵不可及也。學者求此筆勢,究勝於觀石印諸家之北魏作。

包安吳家書臨帖

安吳家書，皆爲章草。其臨帖乃臨《鄭文公碑》，用筆和雅，絶無怒氣。今人寫北碑者，昌言鄧、包鄧書、包書均有石印，觀之果似乎知此道歟！讀書作文全在收得放心，乃見靜氣，而免入邪魔也。

張廉卿[1]南宫縣學記

張氏書法，在近代特享盛名。譽之者謂能甄晉，陶魏，孕宋梁，育齊隋。毁之者則謂如博士習禮，周旋折旋，強易常度，其精到處，得力於《瘞鶴銘》與《吊比干碑》，若轉折處之欠自然，則毁之者或不爲無因乎？

①張廉卿（1823—1894）：名裕釗，湖北鄂州人，清道光年間舉人，官内閣中書，散文家、書法家。

趙撝叔墨迹

趙氏得筆法於包安吳，又兼慣用漢分，及吳《天發神讖碑》，筆意故横恣之餘，饒有古逸之致，初學可以叅玩，不可臨仿，恐入怒氣魔道，不易祛除。

李文田[1]大楷習字帖

此本爲墨迹影印，槩筆力健舉，又字様謹嚴，初學尤宜。蓋能得其穩適之態，則高而仿北碑可也，下而仿唐初亦無不可也。且定價低廉，寒畯易購。

①李文田（1834—1895）：字畬光，號芍農，廣東順德人，清咸丰九年（1859）年探花，官至禮部右侍郎，工書善畫，著有《元秘史注》《元史地名考》等。嶺南書法家，中年後主攻漢、魏碑。

《李文田書韜樓》

此刻石神致方嚴，而出筆則取平正，不事傾側，初學習字，可無流弊，今又有翻刻仿格本，尤爲費省易購。

《陶浚宣[①]書魏碑龍藏寺》

陶氏學魏碑，慣用方筆，全由龍門派得來。龍藏寺原是隋碑，陶以魏派出之，可稱別致，然火氣太深，不甚可效。近人詆爲墓前翁仲垂紳正笏，生意索然，則未免輕薄口吻也。

①陶浚宣（1846—1912）：原名祖望，字文冲，浙江紹興人，清末書法家。

《李靜之[①]臨魏碑》

諸臨仿筆勢平正通達，得法在魏，取勢則叅用隋，故不顯狂怪，最便於初學。

①李靜之（1901—1989）：原名海晏，字靜之，北大研究生，主攻文學史，兼有書名。

《清道人臨六朝碑帖》[①]

清道人即李梅庵清瑞，在今世大有書名，所臨諸刻，頗見古穆之致，由叅用漢碑派而來，初學不易學也。

《泰山經石峪金剛經》[①]

此刻乃北齊時作，原字大尺餘，今用縮印，減小十分之七，惜原拓本用墨太濃，滲入字口，以致神氣猷本，反不若今山東帖估所精拓之對聯，尚顯筆法也。

①泰山經石峪金剛經：此齊石刻，在一處巨大的石壁上，位於泰山斗母宫

西北四百米處，望之令人震撼。

北朝碑刻傳世較南爲多，由爾時上無禁令，南朝刻碑有禁，士夫刻石須得君主之允許。又北方質厚，承漢代之餘，佳者古穆淵懿，否亦不失古拙，絶無輕靡之習，執以上窺漢石，其淵源自不爽也。宋、元、明以來，率尚帖派，雖歐陽文忠論南帖，有大書深刻何用此云云，然積習相沿，不能擺脱，蘇文忠窺見此中之妙，所作正書碑刻，雅得根法師碑風格，而爾時但以右軍爲蒙頭蓋面，次則魯公。東坡雖云取徑有在，而不昌言示人，可知爲故弄狡猾，非如清代之力倡復古也。趙松雪所書，其高者得定州魏正光造像之致，次亦不失李北海風格。而世但取其姿媚一流，不察松雪得筆所自。明代書家率尚妙悟，於此道槩難言矣。清乾隆間，據鄙所見，牓書居然有效北魏格者，或經阮文達南北書派論出，而開其風歟？鄧、包代興，碑派大勝。南有趙謙之、吴讓之，北有何基紹、張穆，皆主張結字則横平竪直，用筆則力追上游，不學唐以後書，於是成爲一種風氣。何本南人，然在山東多。及同治間，李若農田文以工北派書，擢鼎甲，於是京朝士夫厭折大卷之習，其筆姿敏妙者，染指碑派，然先入爲主，僅僅取徑唐等慈寺碑，及褚書同州《聖教序》而已。一時骨法之高，固不能不讓若農獨步也。至康南海有爲（《廣藝舟雙楫》）出，門徑益啓。其傳衛、寶南、備魏及體系導源諸篇，尤能以議論行攷據，風靡一時。然所盛稱如《石門銘》《爨龍顔》《嵩高靈廟》諸碑，則學者筆未固定，遽爲此格，其不至流於惡札者幾希。所由字體，日趨險怪，説者謂有刀兵氣，而應庚子、辛亥之兆也。總之吾輩爲北派書，當取士夫雅度以植其基，再取諸家以觀其變，蔽於一偏，謂平則近俗，將拔俗而衷諸古，曾亦思吾所作者正書耳。果欲求古，尚有篆分，何必爲是氈裘風沙之態耶，亦徒見其爲惑也。學北派書，鄙謂李若農雖無鄧、包之高尚，少流弊，可爲入手，再進則鄧、包也，何也，次則吴也。趙撝叔體多可喜，然習氣易纏。李梅庵意在古穆，然流於傴體。取長去短，固在各取性近，而勿致偏僻入險怪一途，作人作書實無二致云。

五、正楷

隋《龍藏寺碑》

此碑筆法擺脱北朝板滯，出以輕靈，已開唐人褚令先聲，惟稍有滯拙處耳。原石砂質不耐椎拓，新拓雖精亦少神彩，反不若此石印本尚據佳本影印也。

《董美人墓誌》

此誌風神秀穎，極似唐墓誌之仿歐褚派者，故斥者謂是作僞，實則一種婉孋靜穆之態，作僞者恐不能到也。至於斥蜀王秀未必能爲是文，則又刻舟膠柱之見，玆論其字非究攷據，故不贅述。

《元公姬夫人墓誌》

此誌包安吳謂是歐陽少年時書，亦未盡然，蓋其峭勁雖似，而容夷處，究非歐比，小楷得此筆意，可謂精品，故玆不稱羲獻。一則風神太散，非學者所宜；二則與其仿類帖之幾經鈎摹，何如此原刻石足貴者耶？

《蘇孝慈墓誌銘》

此志於清光緒初出土，鋒穎未傷，其方勁之槩雅近大歐，而饒寬博，爾時有謂爲李若農作僞者，以魏法作唐楷處與此誠相近，但觀《龍藏寺》《元公姬夫人》諸碑誌，唐楷先河確有此派爲導，是又何以妄斥耶？且價極廉，寒士易購。

唐虞世南[①]《東廟堂碑》

永興在唐初書特矜貴，以其探源於篆，妙契婉通之神。又得書訣於智永，稱山陰法乳，長安原碑，唐代已壞，宋初翻刻，神近痴肥。是碑原質脆薄，且經沙水蕩激，今拓本風神殊遜。此尚是明拓，其靈和儁妙之致故可挹也。

①虞世南(558—638):字伯施,越州餘姚(今屬浙江慈溪)人,唐初任秘書監等職,封永興縣公,世稱"虞永興""虞秘監"。隋唐時書法家。

《等慈寺碑精華》

是碑不署書者人名,惟撰者與顔師古,世並以書者歸之。其筆意仍北碑風格,與包文該《兖公頌》,並初唐佳迹,兹偃筆差多云。

《宋拓大歐[1]皇甫君碑》

此碑今肆間頗多,然皆近拓欠精,故筆法枯瘠,最誤學者。須知大歐連筆鋒芒發露,正是金針度人處。至結構之因難見巧,章法之上下相生,尤爲歐書中獨絶之境。今有集字習字帖尚佳,精華不免痴肥。

①大歐:即唐初書法家歐陽詢。字信本,潭州臨湘縣(今屬湖南長沙市)人,隋代任太常博士,入唐,官至太子率更令、弘文館學士,與其子歐陽通合稱"大小歐"。

《宋拓九成宫醴泉銘》

是碑爲王文敏舊藏,其字畫之和平大雅,而不失伉健氣,較之《皇甫君碑》,雖遜其分明,而亦無其激烈態也。二種叅看最佳。若又有唐拓一種,則題識雖多,實出翻刻,美珠之櫝,徒炫世俗,學書者貴此不貴彼也。

褚書[1]《伊闕佛龕碑》

唐人摩崖刻石僅有中令此刻,及顔魯公書《中興頌》二種。此刻筆意刻露,極與歐近,而蕭散之態,要不失中令本色,與《孟法師碑》,及同州本《聖教序》,確是一系,學褚書以此入門,自少流易之弊。

①褚：即褚遂良(596—659)，字登善，杭州錢塘(今屬浙江)人，唐太宗、高宗時均任中書令、吏部尚書等，封河南郡公，人稱褚河南。因反對武則天冊立爲后，被貶職，卒於任上。書法繼二王，歐、虞之後又一大家，代表作《伊闕佛龕碑》《孟法師碑》《雁塔聖教序》。

《雁塔聖教序》

此碑前人臨仿多求之秀韻，謂如美女簪花，不勝羅綺，而不知已入孱弱一途矣。試觀其撇捺及長平畫，確是褚令自謂如錐畫沙神理，嚴肅剛勁兼而有之。今有集字習字帖，價廉易得，所據亦佳本。清王箬林號稱能識褚書之神，此等處尚未窺見，他何論哉！學此碑者，須知連筆，雖尚虛靈，落紙須求嚴毅，神味自合，不然纖靡孱弱之病入，恐不易超拔也。

《同州聖教序》

明代書家多重同州本，斥雁塔本，不知昏煤濕紙拓之，同州本筆畫稍肥，自較雁塔鋒利，若綜合南北二派，則同州本不及雁塔也。惟雁塔本取神全在連筆倜宕，未易尋求，而同州本則有迹可追意境平實，得其平正通達處，亦足爲書苑之英已。今有精華，尚見北碑矩度。

小歐①《道因法師碑》

歐陽蘭臺極力追踪父書，觀其書法之分明峭聳，雅與《皇甫君碑》爲近，而長平畫用分法，猶其父《房彥謙碑》意也。學大歐書參以此碑，可增膽力，若專取其神致，不拘其迹象，則何子貞有臨本，雖云爲其女學字初基，然初學未易幾此也。

①小歐：即歐陽通，字通師，歐陽詢第四子，書法與父齊名，稱大小歐陽體。

《姜柔遠碑》

此碑筆意在歐褚之間，而褚意獨多，可作褚書参證。若以其缺而見珍，是收藏家。吾輩肄書以書爲主，好奇何爲哉！

《孔冲遠碑》

唐人作字多方圓並用，且歐褚派爲大宗，此猶是永興法嗣，特字形多長耳。學虞者以爲参證，尤易得法，自較翻摹諸類帖爲勝。

《磚塔銘兩種》《衛景武公碑精華》

敬客此銘，兼有歐、褚法，雖遠勢略遜，正如海岳研山，奇秀在握，塵埃不受點也。清郭蘭石仿此，遂以名世，若姚鳳生臨本，亦有從容自如之致。若王可莊之作，尚嫌火氣也。此本前列原本，後爲翻刻精本，比較以觀，則原本恰到好處，翻本尚溺於諧媚之習。《景武碑》筆意相近，筆道較粗，易於學步。

《薛書信行禪師碑》

薛少保[①]書，原本褚令，此作對於《雁塔聖教》後記，尤爲具體，向經何子貞劇賞，遂爲世間名迹，實則第爲《雁塔聖教》之参證則可，其序字之佳，烏可追步耶！

①薛少保：即薛稷（649—713），字嗣通，唐蒲州汾阴（今山西万荣）人。官至太子少保，初學褚書，後自成一家。《信行禪師碑》爲其代表作。

唐拓顔書《多寶塔》　宋拓《多寶塔》

顔書之平易近人者，首推此刻。署唐署宋不過收藏家自詡之云耳，學顔書者易致臃腫，以此爲先導庶少其弊，但猶恐流於俗派，則尚須参合他顔書並臨。今有集字習字帖亦佳，精華稍差。

《元次山[①]碑》

次山文章風節一時稱重，顏公書碑亦極爲用意，筆法平易雖近《多寶塔碑》，而氣象則進以雄渾矣，仿多寶塔者固可相參，即專臨此碑亦少流弊也。

①元次山：即元結(719—772)，字次山，唐洛陽人，後遷魯山(今屬河南)，詩人，有《元次山集》存世。

《東方畫贊》

此碑經後人迭次刓洗，致成痴肥，學者弗尚，然其渾健之度，尚不能掩也。此拓最舊且精，風神亦好，多近《瘞鶴銘》，學《次山碑》能得其意，進而仿此，尤見雄渾剛健之概。今有集字精華，與《李玄靖碑》均大楷，尚可觀。

《大蔴姑仙壇記》《竹山連句》

何蝯叟藏此記宋拓，一時名流迭爲翻刻，紙爲之貴，此猶是原本，其貴當居何等耶？今有集字習字帖亦佳。《竹山連句》神致與此亦近，但字多疏放，不善學者恐入支離，則初學仿此，猶未甚宜耳。

《顏家廟碑》

前人評漢《孔宙碑》陰字，謂如龍蛇之蟄，藪澤潛輝，顏公此書抑何神似耶！此碑今尚完好，大有芒寒色正之概，良由其以篆籀之神，運用入楷，故爾精妙。若徒有其勁拙，則成傅青主斥梁鵠書《孔廟碑》如壁出斗，有何意致耶！此境非初學所能妄企也。

柳書《玄秘塔碑》

顏公變法以來“屋漏痕”[①]之云，不善學者致如米老“肥皮饅頭”之誚[②]，少師[3]出以清剛鋒利，可謂善矯其失者矣。其筆筆不苟，筆筆用意，尤爲後學度盡金針。惟不善學恐形怒氣，倘能劑顔書元次山以和緩其氣，庶爲完璧乎？今有集字習字帖及精華等册，尤價廉易購也。

①屋漏痕：唐代陸羽記載，懷素與顔眞卿論書："吾觀夏雲多奇峰，輒常效之，其痛快處，如飛鳥出林，驚蛇出草，又如壁坼之漏。"顔眞卿謂："何如屋漏痕？"

②"肥皮饅頭"之誚：米芾譏誚作字之弊云："世之人有喜作肥字者，正如厚皮饅頭，食之未必不佳，而視其爲狀，已可知其爲俗物。"

③少師：指顔眞卿，曾任太子少師。

《金剛經》

柳書《大達碑》精華發越，學之致不免行行氣象。此刻本久軼，乃發現於敦煌石室，其筆勢圓勁多近永興，與魏公《先廟碑》均少師書之清挺雍和者，外如《李西平碑》，未免偪促。《苻璘》《馮宿》二碑，則今多模糊不易辨識，肄書者不重也。

《圭峯碑》

是碑書者裴公美[1]，篆額柳少師[2]，而筆勢端勁冲夷，似兼用歐柳者，世所以疑是碑爲柳代書也。清同治光緒以來，翰苑小楷多效是碑，殆由咸丰尚柳之後，而爲尚歐先路之導乎？是學歐柳者不可不知也。

①裴公美(791—864)：名休，字公美，唐孟州濟源(今屬河南)人。善書法，有《圭峰禪師碑》等。

②柳少師：即柳公權(778—865)，官至太子少師，唐代書法家。

蘇書《豐樂亭記》《醉翁亭記》

二記在蘇書中特爲珍品，其佳處全從北碑得來，宋明人謂是本之魯公，加以駿快，未免囈語也。第筆多偏側，初學仿此易生疵病，實則唐楷儘可臨仿，上而窺北碑漢石，是爲坦途，好奇之云究爲無當也。

趙書道教碑《蕭山大成殿記》

趙書沈酣於右軍、北海，加以宕逸妍潤，於宋四家後，正如曲终奏雅矣。究之骨幹纖靡，古趣不存，用以諧俗，尚可風靡一時。若謂學書正宗，則未免推之高耳，性近者習之不爲置論也。

汪退谷[①]《臨聖教序》

書至元明，其巧者侈言二王，拙者尚拘顔柳，碑派帖派未之研習也。清阮文達始有碑帖之分，究書學者謂爲巨眼。而退谷於康熙年，已厭趙董之靡，初仿少師，晚師褚令，信書家豪杰矣。此冊清挺古穆，具褚柳兩家之槩，習褚書取以參證，抑何畏孱媚流意中之耶？

①王退谷：即汪士鋐（1658—1723），清代唐乾時期書法家、藏書家。

翁覃溪手鈎《化度寺》墨迹　《楷書金剛經》

覃溪書詣是匯通歐虞，故於《廟堂碑化度寺》深爲研究，然不上窺北碑之奥，而定其宗，猶有未得也。鈎書出於塡廓，僅可作《化度》存影觀，若《金剛經》，則筆致古厚，學歐書以爲參考，可知峻削之中非不能運用渾穆也。

汪臨《多寶塔》墨迹　臨《郭家廟碑》

汪文端作書，端厚和平，深似宋人評詩之紗帽氣。此二種氣度雖佳，神致尚遜。初學玩其筆氣分明，則可非謂奉爲師資也。

成親王[①]臨《化度寺》墨迹

成王秀骨天成，但多逸氣，遂非唐賢鉅矱。此册雖極用意，然帖派爲多，備以放學書之膽則可，若謂臨此亦仿歐則誤矣。

①成親王：愛新覺羅·永瑆（1752—1823），清代乾隆帝的第十一子，以楷書、行書著稱於世。

錢南園[①]大楷書《洞庭春色賦》《中山松醪賦》

南園學顔魯公，而參以黄山谷之勁健，便見松姿石骨，一洗學顔者臃腫之態，可謂學顔者絶軌。宜乎何子貞兄弟守其父之誡，四壁懸錢書，爲刻意臨仿也。今印本又有臨《李玄靖碑》及《正氣歌》，均精，宜爲仿顔者初步。

①錢南園（1740—1795）：字東注，號南園，雲南昆明人，官至御史，書法家。

錢南園書《大招服賦》《樂志論》

南園書本仿顔，此二册則參以《皇甫君碑》及《道因碑》鋒利之概，而神致則遠軼宋、元、明書家之上，得其神味，足以爲書家又闢一界。若書至能立此詣，不可不求。又有《樂志論》册，字差小，神味同致也。

張石舟[①]書《急就章》《弟子職》

石舟自述其家傳書詣云，非登善清臣之書不臨，故其書法圓腴處取顔，超逸處取褚，又糸用北碑之横平竪直法以成其體。宜乎何子貞深致推服也。惟不善學者徒爲野筆及纖弱，豈石舟果如是哉！《急就章》爲太谷賈氏刻本，字多逸筆，須善學。《弟子職》則石舟自刻，字差小，神近平易，若《急就章》。祁縣翻本去章之數字，加石舟款。《弟子職》山東翻本，近於呆板，則更誤初學也。

①張石舟：即張穆(1805—1849)，山西平定人。道光貢生，主研地理兼書法，著有《蒙古遊牧記》等。

張季直[①]臨《伊闕佛龕》《狼山觀音像記》

張氏在今，亦書家之一。其書初仿褚令。此二作神致相近，至其殿試策，變而學顔，行書又仿翁松禪，而加以偏宕，則才人狡猾之概耳。

①張季直：即張謇(1853—1926)，江蘇南通人，清光緒二十年(1894)狀元，近代實業家、教育家。

姚孟起[①]《磚塔銘》《陋室銘》

姚鳳生在清同治、光緒間頗負書名，然清雅有餘，醇厚不足，所臨《磚塔銘》，意求醇厚不作姿媚惡習，是極有斟酌處。《陋室銘》雖隨意作書，亦見工雅，尚不墮惡派，故自可存也。

①姚孟起：字鳳生，清江蘇吳縣人，書法家。

何紹基書《神道碑》《上諭》

何子貞此二種均精心作意之作，模仿顔書《畫贊》《家廟碑》神理，向時逸筆盡爲斂藏，然矜持之態一形，自然之槩遂失。此雖非子貞特色，然以子貞之才分，尚肯勉就範圍，吾人何可遽爲宕逸而不循矩矱耶？實則此書雖極用意，尚是子貞次乘，其品詣遠不如行楷及行草也。

王可莊[①]書《千字文》《勸世文》

王氏此書仿《磚塔銘》，下筆則多用褚法，且其字樣不復，尤便臨仿。刻本者屢有翻刻，其佳字風神不能泯也。《勸世文》字亦不惡，可存。同時黄敬輿[2]雖負盛名，徒開惡派，遺彼取此，非故爲軒輊也。

①王可莊：即王仁堪（1849—1893），字可莊，號公定，清福州人。光緒三年（1878）狀元，曾官蘇州知府，世稱王蘇州。書宗歐陽詢、褚遂良。

②黄敬輿：即黄自元（1837—1918），字敬輿，號澹叟，湖南安化縣人，清同治七年（1868）進士，授翰林院編修。書法家。

戴愚卿[1]《四箴》《心箴》合冊

戴氏作顔楷，多用何子貞意。光緒四家中允推杰出。此作亦原本《畫贊》，筆下具遒勁沈著諳態。學顔者由此入門，尚見正大。

①戴愚卿：生平不詳，似爲晚清進士，翰林。有書法集傳世。

吾晋向來作正書者，恆舉歐、顔、柳、趙四大家爲説，衆口一詞，牢不可破，曾亦知歐、顔、柳、趙信大家也，其書之自來爲何耶？不要其端，不訊其末，但執檃括之談爲示標準，此在科舉時代，作院體干禄之書，尚可儌一時幸名，若云正楷之能事盡此，不幾令通人齒冷乎。夫正楷之源，本之分……唐初歐褚兩家筆法誠不可掩矣，然如隋之《元公》《姬夫人》《蘇孝慈》諸刻，爲歐之前導，《龍藏寺碑》爲褚之先導，其蜕化之迹，又有不能泯也。虞永興原本右軍，是得法於篆之婉通，而特見精整。顔魯公亦窺此恉，而出以閎深博大，遂與杜詩、韓文並爲有唐以來變古所宗，亦即爲後世書、詩、文家便於藉口矣。柳少師精悍處糸歐，褚剛勁處糸顔，信爲後來之杰，而根柢則不免稍差。然其筆法明晝不苟，猶是北碑矩矱也。宋代正楷多效魯公，蔡忠惠[1]稱最。韓魏公[1]雖不以書名，亦是魯公之遺。歐陽文忠《瀧岡阡表》，又何其神似唐人墓誌，而上窺魏《張玄》《孫遼》諸誌耶。至趙松雪本由李北海[3]得髓，上規右軍，而氣乏剛勁，遂墮姿媚惡習，然所作小楷，則别饒圓秀虚儁之致，宜乎干禄者奉爲捷徑已。清代則金石之學盛行，書家率皆從事。於是如翁覃溪之於歐、虞，汪退谷、王若林[④]之於褚，錢南園、何子貞之於顔，祁春圃[⑤]之於柳，皆能得其神致。初學由斯取徑，可無歧路之虞。加以漢魏碑派厚植其基，或研習其故，書境至是可以立矣。至於小楷，則鍾、王妙翰類帖，傳刻率致失真，其佳者不過研玩意境而已。唐人寫經多糸行筆，今世行《靈飛》《兜沙》，可見其故，而歐書《心經》，褚書《陰符》《西升》，顔書《麻姑》《西擅》皆名迹也。宋人此體特少，元如趙松雪工矣，而失之流媚，鮮于伯機[⑥]又巧不逮焉，明則宋仲温[⑦]之雅淡，文徵明[⑧]之矜嚴，祝枝山[⑨]之名儁，而董香光[⑩]出以疏朗，又别開一宗。傅青主父子則力追鍾、王，突過前軌。清初多沿趙、董，至道光以後日趨格律精工，古意大失，然如王可莊、馮修盦[⑪]、黄愼之[⑫]、吕筱蘇[⑬]、劉静皆[⑭]抑又何可槩詆哉！若夫持共同之説，存皮相之見，在己無本可循，示人有何標的，徒見日言作字，其佳者適成一字匠而已。嗚呼！學字而至於匠，是人之事字乎，抑字之重人乎？深望吾曹學書，須放開眼孔，而摭其華尋其根，幸勿暖暖姝姝抱一先生言，在稱蒙莊所譏也。

①蔡忠惠：即蔡襄，謚號"忠惠"，宋代書法四家之一。

②韓魏公：北宋政治家韓琦，宋徽宗時追封魏國公。

③李北海：唐代書法家李邕，曾任北海太守，世稱李北海。

④王若林：名澍，字若林，號虚舟，金壇人。清代書法家，撰《淳化秘閣法帖考證》。

⑤祁春圃：即壽陽祁寯藻，號春圃。

⑥鮮于伯機（1256—1301）：元代書法家、詩人，名樞，以草書知名。

⑦宋仲温：名克，字仲温，蘇州人，明初章草大家。

⑧文徵明（1470—1559）：名壁，字徵明，以字行，江苏长洲人。官至翰林院待诏。善诗文，工书画，以小楷、行书成名。

⑨祝枝山即祝允明（1460—1526），明书法家，号枝山，江苏长洲人。明中期

代表人物之一。

⑩董香光：即董其昌（1555—1636），號香光，明華亭（今屬上海），萬曆進士，官南京禮部尚書，書法家。

⑪馮修盦：生平未詳。

⑫黄慎之：生平未詳。

⑬吕筱蘇：清代晚期進士。似爲貴州人。

⑭劉靜皆：名世安，清代漢軍鑲黄旗人，光緒年間探花，官翰林院編修，曾任甘肅學政。書法家，工楷、隸。

六、行書

開皇本《蘭亭序》

此本前人重之者謂爲唐摹之祖，卑之者謂是僞作。然其字裹行間不參後世姿媚之習品詣，固可重也。今焦山有刻石出吳讓之手鈎。讓之書家精鑒，詎肯以僞迹壞己之名，是則卑之者未免偏見也。

宋拓《定武本蘭亭序》

自宋以來，《蘭亭》聚訟久不易決，及今審之，則凡筆意渾穆雍和者，以定武爲正宗，筆意跳脱宕逸者，以神龍爲極軌。要之，歐、褚兩家所摹，各就右軍之眞，參以己意，於此可見古人和而不同之槩，不惟書品可知，卽人品亦可想見矣。今海上舉宋以後各家藏本均有印本，即褚摹墨迹亦有單印者，然價既昂貴，且徒啓學者之疑。兹特舉凡，不爲贅語。若思古齋亦有一拓，筆意瘦勁，學定武恐拘，神龍恐媚者，參之亦可資補救也。

五代拓《聖教序》　北宋拓《聖教序》　王羲之行書斷碑

唐高宗卽刻褚令所書兩朝御製序，記於慈恩寺中。及武氏執政，務掩褚令，遂出內府右軍眞迹，集字上石，其鈎摹刻字，及審正者又得其人。宋人雖有爲院體鄙視者，然以書品衡之，當列能品，且便臨摹，未可厚非也。明代頗有翻刻，大率枯瘠無味。今長安雖爲原石，幾經刓洗，神采遂差，反不若此二本所據，尙系舊拓，且購買亦易也。行書斷碑，世稱《半截碑》，亦集右軍書，故自可珍。

褚河南《哀冊》《枯樹賦》合冊

褚令行書亦剛健亦婀娜，《哀冊》特見沉鬱之槩，《枯樹賦》則加以渾穆矣。明董香光刻入《戲鴻堂》者，失之板刻，且巨帙購買未易，若此冊矮價廉，尤爲肄書之便歟。

顔魯公《爭坐位》

論顔書者恆云，眞不如草，草不如稿，此帖爲致郭英義書，語旣嚴正，字之使轉均極沉著流動之妙。今原石旣鋒芒多鎩，翻刻流於姿媚，若此本者尙爲不易得品也。

匋齋藏《麓山寺碑》　北宋拓《麓山寺碑》

李北海書《麓山寺碑》，雖作行書，而碑法渾勁之槩尙存。此碑幾經刓洗，現時拓本字雖有加眞，而面目臃腫，字勢舛訛者，亦不少矣。又今人法碑派者，多不爲行草，豈知北海遺刻，如《端州石室記》，純是唐初歐、褚碑派之遺，字叅隸意。合叅此碑，可謂一家眷屬。彼宋人誚北海如象，不及右軍如龍，然惟其如象，斯能滙碑帖二派而治之耳。是誚北海乎，不可謂非北海知音也。後一種筆勢較前稍肥，且清晰，其筆意較易尋討，然屬刓洗後本，烏能與前本槩論耶！

宋拓李北海《雲麾碑》

世之論北海書者，常云《雲麾》易得，《岳麓》難求，蓋以《岳麓》幾經刓改，面目多非，不必以湘、陝爲區也。《雲麾碑》筆氣流逸，而兼峭折，是探源王大令者，實爲宋米氏先聲，但米又加以横恣耳，其運筆使轉，較麓山爲刻露，宜臨李書者之特尚也。

張司直書《李元靜碑》

此碑今已無存，其字則頗饒渾勁，收藏家重之。吾輩學書，自有多佳本在，不必以希得炫奇自雄也。

楊少師書《韭花帖》墨迹

景度在五季宋初，書名甚重，卽此一帖，已世稱瓌寶。明清類帖，多有摹刻名者。實則以趙、董眼光手法爲之，烏能云有合耶？此爲墨迹影印，其風神蕭散，韻味無盡，足使人移情。釋氏謂一滴水可知大海味，學者味此能會其神，又安有趙、董末流之失犯其筆端耶？

宋拓蘇書《雪堂帖》《西樓帖》　蘇文忠《習字帖》行書　《三希堂蘇書法帖》

東坡行書佳處，是眞力彌滿，意境開拓，學者不得其法，遂故使偃筆取恣，入便僻側媚一流，或拖沓不振，是皆不知運筆，而爲筆所役之病也。蘇書信豐恣矣，而轉折提頓均有綿里藏針之槩，正似文家、詩家之潛氣內轉者，然不明乎此以學蘇，安怪彼塗抹致之紛紛乎！

《三希堂黄山谷法書帖》　黄山谷行書《習字帖》

涪翁書清矯特甚，三希堂所收亦多且精，惟不善學者出以傖悍，致有死蛇纏樹之誚，然以救正仿蘇豐腴之失，則爲對病良藥耳。

《三希堂蔡君謨法書帖》

蔡忠惠行書，探源右軍，奄有趙松雪風致矣，然裊娜處稍遜，一則時代淳瀜所關，一則其眞氣尚裕所致也。學右軍及唐人書不成，學此雖格韻不高，尚不至偃蹇頹唐也。

《三希堂米南宮法書帖》

米顛字功力特深，所見亦博，故其書在宋四家爲殊特，而弊則流宕俗惡諸派皆所自生。殆如自香山詩，每爲俗淺所藉口，亦由其過於流易所致歟？冊中取瘦勁謹嚴一派臨之，或不失米老之眞。

張樗寮[①]書《華嚴經》墨迹

此冊爲行楷書，世稱王夢樓[②]書法，其瀟灑之態，多出樗寮似矣。然樗寮筆多逸，夢樓筆糸以偃法，又未是也。學者玩此等書，懸鋒逸致，足以醫拘攣之失。然其立腳不定處，要不可妄效也。

①張樗寮（1186—1263）：名即之，號樗寮，宋代歷陽（今安徽和縣）人。書法家、詞人。

②王夢樓（1730—1802）：名文治，字禹卿，號夢樓，江蘇丹徒人，清乾隆二十五年(1760)進士，官至雲南臨安知府，詩人、書法家。

宋人手寫《發願經》墨迹

此冊亦爲行楷，以無趙書末流諸習，故可存。

金《蜀先主廟碑》

金人作字，如王黄華[①]、趙閑閑[②]之行草，黨懷英[③]之篆書，並爲精詣。黄華此碑，行書字勢雅近唐人，不染江南煙水氣，一則北人剛勁本色，二則行書書碑，本非帖派也。

①王黄華：名廷筠，字子端，號黄華山主、黄華老人，金代遼東（今屬遼寧營口）人，進士，官至翰林修撰。

②趙閑閑：即趙秉文（1159—1232），字周臣，號閑閑居士，磁州（今河北磁縣）人。進士，官至禮部尚書、翰林學士，金代書法家、文學家。

③黨懷英（1134—1211）：字世杰，號竹溪，奉符（今山東泰安）人。進士，官至翰林學士承旨。金代文宗，書畫家。

趙松雪書《心經》《淨土詞》《蘭亭十三跋》

松雪書功力最深，由李北海而窺右軍，惟乏剛健筆力，故借搖曳生姿以文其失，後世不求其眞，僅以豐妍柔膩相尚，致爲大雅所不取，實則略其短而取其長，蓋宋賢始變唐人拘板，率尚巧思，松雪更能綜宋賢諸巧，而還之右軍，此其所以名重於世之眞乎？然則學趙者，宜識其眞，勿啜其糟醨而詹詹自雄，則庶幾矣。

王文成[1]《與朱侍御札》

文成事功學派，固是偉人，卽其書翰，亦可以相副，是札亦圓、亦健、亦渾、亦勁，正惟無意作書，而書境特高，學者玩其高致，自可得拔俗也。

①王文成：即王守仁（1472—1529），字伯安，號陽明，浙江餘姚人，明代思想家、教育家。卒謚文成。有《王文成公全書》行世。

文衡山[1]、王雅宜[2]《北山移文》　文書《懷歸詩》墨迹

衡山作書，頗患孱弱，而格法精熟，故能掩所短，濟以雅宜之生，庶或相得益彰乎？《懷歸詩》筆力清峭，亦可存者。

①文衡山：明代書法家文徵明。

②王雅宜：王寵(1494—1533)，字履仁，號雅宜山人，吳縣(今江蘇蘇州)人，明代書法家。

《沈文墨迹合璧》

石田[①]書本山谷、衡山，間仿東坡，此冊合二子所書，學者隨意流覽，亦可博其趣也。

①石田：即沈周(1427—1509)，字啓南，號石田，明代長洲(今屬江蘇)人，書畫家，吳門四家之一。

董香光《書錢忠所神道碑》《三種四種五種墨迹》《手札》

香光作字亦如震川[①]之文，功候巧力兼有其勝，又能化趙吳興之豐研柔膩，流麗明淨，惜渾古不存，是爲空靈，法界樹大宗，遠違眞實不虛之詣也。清初其體頗尚，玩其安閑和雅，自有一種名貴蕭散之風。如中朝大官角巾歸第則可，若墮江湖鬻技之習，取悦俗目，雖極形似之能，吾知香光輿儓[②]且不屑矣，因松雪、香光二家書迹，易爲俗子所假，故述其書特從嚴格焉。

①震川：即歸有光(1507—1571)，字熙甫，號震川，世稱震川先生，崑山(今屬江蘇)人。明代文學家。

②輿儓：同“輿臺”，舊指低級别的人、下人。在此泛指大衆。

《王覺斯[①]草書墨迹》

王氏承文、董秀麗之餘，獨能以勁健挺拔自成一格，可謂不爲風氣所囿者，然書迹雖似崛強，其品槩無甚足稱，但於靡顔膩理中，得此振之，亦足一快，未可隨流俗厚非也。

①王覺斯：王鐸，字覺斯，明末清初書法家。

《傅青主自書詩稿》

青主他書多宕逸，此稿尚多圓秀，是右軍之遺，毫無趙、董側媚及王覺斯槎枒諸態，溷其筆端，可謂精品無疑也。至以其學仙，附會仙氣，則經學家所謂望文生義者，究之於先生，無所損益。學先生書，惟注想其意境超悟，庶幾得之，若僅擬面目，則成買櫝還珠，愈似愈形其俗，吾人不可不知也。

《姜西溟[①]墨迹》

西溟行書，猶沿香光餘派，但稍參用東坡，便不似逐流忘反，此冊臨類帖可資參玩。

①姜西溟（1628—1699）：姜宸英，字西溟，浙江慈溪人。清代初年學者。

《張文敏[①]墨迹》

天瓶居士耽心禪悅，其字學仍是趙、董心傳，雖享盛名於一時，尚非清代書家之巨擘也。此冊除自書各詩外，僅仿蘇、米，求之士夫，氣自優爲耳。

①張文敏：張照（1691—1745），字得天，號天瓶居士，婁縣（今屬江蘇）人，清代藏書家、書法家。

《王虚舟墨迹》《臨萬歲通天帖》

箬林於褚楷功深，既而爲歐行書亦能具體，其行書導源，要在褚《千字文》《枯樹賦》二種爲多，特加以鋒厲耳。此二種皆臨帖之作，均見矜慎。觀此亦可證前輩書學之勤焉。

劉石庵相國[1]《墨迹》第一集第三集
《洞庭春色賦》《中山松醪賦》

文清行書純從閣帖證悟，一洗趙、董姿媚之態，而出以豐腴樸實，似拙實巧，宜乎論書者詡爲帖派之集大成也。是一集雜書及詩，三集則録古人書二通，古詩八首，又有書佛經一種尤精，若《清愛堂》及《心畫初機》諸帖，則一經刻石，眞氣斯灕，前人稱之，今似不及閱此石印冊也。外有書東坡二賦亦可存。

①劉石庵相國：即劉墉（1720—1805），字崇如，號石庵，山東諸城人。官至吏部尚書、體仁閣大學士，卒謚文清。其書出於顔體，用墨濃，有“濃墨宰相”之稱。

《吴谷人[1]<有正味齋續集>墨迹》

吴祭酒行書，能運用歐、董爲一鑪，其得髓則在米元章《蘭亭跋》及《大行皇太后》哀辭二種爲多，遂能亦和亦介，神采翩然，行書中得此，神情既不若前兹趙、董之甜俗，亦不爲近今劉、何之頹唐，精能之品亦書家所尚也。

①吴谷人：即吴錫麒（1746—1818），字聖徵，號谷人，錢塘（今浙江杭州）人，乾隆時期翰林院編修，詩人、書畫家，著有《有正味齋集》。

《王夢樓[1]墨迹三種》

清以來講用墨者，謂劉文清爲“濃墨宰相”，夢樓爲“淡墨探花”，夢樓自以禪境喻書，其天姿空靈，運筆敏妙，自是一代高手，蓋董文敏娟靜之餘，參以蘇之偃、米之姿，不能不謂夢樓爲獨出冠時也。若夫搔首弄姿，致貽倚門賣笑之誚，則故爲攲側，雖在高賢，亦不能謂爲非疵也。是三種，一爲詩稿及集蘭亭詩等，一爲臨米，一爲集《瘞鶴銘》焦山詩題跋等。

①王夢樓:清末探花王文治,其書善用淡墨。

《劉梁墨迹》合《梁同書[①]墨寶》

是冊爲文清與梁山舟學士合冊。山舟行書不及夢樓之瀟灑,而雍和暢朗足徵清貴之品。原冊爲吳山尊[②]耽禪悦,特乞兩先生録東坡詩,山舟業並附書札,均可存也。又一種石刻影印本亦不惡劣。

①梁同書(1723—1815):字元穎,號山舟,清錢塘(今浙江杭州)人。書法家,有《頻羅庵論書》等。

②吳山尊:即吳鼒(1756—1821),字及之,號山尊,全椒(今屬安徽省)人,官翰林院編修,侍讀學士。

梁聞山[①]《陰符經》

聞山行書多效李北海,擬之山舟超雋稍遜,而矩度謹嚴,故自可取,世因有“南北二梁”之稱。南山舟北聞山也。是冊擬董香光,而別饒清挺。

①梁聞山(1710—1788):名山巘,字聞山、文山,號斷硯齋主人,清亳縣(今屬安徽),書法家。

錢南園[①]《枯樹賦》

南園此作,忝以清勁之槩,一洗娟媚之氣,前此陳章侯[②]、惲南田[③]行書皆得褚之神,兹更開生面,可謂推陳出新矣。後附小楷二段,亦清健雋雅。

①錢南園(1740—1795):名灃,字東注,號約甫南園,清代雲南昆明人,官至御史,書畫家。

②陳章侯:即陳洪綬(1598—1652),字章侯,號老蓮,浙江諸暨人。明末書

畫家。

③惲南田(1633—1690):字孝平,初名格,號南田,江蘇武進人。清代初年畫家。

何蝯叟行書《花蕊夫人宮詞》《赤壁賦》

《四賦》《張□齋墓誌》《鄧石如墓誌》

道、咸、同以來,何子貞行書爲一時之冠,其原本篆分,規仿鐘鼎,而以顔公《爭坐帖》,沉著痛快出之,故絶非平常顔稿臨仿也。此數種有行楷、有行草、行楷參用魏《張玄碑》法,行草則縱横險勁具備,特多頹放不收處,則其疏率之弊,學者不可濫效耳。

《李梅庵[1]選臨法帖》

梅庵作字謹守碑法,詆之者斥其墨守而少眞氣,然於書派源流,不能謂無所研究也。此册純乎臨寫《淳化》《淳熙》諸類帖,而能究悉其用筆所本,雖轉棹處不脱碑法,尚無專習帖派者油滑之弊,是亦學書者當宗之乎?

①李梅庵:即李用清。

《趙松雪手札墨迹》

晉代以來皆稱法帖,歐陽公所謂:“其初爲之若不經意,徐而玩之神味無盡。”但前此所傳皆刻入類帖,兹特舉諸手迹石印本,或亦學行書者,有事乎松雪作字之蘊,具詳於前。此册中字尤其隨意所作,信足珍賞。

《董香光手札墨迹》

香光書詣前此亦祥,此尤其隨意之作,篇幅長短不拘,較諸書成文者尤佳。

《翁覃溪手札墨迹》

覃溪行書由漢分蜕化,純近北海《麓山寺碑》,而濟以蘇、米之雄厚開拓,故自成一種古穆蒼勁境界,此手札多論吳蓮洋詩之刻,系致汾陽曹慕堂宗丞[1]者,非第其字足珍,且關吾晉文獻也。

[1]曹慕堂(1709—1787):名學閔,字孝如,號慕堂,清山西汾陽人。官內閣侍讀學士、宗人府府丞等。著有《紫雲山房詩文抄》。

《劉石庵手札墨迹》

石庵書詣,亦詳於前,此冊匯而存之,書不一格,學石庵者尤宜開擴眼界,知石庵之字,不僅一種面目。

《十家手札墨迹》

十家皆乾嘉間文學、經、史、攷訂、書、畫巨子,其書亦各有本,真性近者隨意流覽,或摹擬均可,原非盡出書家也。

《奚鐵生[1]手札墨迹》

鐵生作畫極負重名,即此手札僅五通,而古秀和雅迥出恆蹊,且附詩稿尤宜玩味。

[1]奚鐵生:名岡,字純章,號鐵生,錢塘(今浙江杭州)人,篆刻家,畫家,"西泠八家"之一。

《陳曼生手札墨迹》

曼生以刻石章、陶壺名重海內外,所作分書亦脱盡窠臼,此手札雖行書,而神味蕭散雋永中,不失勁峭古媚,由其澤古者深致然也。吾輩究心篆分者,此境不可不知。無若錢梅溪[①]但解妍媚，絶無金石氣存，墮成親王後塵，甘入俗派也。

①錢梅溪：名泳，字立群，一字梅溪，號梅花溪居士，清金匱縣（今屬江蘇無錫）人。學者、書法家。

《李申耆[①]手札墨迹》

申耆文章遵古，政事才亦長，即此隨意作手札亦復蒼老雄健，雖軼出二王法，而隨意作書在傳人要各具眞面，烏得以常例爲繩耶。

①李申耆：清武進（今屬江蘇）人，嘉慶時進士，授翰林院學士，曾任知縣。史學家，治《通鑒》《通典》《通考》。

《完白山民手札墨迹》

鄧完白分篆，爲唐以來之杰，而楷書亦多與唐人抗衡，惟草則法楊景度[①]，猶文家不必各體兼善也。此手札多作行草，古逸可玩，何子貞、張文襄[②]深致不滿鄧、包書，其末流誠不能無習氣，若原迹庸何傷乎。

①楊景度：五代書法家，楊凝式，字景度。

②張文襄：晚清重臣張之洞，卒謚文襄。

《翁松禪[①]手札墨迹》

松禪書名在今極盛，能匯合劉石庵之沉著，何子貞之透闢，而自成一家，惟其自命清代第一，致多造作少眞氣，不免爲書家所短。若其手札，則或有不甚經意，亦正不用造作，較之他書，故尤可貴。是集分十冊，各有佳勝，不能妄爲軒輊也。

①翁松禪：即翁同龢，晚清名臣，書法家。

《張文襄書翰墨迹》

張氏服膺蘇公，深得老而愈嫩之致。此手札出以隨意，尤具得心應手之妙，學蘇者以是輔之庶幾無失。

《王文敏①手札墨迹》

廉生祭酒節槩特高，且精於金石、攷訂、分、篆，亦趙撝叔之亞。行書近張文襄，而加以橫恣。此諸札尤參以楷分，語雜莊諧，可稱雙美也。

①王文敏：即王懿榮（1845—1900），字廉生，山東福山人。卒謚文敏。晚清金石學家。

前人論書稱眞書如正立，行書如行，豈非以其介乎隸草之間，而具諸妙乎？論者論行書創自漢末劉德昇，然其迹不傳，傳者自鍾繇，説者猶謂多出後世摹擬，故此以右軍托始，唐代諸刻尚矣。李北海能匯合碑帖派，顔魯公則其變體也。宋以蘇、黄、米、蔡稱四大家，而山谷獨饒情雋，無三家之險側及軟熟。至趙、董代興，譽之者謂接武右軍，毁之者謂大張俗派，烏乃太過乎？總之，此事亦以根柢爲重，凡好究篆、分碑派者，自以北海爲宗，而陳曼生、翁松禪、王文敏輔之，以博其趣。否則各擇性之所近而習爲，取便於用亦足矣。至吾晉傅青主，其謹嚴者亦是右軍之遺，祁文端兼有黄、米、松雪之勝。若張石舟則源本篆分結體，又合章草，非復較眞稍率之行楷，較草稍眞之行草可例也。若夫孫過庭云："帶燥方潤，將濃遂枯。"蔣堯章云："潤以取妍，燥以取險。"皆行書用墨眞諦。若其用筆，則須眞書能立，復以眞之八分爲之，乃無偏頗不穩諸病。前人所以云，作行書不亞眞楷，其斯之謂乎？吾輩是宜留意也。

七、草書

唐拓《十七帖》 宋拓《河南本十七帖》 宋拓《十七帖》

此帖章草、行草均備，由書非一時匯而集之耳。右軍之先，據閣帖尚有漢章帝[①]、崔子玉[②]、張伯英[③]諸家，然彼既歸類帖，且出後人摹仿，故不若徑以右軍標舉也。第一種有清初巨公題跋，日人且用玻璃版印出，當是精品無疑。二、三種亦有收藏家諸題字。至於釋文，則包安吳《藝舟雙楫》爲詳，可資叅攷。

①漢章帝：名劉炟，東漢第三位皇帝。

②崔子玉（77—142）：名瑗，字子玉，涿郡安平（今屬河北）人。東漢草書家。

③張伯英（？—约 192）：名芝，字伯英，東漢瓜洲縣（今屬甘肅）人，善草書。

索靖[①]《月儀帖》

此帖刻于宋淳熙秘閣繼帖，明代王氏再刻之，皆未全帙，純系章草也。內有王夢樓、姚惜抱題字，攷證辨明不必出自靖手，恐爲唐人所摹，語最精確，故附右軍之後。

①索靖（239—303）：字幼安，西晉敦煌（今屬甘肅）人，曾任雁門太守，封關內侯。善草書，著有《草書狀》。

薛紹彭[①]《書譜》 太清樓《書譜》 初拓《書譜》

以上三種各有勝槩，薛刻尤先，與太清樓本，筆勢純乎章草，又運用中鋒，學步未易。末種爲清康熙時天津安氏刻，筆勢中偏互用，剛健婀娜，並擅其長，初學易入，且附以釋文，不致與董思翁如食多刺魚之嘆也。

①薛紹彭：字道祖，號翠微居士，宋長安(今陜西西安)人，書法與米芾齊名。

賀季眞[1]草書《孝經》

季眞草書有《千字文》，太谷孫氏刻石，兹原本系宋裝出自日本。玩其筆勢雅近《書譜》，而加以跌宕之致，蓋章草古法主於謹嚴，自右軍參用逸筆，後人皆效之，古意盡失矣。唐人所作雖變本加厲，尚不致羼入俗筆，趙、董以來行草是尚，而斯派幾熄，吾輩肄草當以斯派爲正宗也。

①賀季眞：即賀知章，字季眞，唐越州永興(今浙江蕭山)人，詩人，書法家。

懷素《自叙帖》

顛素世稱狂草，其得髓由章草蜕化，但加以妖嬈纏綿，遂與章草殊别，宋後草書多趨此種，奔放有餘，謹嚴大悖矣。

顔魯公《三表》

此刻近乎公《爭坐位》《祭侄稿》二帖，而字作草勢，非章非狂，略近行草，蓋隨手所作也。世有斥爲僞迹者，然純是魯公家法，尚爲可重。

顔魯公《裴將軍詩》

此詩草以篆意出之，迥異他作，張月齋[1]、何子貞草書多取之，惜字少耳。

①張月齋：即張穆(1805—1849)，字石舟，號月齋，清代山西平定人，學者，書法家。

顔自書《告身》《送劉太冲序》

《告身》乃楷書近竹山聯句，清錢南園書所取徑者；序字作行草而草意獨多，且亦稿書故附於此。

李懷琳[①]《絶交書》鈎本

此由墨迹而鈎出者，其筆勢縱逸，原本右軍，而不流於諧媚，亦稱佳品。

①李懷琳：生平未詳，唐代書法家。

林和靖[①]書詩稿

此本爲和靖墨迹，較之刻石爲眞，然作稿書隨意揮灑，近狂草而去其張翕者也。

①林和靖(967—1028)：名逋，字君復，人稱和靖先生，北宋奉化(今屬浙江)人，詩人。

蘇學士"大江東"詞

東坡此詞作草書，筆力横絶，與詞皆藝林推重，其意態是狂草耳。

岳武穆[①]《出師表》

武穆草書具龍威虎震之槩，此迹曾刻之南陽陳州，刻之鳳翔。以鳳刻本爲精，均巨幀，臨仿不易，兹經縮印，精神愈足，尤爲可貴，其字則多近狂草也。

①岳武穆：宋代名將岳飛，追謚武穆。

趙松雪書《急就章》

章草之出，世謂自漢章帝，然《急就》傳自西京，是當以《急就》爲正也。董思翁[①]嘗刻徐鼎臣[②]摹本，僅有數段。明初宋仲溫有臨本刻石，世不多見也。此冊在松雪雖爲別出，而尚本古誼，吾輩欲究章草，捨此不易購求，且石印價尤廉平，是可述耳。至於草訣百韻，特便俗書，以非草書正派，故不之及。

①董思翁：即董其昌，號思白，人稱其爲思翁。

②徐鼎臣：北宋學者徐鉉(916—991)，字鼎臣。

祝枝山書詩稿　書杜詩　書艷體詩

明代狂草以枝山爲冠。由筆力横絶，運腕之沉著頓挫，足以相副，故自獨出冠時。

王文成與朱侍御札

陽明於理學事功爲世推重，卽其書迹，亦非唐非宋自成一家，此札風神駘宕，允推杰作。

董文敏臨懷素帖

董精於行書，草非所長，然出以臨本，純用前人之法，一洗平日姿媚，故可存。

瞿忠宣[①]手札及蠟丸書

忠宣風節棱棱，其書亦挾有風霜氣，雖非書家之正軌，而生氣勃勃，可以存人者存書。

①瞿忠宣：明末瞿式耜(1590—1650)，字起田，號稼軒，明末常熟(今屬江蘇)人。南明永歷時任兵部尚書，在桂林兵敗就義。謚文忠，追謚文忠。有《瞿忠

宣公集存世。》

包安吴家書臨帖兩種

安吴家此冊已具北碑中，然其家書，實作章草，遠溯晉及唐初，自宋明以來，未有斯詣也。兹特稱之。

翁松禪臨《書譜》

松禪以行書擅長清末，兹臨《書譜》頗具遒厚之致，雖矯變少失，而書品可珍也。

陶靖節[1]草書

此原石在沁縣張氏，是否陶書未敢斷定。而特具剛健峭折之槩，就書論書尚爲可存。

①陶靖節：東晉詩人陶潛，卒，私謚靖節。

草書大别有二：一章草、一狂草，自顔魯公起稿之書，爲世所重，於是世又有稿書一種，其胎息則發之章草，而加以變化耳。自《蘭亭》稱重而行書大行，類帖風傳，而狂草益煽。章草之作，無論爲中鋒出分隸者絶軌，即仿右軍、虔禮、季眞諸作，中偏鋒互用者亦鮮，良由論姿媚不及行書，論奔逸不及狂草，遂致僅存草書之名，而不深究其故，是可慨也。兹編於章草一體，説稍加詳，狂草稿書並述所自，雖不必盡人作草，惟章是宗，然既晰其故，變焉而不離其宗，斯道或不至終絶於人世乎。若夫日本人援筆作草，頗素爲近，間糸入俗體，説者謂明清以來草書僅有祝枝山、傅青主，外此無人，惟日本尚存其槩，是則狂草一體，尚非所論於章草也。附爲辨明，以諗來者。

《柞閛吟庵八談》淺讀（代後記）

《柞閈吟庵八談》淺讀(代後記)

晉商常氏儒商文化研究會創立伊始,榆次常氏族人,常氏後裔,外邀專家、學者及有關領導齊聚一堂,會於魏榆圖書館,可謂群賢畢至、少長咸集,共議儒商文化,展圖未來。其時傳來常家學界泰斗常贊春先生國學文編巨著,經中央民族學院鳳鉉叔校點,精印行市,與會者爭相閱讀,一飽眼福,其中《國學八談》一部尤得青睞。奈因所舉古籍罕見,行文中典故充斥,甚難直解,望能稍作注釋,以便拓其傳播,以增民衆對鄉賢、哲人之敬,因重命之爲《常贊春先生國學文編》。

隨後與會者形成共識,當即見諸行動,並將文稿分覓注釋之人,應者甚衆,效應立現。不期稿間有《金石談》一種,多涉地方藏品,諸先生們均親辨識,一一詳記,惜百年之後,其踪難覓,訪之高校、文博機構,均難考稽,况談及地形演變,成色之謎及辨識訣竅,注者一無所知。碧落黄泉,收穫甚微。僅有名石碑數種有據可訪,未及所述十之一二。其餘僅憑望文生義,肆意而言,絶非學問之道,故《金石談》一篇注釋暫缺,望讀者見諒,以後覓精習之士,予以補綴,將不勝感激。下文僅就《七談》發議,如此而已。

一

常贊春先生字子襄,别號柞閈吟庵、儽傁等,清同治十一年(1872)生於山西榆次,車輞村常氏家族十四世傳人,爲筆者從叔祖。少入私塾,聰慧敏悟,學業超群,及壯博覽經史,爛熟於胸。光緒二十八年(1902)赴西安參加山陝併科鄉試,高中第三,人稱經魁。後清廷停止科舉,旋入山西大學堂令德書院附學。辛亥國變次年,終業於京師大學堂文科門。回省垣後,執教於山西大學法政學堂,同時又相繼在太原各中學授課。因其精於國故,才通經史,學貫古今,且以書畫名重一時,爲多數學子所景仰。但先生從教,依然嚴格備課,一絲不苟,從多方面旁徵博引,娓娓道來,聽者興趣盎然,學生多有窗外旁聽者。本書所舉《國學八談》,亦爲先生各課教案,不僅資料翔實,文句流暢,而且條分縷析,言簡意賅,可爲閱讀精品。

二

筆者做過一個初步的統計,本書中,作者列舉五經四書、諸子百家、小學、碑帖、詩詞、金石、畫卷多方面的相關著作竟達一千六百餘種,包括寫傳、考定、訓詁、箋注等諸多方面,上溯兩漢,延至晚清,指名者兩千餘人。對歷代研究成果可謂兼收盡覽。作者對這些浩瀚的古籍不僅一一閱讀,而且作過詳盡的比較研究,能用簡約的言詞對每一種著作作出切實的評價。可見作者之國學基礎何等深厚,令每一個讀者均會産生高山仰止之感。

國學一般以先秦典籍爲基,歷代學者從研討其精義入手,通過考證、辨僞、句讀、生發,引申出諸多學術問題來,雖然歷朝均有不同的治學方向,形成各種各樣的學派,但就影響而言,曾有過三次高潮。

首次高潮出於漢代,當時距春秋戰國尚近,但經歷了秦朝"焚書坑儒"之禍,古籍大多散失,又兼當時書寫工具落後,傳播數量原本有限,僅憑個人珍藏,首先遇到的便是辨明眞僞,考訂事實。而更爲複雜的在於春秋之季,文字尚未統一,語音方言因地而異,因之産生了一種稱之爲訓詁的學科,其意在用當時通用的語言文字來解釋古字古義和古音。以此爲始,一種經典便出現不同的訓詁版本,《詩經》有齊、魯、韓、毛四家之本即爲例證。因之漢代學者的治學方向爲重實證而輕議論,訓詁一字往往有數百言,不乏嚴謹認眞的態度。後來清代學者將其定名爲漢學,又稱樸學。

此後歷經六朝與唐代,繼承漢學,影響不斷。但宋以後,對儒學的研究有了新的拓展,其代表人物如張載、二程、朱熹等,不再從典籍中尋章摘句,而是以儒學爲基,兼參佛、道之説,用以探求世界、生命的本源,進入到一種全新的哲學領域，稱爲理學，旨在探討理和氣、性和情等諸多方面的對立和依存關係。這一學術思潮在中國產生了極大的影響，一直延續到近代。後人稱之爲宋學。宋學在清中業以後，漸受冷落。原因是，清初爲確立封建專制的政治統治，在文化上也推行了極爲嚴酷的專制政策，在文網羅織之下，學者無不噤若寒蟬，唯有埋頭考據，才有立錐之地。於是一大批飽學之士，進入到這一領域。到乾隆、嘉慶之際進入成熟期，世稱乾嘉學派。這一派學者直承漢學家訓詁考據的方法，加以條理發展，治學以經學爲主，以漢儒經注爲宗，學風嚴謹、平實，不尚空談。

三

傳統國學中眞正稱爲先秦典籍的除儒家十三經外，加上諸子百家之書（其中很多著作年代尚難確定），數量並不龐大，但數百年間的中華大地不少階段處於分裂、分治的狀態，各自形成不同的民風、民俗，就連語言文字也產生了一定的差異。加上焚書之禍，後代學者要憑簡單的閱讀，會產生諸多難解之處。有人把這些難解之題，經過詳盡的考辨，通過正語音、辨字形、求字意，再小心地摸索行文主旨，探求其中的眞奥所在。這種用以解釋經義的文字叫傳，早在春秋時就已產生，前已提到《詩經》有四傳，《春秋》也有（與）"左氏""公羊""穀梁"三傳並出，後來又將其分爲注、章句、述、箋、略解、解詁、集解、集注等多種方式。這些方式的目的當然是爲了讀者能消除閱讀障礙，順利理解經典的意旨，但近兩千年來出現過無數冊此類著作，各不相同。這裏除了每一位作注者本身學識水平的差異，研究方法和側重點的不同而外，則是各人都會注入一些主觀成份，差異也就由此而產生。這些差異的產生和影響，也就成爲本書的主要研究方向。

在本書中列舉到的上千著作和作者都是贊春先生所精讀並熟悉的，今天看來都有一定的認識、評價，而且對同類型、同時代、同師門流派的注家、注本，進行了堪校和比較，梳理其研究特點和治學方法，從而探索出每一部經典在不同時代的評價方式和認識價值。進而考之相關的歷史背景，隨着每一次改朝換代，因統治者不同的政治需求，而引起文人堆裏所產生的新的研究取向，從而找出,成爲每一種注本,在學界影響深遠。因之,對每一注本的評述僅寥寥數字,但精闢準確、言簡意賅。

如《説文解字》一書,爲東漢許慎所撰,是一本中國文字學的開山之作,乾嘉以後,訓詁復興,治《説文》者日多,因之衍生出多種考據本、注釋本……魚目混珠、泥沙俱下。贊春先生指出:"吳氏大澂之《説文古籀補》,則許書爲綱,下綴古籀,檢查既易,參考堪資。又字均手摹,益見矜慎。"而類似著作如"《汗簡》《金石韻府》《鐘鼎字源》《六書通》諸書之雜糅,固有進矣,然敘次離奇,徒爲炫晉。又摹篆者,大小未深,意爲取勢,是亦一憾"。從引文中可見,先生用簡約的文字不僅對不同的注本作出評價,而且略及其産生的原因,可謂一覽而明,對有志研究者,頗具指導價值。

四

國學一語系對十九世紀爲止存世的中華民族整體文化而言,其對世界的影響力除經史而外,當屬文學。而中國文學中,詩歌無疑是出現最早,影響極廣的,據云舜曰:"詩言志,歌永言。"可見自古以來,人們就把詩歌看成一種能表達自己内心感懷,宣泄情感世界的藝術形式。今天研究詩歌當然要從《詩經》起始,由於當時它已被列入儒家經典,身份不同了,但它作爲以形象思維而傲立於其他典籍的文學性,還是非常明顯的。在詳談了中國詩歌千餘年來的形式變化和發展規律之後,聯繫政治變遷,以此探求,形式是順應時代發展需要,也是早期詩與歌謡爲適應歌者伴奏音節之需而促成的變格。

從古到今,凡談詩者,多以格律、平仄,對仗爲第一要務,其實這只是強調了詩歌研究之形式問題,在《詩學談》中贊春先生列舉詩的章法、句法、用字等方面,而最高要求在於性靈。這裏所指應當是詩人情感的集中爆發,故"必須具有詩之才,以運用性靈,詩之字,以究心格律,詩之識,以論古道今"。這樣才可能完成一首眞正的格律詩。

五

民國以來,常贊春先生以博學多識,著書立説,名噪大河以北,然其書法之名並不亞於文名，同樣爲文壇所重。從幼時起在家塾中習字，已表現出超人之姿，及長，遍游京、津、江南，見識日增，廣臨博採，四體皆能，尤以篆隸爲人稱道。晉中一帶人士修碑，常以得先生篆蓋爲榮。數年間，與弟旭春、姻親趙鐵山同學互勵，各得其彰，成爲引領山西近代書法的先行者。後省城各校紛紛聘爲書法教席，在實踐中助學生規範學習，逐步提高。與此同時，爲便諸生明白中國書法的來源和發展，進而列舉從鐘鼎文、石鼓文直至清末翁方綱、康有爲，擇出數百種刻石、拓本、遺墨、帖學等相關例證，逐一評述，不僅指出其藝術特點，同時追溯其產生的具體時間，從而總結其在書法史上的價值。可以説是對中國書法史較完美的總結，也是對書法藝術不斷演變的完整闡述。

中國文字，如今可推至甲骨文以遠，但眞正供後世臨習者，不外乎篆、隸、楷、行、草五體。經數千年的不斷演化，流傳至今的拓本、本、帖本，依舊浩瀚，能稱爲後人臨習範本者，亦以數百計，而能稱之爲一代書家的官員、文士，更是數不勝數。青年學子想在這衆多的資料間選出最爲適合自己的碑帖，不免陷入茫然中。常贊春先生對這些資料已經是終身關注，很多都有過親自臨寫的經歷，不僅對它們的優缺點、個性特色瞭如指掌，而且對坊間歷來所發行的各類版本也能如數家珍。因此在講述中，不僅指出每一碑帖的歷史淵源，藝術特色作出明晰的評價，而且對這些年來所刊版本加以詳説，讓讀者得到完整的印象。如談到《宋拓九成宮醴泉銘》云："是碑爲王文敏舊藏，其字畫之和平大雅，而不失伉健氣，較之《皇甫君碑》，雖遜其分明，而亦無激烈之態也。二種參看最佳。若又有康拓一種，則題識雖多，實出翻刻，美珠之櫝，徒炫世俗，學書者貴此不貴彼也。"

通過簡練的數語，不僅道出此帖的來龍去脈，而且同歐陽的其他碑石互較，斥僞求眞，以導引青年學子。又如論及顔魯公《爭座位帖》云："論顔書者恆云，眞不如草，草不如稿，此帖爲致郭英義書，語既嚴正，字又使轉均極沉著流動之妙。今原石既鋒芒多鍛，翻刻流於姿媚，若此本者尚爲不易得品也。"亦可謂點評得當，行家之言。今天漢字不僅作爲一種語言的載體爲世人所認識瞭解，同時也以其獨特的書寫文具和豐富的表現力凸顯其藝術魅力和中國人內在的審美價值，逐漸融入到世界的大文化圈中，爲外國人所接受。因此讀《字學談》，不僅增強了對書法藝術的理解，提高鑒賞力，而且可以增強大國的文化自信，可以説是極具現實意義的。

乾嘉學派諸學者，無論在經學、史學、音韻、文字、訓詁、金石、地理、天文、曆法、數學等方面，都取得了前所未有的成就，但是宋學在清朝依舊有很大的影響，主要得力於清王朝科舉規定，朱熹的《四書集注》等書是欽定的閱讀藍本，所以儒生們依舊得圍繞《朱文公集》轉圈子。

常贊春談到："蓋漢儒多正詁，詁定而義以顯；宋儒多析理，理明而詁以精。若廢訓詁而空言心性，以飾其寡陋，固不足語；於經學即專以守殘，支離傅會，宜得謂之經學乎？"他認爲漢學、宋學代表了儒學研究的兩個不同流派，各有所長，各有不足。有人試圖"驅除異己，務定一尊"，都是徒勞的。研究者"必各取所長，清除門戶之偏見，則私心消則公理出，公理出而經義明矣"。在他的認識中兩者並非水火不容，相互排斥，而是可以互補的，只有如此，國學研究才可能進入一個新境界。眞正的學者不應當爲門派、學派所拘，要站在更高的平臺上，審視前人的成就，才可能作出更爲恰當的論述。常贊春先生正是用這種嚴謹的治學態度和方法，寫出《國學八談》的。

如果説前面七談中，贊春先生對整個國學，作了簡略概括的講評，其間既有其對諸多經典的認識和獨特理解，也有對歷來注本的比較分析，使讀者有了全新的印象。而他在《虚字輯談》中，則一反前例，深入到古文的内部，從行文習慣，到謀篇方式，摘出其中常見的虚字加以分析，指出這些虚字在古文中反復穿插運用的目的所在，起到了全書中畫龍點睛的作用。應當説是屬於古文文法的範圍，在閱讀特别是朗讀中有特殊的音韻和聲調，正是由它的運用適當出現，不僅使讀者增强了對古文的深入理解，更能從中體味出古文獨特的美。

作爲有成就的國學家，常贊春先生認識到，當"五四"新文化運動逐漸深入人心，西學東漸已成爲不可抗拒的歷史潮流時，作爲最後一代的舊學者，更有必要喚醒青年人對國學的熱愛，重新瞭解其價值，使中華文脈不至由此而中斷。其用心是良苦的。但當時的效果如何，我想是不言而喻的。但在八九十年後的今天，重讀這些文字時，才驀然領會出其間豐富的學術分量和一個特殊年代背景下，痛苦的獨白，甚至看到他在茫茫的荒原中孤寂的身影，聽到他低微的嘆息聲。

作爲教育家，贇春先生一絲不苟地將所學傳授給弟子，希望他們得到的是一副完整、全面、色彩斑斕的中國文化圖譜。面對經濟尚未獨立的大、中學生，終於能向他們推薦質量高但價位低廉的讀本和臨本，使勇於上進的莘莘學子，能克服經濟所累，繼續自己的探索。

贇春先生作爲山西晉商望族——榆次車輞村常氏家族十四世傳人，他深知要努力使家族在文化方面完成徹底的轉型乃當務之急，他不僅與同輩兄弟共同創立了“韡華詩社”和“黑瓦關帝廟”學苑，進而引領晉省文化之先，他還開办“篤初中小學堂”“知耻女校”等全新的家族教育機構，這些步伐都走在了同時代知識分子的前列。抗戰軍興後，他堅定不移地支持抗戰，送其子鳳錚參加抗日軍隊，最後英勇犧牲，都使我們對這位集諸多矛盾於一身的知識分子充滿了深深的敬意。

今天我們重讀《柞閑吟庵八談》時，會發現其中很多問題還需作重新認識，如對部分古人的行踪、籍貫，當時尚有爭議，現經多數學者考訂，基本歸於一律。再如近年來碑誌大量發現，也對原有的書法發展史之論述産生重新認識的必要。這些因爲時代局限而形成的爭議，在學術上並不罕見，也大可不必苛求於人。總之，這套書在今天讀來依舊充滿了活力，對當今普及國學無疑是有意義的。

因注者水平有限，注釋中不免有錯、漏，誠請專家和讀者指出，以便改正。

此書在編輯過程中，得到時任榆次區常務副區長張增翔和時任榆次區文化局局長趙凌中的支持和幫助，謹此表示誠摯的謝意！

編者

策　　劃:常忠武　常士繼　範浩里　呂飛飛　高兆中

校　　點:常鳳鉉

總　　注:常士暄

分　　注:孔瑞明　古衛兵

審　　定:常士昭

書稿打印:趙海麗